上海抗战与世界反法西斯战争系列丛书

淞沪

淞沪抗战史料丛书续编 Ⅰ

第三辑

国军淞沪抗日记 | 佚名 编

上海科学技术文献出版社
Shanghai Scientific and Technological Literature Press

图书在版编目（CIP）数据

淞沪抗战史料丛书续编．第三辑 / 佚名编．—上海：上海科学技术文献出版社，2017

ISBN 978-7-5439-7256-8

Ⅰ．① 淞… Ⅱ．①佚… Ⅲ．①一・二八事变—史料 Ⅳ．① K264.310.6

中国版本图书馆 CIP 数据核字 (2016) 第 302808 号

本书由上海市哲学社会科学规划课题资助出版

责任编辑：张　树　李　莺　王倍倍
封面设计：周　婧

丛书名：上海抗战与世界反法西斯战争系列丛书
书　名：淞沪抗战史料丛书续编第三辑：国军淞沪抗日记
佚　名　编
出版发行：上海科学技术文献出版社
地　　址：上海市长乐路 746 号
邮政编码：200040
经　　销：全国新华书店
印　　刷：虎彩印艺股份有限公司
开　　本：889×1194　1/32
印　　张：12.375
版　　次：2017 年 3 月第 1 版　2017 年 3 月第 1 次印刷
书　　号：ISBN 978-7-5439-7256-8
定　　价：98.00 元
http://www.sstlp.com

《上海抗战与世界反法西斯战争》系列丛书总序

徐　麟

伟大的中国抗日战争，是近代中国人民反对帝国主义侵略并且取得第一次完全胜利的民族解放战争，是开展时间最早、持续时间最长的世界反法西斯战争东方主战场。在这场历经十四年之久的抗日战争中，中国各族各界人民同仇敌忾、共赴国难，经过艰苦卓绝的浴血奋战，以巨大的民族牺牲，打败了穷凶极恶的日本法西斯侵略者，取得了辉煌的胜利。正如习近平总书记所指出的，中国抗日战争“为拯救民族危亡、实现民族独立和人民解放，为争取世界和平的伟大事业，作出了彪炳史册的贡献”。中国抗日战争是在中国共产党倡导的以国共合作为基础的抗日民族统一战线旗帜下进行和取得胜利的。以爱国主义为核心的伟大民族精神是中国抗日战争胜利的决定因素，中国共产党的中流砥柱作用是中国抗日战争胜利的根本保证，全民族抗战是中国抗日战争胜利的重要法宝。

上海抗战是中国抗日战争的重要组成部分。在中国抗日战争与世界反法西斯战争中，作为中国共产党的诞生地，上海这座具有反帝反封建光荣革命传统的英雄城市，发挥了独特的重要作用，作出了重大的历史性贡献。

20世纪三四十年代，上海这座国际性的大都市，已经成为中国与世界各国通商贸易的主要港口，成为中国经济、文化中心和政治、外交副中心。同时，上海又是当时中国最大的军港和守卫长江的大门，具有重要的军事战略地位，因而始终成为日本法西斯军国主义觊觎的一个战略要地。1931年九一八事变后，日本法西斯军国主义进而在上海挑起了一·二八事变，发动了对淞沪地区的武装侵略，驻守上海的十九路军和前来增援的第五军与上海人民奋起抵抗，给予日本侵略者以沉重一击，成为中国局部抗战历史进程中承前启后的关键性一役。九一八和一·二八时期的抗日武装斗争和民众抗日救亡运动，在世界上率先举起了反法西斯的旗帜，揭开了中国抗日战争和世界反法西斯战争的序幕。1937年七七事变后仅一个月余，日本法西斯军国主义又把侵略魔爪伸向上海，遭到中国爱国军民的顽强抵抗，形成了以上海为中心的一场气壮山河、震惊中外的八一三淞沪抗战。七七卢沟桥事变和八一三淞沪会战，标志着日本法西斯军国主义全面侵华战争的开始。在中国共产党的积极倡导和推动下，抗日民族统一战线正式形成，揭开了中国全民族全面抗战的序幕，也标志着世界反法西斯的第二次世界大战在亚洲的东方战场正式形成。在八一三淞沪抗战历时一百多天的日日夜夜，中国军队和上海人民以其鲜血和生命，筑成了一座民族自卫的血肉长城，谱写了一曲民族团结、共御外敌的壮丽史诗。上海沦陷后，上海民众在全国人民和全世界爱好和平的各国人民的声援、支持下，面对极其艰辛险恶的环境，仍然以大无畏的英雄气概，坚定不移地继续投身于全民族抗战的洪流，对日伪的法西斯统治进行不屈不挠的斗争。中国共产党始终高举抗日民族统一战线的伟大旗帜，发动民众，团结上海各界人士，从人力、物力、财力等方面支持抗日民主根据地和抗战大后方的斗争，冒着腥风血雨，迎接抗日战争的最后胜利。

两次淞沪抗战及上海民众在十四年中不间断的抗日救亡运动，构成了一幅幅上海抗战英勇悲壮的画卷，也铸就了上海在中国抗日战争和世界反法西斯战争中的重要历史地位：上海不仅是中国对日作战的一个坚强的军事战略重镇，也是中国抗日救亡运动的前期中心和中国抗战文化的发源地；不仅是支援抗战大后方和抗日民主根据地的重要基地，也是世界反战反法西斯人士和中外难民的庇护所，是世界反法西斯舆论战、情报战的东方主要阵地，又是中国联系国际反法西斯阵营的纽带和桥梁。更为重要的是，上海抗日战争凸显了其重要的历史意义：它在外敌入侵、民族危亡的关键时刻，全面地、全方位地弘扬了以爱国主义为核心的民族精神，折射了中华民族有同侵略者血战到底的气概、有在自力更生的基础上光复旧物的决心，有自立于世界民族之林的能力，上海抗日战争在中国抗日战争和世界反法西斯战争历史上树立了一座永不磨灭的丰碑。

今年是中国抗日战争暨世界反法西斯战争胜利七十周年。在中共上海市委的领导和支持下，上海学术界和理论界，经过多年的努力，联合推出了《上海抗战与世界反法西斯战争》系列丛书。这套系列丛书分为三个子系列，**一是上海抗日战争史丛书**，内中包括上海抗战史通论、一·二八淞沪抗战、八一三淞沪抗战、日军在上海的罪行与统治、上海人民抗日救亡运动、上海郊县抗日武装斗争、上海人民支援新四军与抗日根据地、抗战时期的上海经济、抗战时期的上海文化、上海抗战与国际援助等；**二是淞沪抗战史料丛书**，选辑和汇集民国时期有关上海抗战的具有代表性的通讯、纪实、回忆录及报告文学等鲜为人知的孤本、藏本影印重版。**三是上海抗战与世界反法西斯战争研究丛书**，其中包括：资料性著作：如记忆中的淞沪抗战、淞沪抗战中文报刊资料选编、淞沪抗战档案史料选编、上海抗战历史文献选编等；专题性著作：如中国共产党与上海抗战、当代学者论淞沪抗战、国外学者论淞沪抗战、一·二八淞沪抗战画史、八一三淞沪抗战画史等；工具性著作：如上海抗战与世界反法西斯战争大事年表、上海抗战与世界反法西斯战争事件人物录等；通论性著作：在上述论著的基础上完成一部通论性著作，即上海抗战与世界反法西斯战争全史。这三个子系列丛书各有千秋、各具特色，在集结出版后，更能起到互相参照、取长补短的作用。可以说，这套系列丛书是上海学术界和理论界研究上海抗日战争和世界反法西斯战争的一项重大的学术成果，是对上海抗日战争史研究的一个重要总结和一次集中展示，也是向中国抗日战争暨世界反法西斯战争胜利七十周年献上的一份厚礼！

“疑今者，察之古；不知来者，视之往”。历史是最好的教科书。《上海抗战与世界反法西斯战争》系列丛书的出版发行，更是为了向社会提供一部能够弘扬时代正能量、培育与践行社会主义核心价值观的好教材。让我们站在新的历史起点上，进一步铭记历史、缅怀先烈、珍视和平、警示未来，为实现中华民族伟大复兴而奋斗，为促进世界的和平和发展作出我们应有的贡献。

出版说明

《淞沪抗战史料》丛书续编充分利用南京图书馆馆藏资源，将已见或未见的关于淞沪抗战史料以影印的形式出版，内容涵盖两次淞沪抗战，即一·二八淞沪抗战和八一三淞沪抗战，力求比较全面、翔实和生动地反映淞沪抗战的全貌。

两次淞沪抗战，是中国人民伟大的抗日民族解放战争的重要组成部分，特别是八一三淞沪抗战是在中国共产党的抗日民族统一战线政策的指引下，以国共两党的合作为中心，全国各爱国党派团体、中央和地方各系抗日军队、各界爱国民众以及海内外侨胞，在抗日御侮、共赴国难的基础上发动和进行的，堪称民族自卫战争史上的伟业。它体现了中国人民血洒战场、拼死抗战的决心和民族团结精神。在抗战胜利70周年之际，阅读这些史料，重温那段中华民族优秀儿女面对强敌、誓死抗争的精神，就是最好的爱国主义教育。两次淞沪抗战展示了中华民族奋起改变自己国家命运的伟大信念，爱国主义激发出全体中国人民的巨大力量，这种信念和力量，在今天仍然弥足珍贵，令人心怀激荡。两次淞沪抗战中那些大气磅礴、气壮山河的史诗故事，均在本套丛书资料中有翔实的记录和质朴的史料作为佐证。

由于各种原因，原书中存在着印刷错误，而且有些细节也与史实不符，对书中的一些观点我们也不完全赞同，为了给读者提供最原始的抗战史料，对上述问题未做任何处理，希望读者能够给予理解。

编者

2016年9月

目录

國軍淞滬抗日記

國軍淞滬抗日記

自九一八事變，日本暴軍由襲奪瀋陽，而佔據遼省，進攻吉黑，侵略熱河，復騷擾天津青島，其慘無人道之暴行，紀不勝紀，其侵略之詭謀與野心，亦已爲世界所共見。我全國上下方痛心於領土主權之橫被侵奪，悲憤填膺，力謀收復。乃日本帝國主義者於占領錦州之後，以侵略東北已告一段落，遂從而挾其暴力，轉向我經濟政治文化中心之東南重謀肆虐，以實現其破壞及佔領我東南重埠之預定侵略計劃。蓋在日寇心目中，以爲果若憑藉其應有盡有之殺人武器，定不難一舉而摧毀我東南政治經濟文化之中心組織。如此，旣可威脅我政府簽訂城下之盟約，以遂其數十年來併吞我東北之貪慾；且可轉移我國人對東北之視線，並壓迫列強承認其在東北及長江之特殊權利。其用心之陰險，與計劃之毒辣，實爲古今中外所僅見。故當一月十九日之頃，日寇突然藉口上海一二日僧之被毆，卽強我政府承認其無理之要求，無論我方對彼要求承認與否，其蓄意尋釁，謀佔上海，已如箭在弦上，有一觸卽發之勢，當時我滬市政府因不欲滬地陷于紛擾，于萬分悲痛之中，忍痛答覆，且為日領所認為滿意者，而日寇竟于二十八夜十一時許開始其軍事侵略之暴行，襲擊我駐軍，進佔我防地，並以大批軍艦飛機大砲，轟擊我閘北江灣吳淞等地。我唯一經濟文化中心地之滬埠，因日寇砲火之轟炸，故卒不免于鉅大之破壞。我駐滬國軍為保衛國家之領土及民族之生存，雖明知日寇兵艦飛機大砲等殺人武器之犀利，但仍不惜犧牲一切，誓死抵抗。鏖戰月餘，我軍始終奮大無畏之精神，拚力殺敵，屢戰屢捷，日寇大挫，馴至世界為之震驚，暴敵為之辟易，一雪數十年來東亞病夫之奇恥；而我中華民族之自信力，亦于此次血戰中完全恢復。茲為國人普遍明瞭滬變經過起見，特將滬變之起因，日寇殘酷之暴行，我軍抗戰之奮勇，暨滬案外交之經過，與世界輿論對于暴日之抨擊等等，詳為敍述，公諸國人，以廣宣傳，藉以促進國人救國之意識與殺敵之勇氣，共勵長期抗鬥之決心，以爭取我國家民族獨立生存之最後勝利。

國軍淞滬抗日記

目次

八、上海事變後國人應有之認識與努力

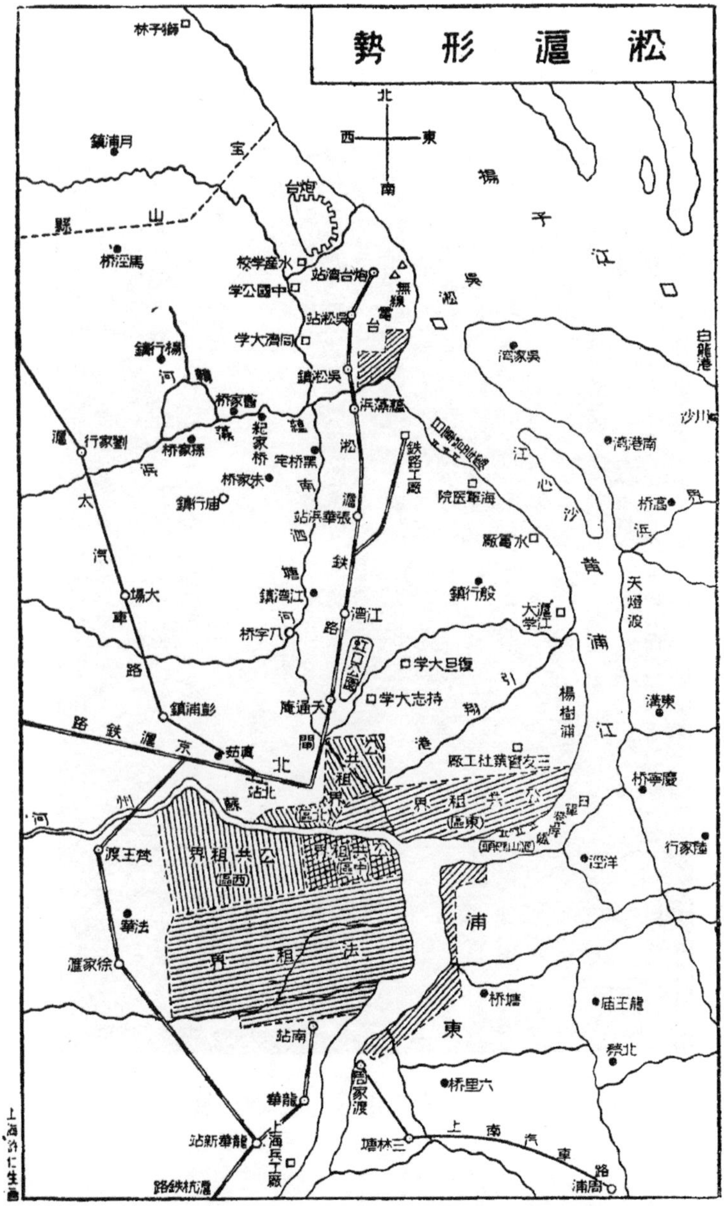

奮起抗敵之國軍將領

京滬衛戍司令長官陳銘樞

奮起抗敵之國軍將領

第十九路軍總指揮蔣光鼐

奮起抗敵之國軍將領

第十九路軍軍長蔡廷鍇

奮起抗敵之國軍將領

第五軍軍長張治中

奮起抗敵之國軍將領

淞滬警備司令戴戟

奮起抗敵之國軍將領

國軍第六一師師長毛維壽

奮起抗敵之國軍將領

國軍第七八師師長區壽年

奮起抗敵之國軍將領

吳淞要塞司令譚啓秀

奮起抗敵之國軍將領

國軍第七八師一五六旅旅長翁照垣

侵擾淞滬之日軍將領

日軍司令官白川義則

日本第一艦隊司令官鹽澤

侵擾淞滬之日軍將領

日本第三艦隊司令官野村吉三郎

日軍第九師團長植田謙吉

奮勇抗敵之國軍

巷戰抗敵之國軍（一）

巷戰抗敵之國軍（二）

奮勇抗敵之國軍

嚴陣以待之前線國軍

據壕抗敵之前線國軍

奮勇抗敵之國軍

國軍用步槍射擊飛機

吳淞要塞

吳淞之大砲

吴淞要塞

大砲射擊時之情形

侵滬日艦

侵滬日艦出雲號

砲火下之閘北

虹口第一日之大火

閘北被燬之慘狀

炮火下之閘北

閘北虬江路被燬之慘狀

被燬之文化機關

被燬之文化機關（尚公學校）

被燬之文化機關

被燬之文化機關（中大商學院）

日機之轟炸

日機擲下未爆發之炸彈

日機之轟炸

被炸之眞茹車站

被炸之鐵甲車

日軍違反國際公約使用毒彈

在傷兵身上取出之達姆彈

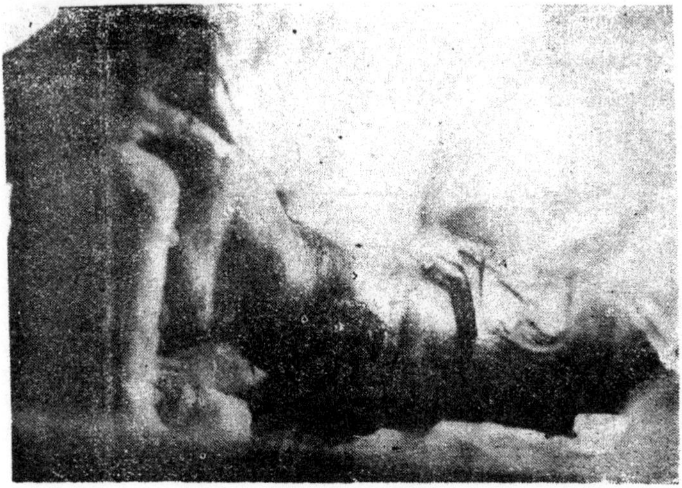

達姆彈之出口

砲火下之難民

寶山路之逃難者

乘輪避難之同胞(一)

砲火下之難民

乘輪避難之同胞（二）

一、上海事變之起因及戰事之開始

一 日僧日僑挑起釁端

▲日僧肇事

三友實業社紡織廠，在滬東華德路底地處華租交界間，前門爲租界，廠後即租界外之引翔港地屬工廠區域，日人對三友廠蓄謀破壞已久，緣自九一八東省事件發生後，該廠工友組織義勇軍，按日操練，頗爲日人注意，而該廠出品精美，其鄰近日人所設東華紗廠之鋼鐵牌毛巾銷路竟爲所奪，尤遭忌恨，一月十九日下午有內穿西服，外罩日本僧衣之日浪人五人，在該廠左近徘徊窺探，其時適該廠工友義勇軍在曠地操演，該五日僧人屹足而觀，極盡嘲笑謾罵之醜態，其中忽有二僧人拾石向義勇軍投擲，該廠工友義勇軍遂派人向前質問，該五僧人反將工友揪住毆打，衝突遂起，結果日僧中有受傷者，日領署於事後，曾向市政府交涉，華警當時在場竭力保護，而日領則以爲保護不周，提出懲凶等條件。乃雙方正在協商中，忽又有武裝日人四五人發現於三友廠左右，繞廠勘視數周，並詢問工人宿舍在何處，意頗不善，然見之者固不料當晚即遭日人縱火也。

▲日僑縱火

一月二十日晨二時五十分，有居住三友廠附近之工人，忽聞路上有多人脚步聲，疑是竊盜，乃由窗隙下窺，則見有身着黃色短衣之日人二十餘名，由日商東華紗廠方面而來，趨至三友廠竹籬旁窺察，手中携有啤酒瓶數隻及紙包等，相互對語，日語歷歷可辨，以其形勢洶洶，未敢聲張，乃靜觀其變。繼見日人或用斧將籬鑿穴，或即以引火物將籬燒成數孔，先後入內。有數人爬升屋頂，將屋頂鉛皮用刺刀撬開，將瓶內之流質傾入。未幾即見廠房起火。當日人正工作時，廠旁工房內所住工人，亦已驚覺，繼見有多數日人，恐受其害，僅由查夜工人莊桂棠潛入廠內報警，廠內職員驚起，而織巾間已火光熊熊，急呼集住廠同事三十餘，以廠內自備消防器施救，一面向救火會報告，幸火勢不烈，旋即灌熄。該廠共有織巾間一百數十間，統爲平房，織機七八百架，事後查悉沿西北角之工房六間屋頂被火燒去，機器燒壞二十四架。

▲毆殺華捕

華德路東口，楊樹浦捕房設有第一號警亭，距三友廠門僅數步，當三友廠起火之際，另有日浪人一隊，手執刺刀短斧自華德路而來，向警亭前進。時警亭內有華捕田潤生及華二道頭陳勝德，附近有出差巡捕朱伍蘭，陳睹三友廠內起火，即取電話聽筒，欲向捕房報告。乃日浪人之一，即時衝入亭內，舉斧向陳之手指斫去，即時斫斷左手兩指，將電話線割斷。田潤生見狀，即飛奔出亭，擬親自赴捕房報告。日人多名尾追，由華德路轉入臨青路時，竟被追獲受包圍，日人用刺刀亂戳，田亦出槍自衛，但同時頭部已受刀傷，田開槍，日人有三人受傷，田於槍彈盡時被刺殺，橫屍路中，頭頂被三刀，下顎一刀，左脅創口尤大，而腿亦受刀傷，血流徧地，死狀甚慘。朱伍蘭聞警至警亭附近時，亦被刺傷頭胸等處，另有出差華捕第三一五號受輕傷。已死之田潤生，山東平陰人，年二十三歲。陳勝德，並受有刺刀傷，在工部局醫院，傷勢沉重，生命極危。受傷三日人，當時卽由日浪人自行舁去，後發現於日人所辦之福民醫院，其一已死。據調查，此種浪人，均係日人所組青年同志會分子。

▲再次焚攻

當救火會救火車到時，三友廠內火已熄滅，但廠中恐日人復來，乃商得救火會同意，留三人在廠。捕房聞警到場，以日人已散，未行逮捕，僅將死傷各捕移去。詎不出該廠所料，至四時日人又捲土重來，因日人最初將火油澆灌織巾間，焚而未遂，此來似欲焚炸該廠爐鍋間者。蓋該廠大門朝北，織巾房居廠後，面北背南，鑪鍋間卽在廠西，鑪間之半，中隔一弄，弄西卽爲工人宿舍，宿舍以西距離一數十步之荒場，卽爲東華紗廠，故日人來去甚屬捷便。二次重來之日人轉入小弄，紛將硫磺包炸藥包擲入。無奈靠南一段，均屬磚牆，外圍竹籬，屋隱於內，籬牆相隔約丈餘，故日人所擲炸藥盡落籬內天井，且其時日人知廠中有備未敢久留，須臾卽自退去，所有炸藥布包，盡爲該廠獲得。至第一次來時，日人所遺啤酒瓶及日文報紙捕房及該管五區四分所，均有拾得，俾作證據，聞瓶間尚有日商出品商標云。

▲遊行搗亂

三友實業社以總廠一再遭日人滋事縱火，特派員赴市政府請願，要求市府知照市公安局派警往該廠保護。公安局聞訊後，卽令警士一隊三十餘人，於下午三時許前往引翔港該廠駐守，以資維持。日僑方面則自縱火事起後，即有一千餘人，於下午一時許，假沈家灣小菜場附近一日本小學開居留民大會，會議情形甚秘，直至下午三時始散會。事前租界捕房得報，知日僑舉行居留民會，恐有事故發生，即由狄思威路捕房派捕三十餘人前往監視，同時有日本陸戰隊士兵五六十名，於開會前趕到照料。三時許日僑居留民大會散會後，全體日僑遂排隊遊行示威，多數日人手持木桿，延靶子路步行，所有租界警捕及日本軍士均隨同監視，至靶子路北四川路口折轉向北。一時聲勢洶洶，大呼「殺盡中國人」，沿途見華人便打，並搗毀華人商店五六家。其前隊行抵虬江口，而在後隊遊行之日僑已過虬江路向北四川路進行，見中國商店所貼反日標語，即有三四十人往馬路西側各商店，舉其竹竿木棍擊碎商店門窗大玻璃，各商店損失不貲，日僑搗毀商號玻璃窗時，隨同遊行之西警與華捕先有十餘人喝令停止暴動，而日僑反唇相譏，互起衝突。內有三〇九號西捕於衝突之際，爲日浪人之木棍將頭部擊破，昏倒路旁，由在側西捕扶起，車送醫院療治。輕傷之西捕與華捕尚有數人。日僑釀禍事起，北四川路中自靶子路至虬江路一段，途爲之塞。各商號鑒於附近商店之搗毀，多停止營業，緊閉排門，避免危險。遊行日僑於肇禍後，仍結隊北行，步向靶子場終點之空場，再開露天會議，至下午七時始散。

二　日僑暴動後之交涉

▲日僑暴動後日方之無理要求

自二十日日本僑民縱火焚燒三友實業社工廠後，是日下午上海市政府即派秘書長俞鴻鈞，赴日領署口頭提出嚴重抗議，保留交涉地步，並盼保證不再發生同樣事件，俟詳細調查後，再提出書面抗議。日本駐滬總領事村井，二十一日晨十時至市政府謁市長吳鐵城，不惟不約束其僑民之不法行爲，反而向我市政府提出道歉，賠償，懲兇，取締排日運動，解散抗日團體等項無理要求，限期迫我承認，同時日本在華海軍第一艦隊司令，亦于二十二日向街市府提出最後通牒，限我國當局立卽對日總領事提出之對上海排日運動，及日僧五人被毆事之抗議，予以圓滿答覆，並要求將抗日救國會及其他排日團體一律解散，否則日當局爲保護日僑權利起見，將採嚴厲處置云云。是日日巡洋艦一艘，驅逐艦四艘，航空母艦一艘，由日本開到上海示威，同時東京日本政府命令佐世保軍港，陸續派出大批巡洋艦驅逐艦，裝載數千陸戰隊，向上海進發，準備用強暴武力威脅我政府。

▲民國日報被迫停刊

廿二日有日海軍士兵五人，至民國日報向主筆要求對該報登載謂前日日陸戰隊援助日暴徒攻擊中國工廠之消息，應向日陸戰隊司令部爲書面道歉，同時在民國日報登載全版向日陸戰隊道歉啓事，對編輯該稿之編輯，予以懲處，並担保以後無同樣事實發生。民國日報主筆稱：該項記載各報皆有。但日海軍武官稱：不得辯論，若在明晨五時以前無圓滿答復，日陸戰隊將採相當手段云云。該報報告租界捕房，要求派警保護，乃公共租界工部局董事會竟偏袒日方，于二十六日午後二時，派總辦瓊司到山東路民國日報館聲稱：現在本埠形勢緊張，工部局董事會勸告貴報停刊，隨帶探捕多名，將該報經理編輯兩部大門閉鎖，職工被驅出外，該報因此不得已于上月二十七日起暫行停版。

▲滬市府忍痛對日覆文之內容

二十五日上海日總領與上海市長吳鐵城晤面後，認中國方面「無誠意」。並謂日本政府已予日總領全權採取任何步驟。日總領決再有照會與上海市政府，限定答覆時日。同時已有急電去東京，向日本政府請示。如華方答覆，認爲不滿意時，彼將如何應付云。二十六日村井限吳市長四十八小時內答覆滬案，否則日海軍將自由行動。吳鐵城當卽邀銀錢業及各公會公團代表作最後會議，僉以滬爲全國金融樞紐，中外居民麕集，一旦發生意外，犧牲太大，以暫容忍爲上。在滬各中委居正，張羣，吳鐵城，葉楚傖，何應欽等，當日下午在市府集議，結果，應付滬案將採取避免衝突方法。二十七日，吳派祕長俞鴻鈞偕殷汝耕，至日領署訪日領村井，當由村井及副領井口接見，談約二小時始別。據井口表示：俞殷來訪，係確商如何從速解決中日交涉問題，繼謂日方對於抗議案之答復，並未限四十八小時之說云。二十八日市府致日領復牒云：逕復者，案准一月二十日大函略謂：日本僧侶天崎水上信徒議範黑岩石藤村等五名，於本月十八日下午在馬玉山路附近被毆傷，提出條件四項，請求接受等因，准此，查本案發生，殊屬不幸，本市長深表歉仄，當日據報後，以案關傷害，法有明文，當卽嚴令公安局限期緝兇，歸案法辦，所有被害人等之醫藥及撫慰金本市長亦可酌爲給予，以示體卹。至來函所提關於取締抗日運動一項，現查本市各界抗日救國委員會，有越軌違法行爲，業經令行主管局，將該會取銷，以維法紀，關於類此之越軌違法行爲，本市長仍當本法治精神，令行取締，至其他各抗日團體，幷已令局予以取消，相應函達，煩請查照爲荷。滬市公安局長溫應星奉市府令取締抗日運動，開會遊行，一律禁止，二十八日舉行之市民大會，事先已由警察將公共體育場嚴閉，禁止出入未能舉行。市府於二十七日夜令公安局社會局會同查封抗日會，各辦事處，堆貨棧，均貼封條鎖閉。市府復日方抗議文，於念八日，午一時四十五分發出後，吳市長，以果毅鄭重之詞，表示數語如下；余爲上海市公僕，本市安全之責，關係極大，而余實負之，故不惜犧牲一己，以求上海市之安全，榮辱毀譽，在所不計云云。

▲日兵之挑釁與日領之狂悖

當滬市政府對日領要求未覆文之前，浦東日華紗廠之日籍職員，曾藉口廠中危險，須有強有力之保護，於念七日午突有日海軍陸戰隊二十餘人，携帶機關槍步槍等至該廠前，馳驅彈壓。附近居民咸大驚駭，秩序驟亂。該區區長張鳴欽卽率警與陸戰隊交涉。

陸戰隊藉口保護紗廠日職員，不允退去。張謂該廠在華界，華當局有維持治安保護僑民之責，毋須日軍代勞。日陸戰隊初猶強硬，經張竭力交涉始揚長退去。二十八日晨又有五百名。陸戰隊登陸，彼等於十一時登岸，卽分駐虹口各日校及揚樹浦一帶。截至二十八日止，日艦陸續入吳淞口者，共十三艘，一爲魚雷艦，餘均驅逐艦。連原有已在滬日艦共有二十七艘。自二十八日下午一時市府覆文日方後，日本總領事村井正式宣稱：中國當局已接受日方之四項要求：卽(一)道歉，(二)賠償，(三)懲兇，(四)制止排日運動。彼謂中國之答復中稱，中國當局因反日會有越權情事，已下令封閉，同時中國市長允制止一切同類之反日運動。村井又云：彼對中國之覆書已答復，認華方之答覆爲滿意，但稱。現今最重要之點，在中國當局是否有履行諾言之誠意，故日方不得不注意華方之舉動。若不能履行案件，則日方將採必要之手段，屆時卽不再通知云云。按之村井語，足證日人早有向我挑釁之決心。

三　軍事接觸之經過

▲戰端之開始

二十八日下午一時半，滬市府將日領四項要求完全接受，軍民聞訊，無不憤慨。但以爲市府既完全接受日方要求，則滬埠情勢，當可略告和緩。詎意日方忽于十一時許致函市府及公安局聲稱爲保護僑民起見，須由日方派隊支配閘北。迨十二時又分向我閘北侵入，收繳吳淞路小菜場五區一所天潼路五區三所，引翔港五區四所各長警槍械，派隊佔領天通庵車站。當時十九路軍長官蔣光鼐蔡廷楷等聞訊，即趕赴龍華司令部會商應付方策，因夜深交通不便，不能直臨防線視察，及天明始分別出巡，可見我方事先本極力希望和平，將領均已離隊。及聞日軍入寇，我軍將領方趕返策應，但仍不能直達前綫，絕無挑釁之意，事甚顯然。

▲虹口吳淞兩處之戰況

戰事既起，北四川路淪爲戰區。二十九晚路燈完全熄滅，成爲黑暗世界，而商店牆壁，彈痕纍纍，玻璃窗多被擊碎。晚八時我方軍由瀏河開來，即抵前線，與日軍相遇，相持在沈家灣。至次晨三時激戰更烈，日軍慘敗，即放棄沈家灣。二十九日下午三時我軍將日軍左翼擊退至崑山花園，閘北火勢更烈。三十日晨三時，乍浦路沈家灣一帶，中日兩軍激戰甚烈。吾軍前線爲駐閘北之七十八師士兵。二十九日下午四時，我軍進攻江灣路日軍司令部時，雙方激戰甚烈，卒被我奪得，並獲步槍三千枝，子彈二百箱。後又在上海大戲院附近激戰，獲機關槍八架。同時吳淞情勢亦極緊張，三十日下午四時，日海軍艦隊在川沙白龍港方面，藉圖登陸，由吳淞要塞司令部開砲轟擊，擊沉日艦一隻，又一艘之煙囪被擊碎。南市及滬西方面，麥根路鴻章紗廠棧房三十日，略被流彈擊中。餘未波及。

▲北四川路巷戰我軍大勝

北四川路一帶巷戰，以川公路與阿瑞里對面吟桂路爲最劇烈。日軍此次進攻閘北，共分三路進攻，一路由江灣路入天通庵路圖攻北火車站之後，然已爲天通庵路之我軍擊退，並將江灣路虹口公園附近之日本海軍司令部擊毀。一路由吟桂路日本小學校內所駐之海軍陸軍戰隊第三隊，沿該路西進，圖與橫濱路及天通菴方日鐵甲汽車隊相聯絡。另一路則由虬江路直攻北站，因之北四川路附近，如川公路及吟桂路巷戰甚烈。吟桂路于二十九晨被我軍圍攻，至三十日午十一時半，以該路日小學校爲根據地之日軍，已全數退出，雙方均有死傷。由桂江路方面進攻之日軍，被我軍擊退，至川公路廣東街一帶巷戰甚烈，日兵死傷，橫臥于巷口者，觸目皆是。在該處巷戰時，我軍憲兵排長王天雄，曾率憲兵衝鋒，擬越過北四川路，故在正午十二時左右，在老靶子路北四川路口，槍聲甚爲淸晰，同時在租界口之日機關槍聲亦大作，至下午一時許始漸息。此又可見當時日軍之失利情形也。二十九夜一時，川公路有十九路軍兵士五名，與日兵交戰，將日軍鐵甲車擊燬，其中一名手部受傷，張團長命退，該兵不允，願死戰到底。至三十日晨十時，因起火，調至後方防護。二十九晚有日兵四十餘名，初來虬江路淞滬路向我防線衝鋒時，我軍祇六七名，散伏兩旁，側面左右抄出痛擊，日兵卽棄械而逃，截獲機關槍等戰利品不少。閘北邢家木橋郵務工會義勇軍團部，前晚十一時，日軍開始自由行動時，先由便衣隊向該處衝入。駐左近之十九路軍得訊，開始抵抗，大隊日軍，隨便衣隊而至。該義勇軍團部隨被佔領，團長張克昌及團員等略有抵抗。是役計被流彈射傷郵差孫文元，周維鏞兩名，生死不明。三十日午由我十九路軍向該處日軍猛攻，日軍不支，退守北四川路虹江路口。

▲天通庵站爭奪甚烈

天通庵方面，我軍由公安局於二十九晚派第六中隊警士六人，在天通庵路與通記路口所設之沙袋等防禦工程處防守時，已深夜十一時四十分，忽發現日軍鐵甲車數部，載日海軍陸戰隊三十餘人，守警詢以口令，日兵卽開機關槍，六警當卽抵抗，以步槍還擊，然以衆寡不敵，乃向横濱路方面退卻，並向駐守該處之公安局第六中隊隊長孫謀報告，孫隊長聞訊，馳援，以日兵掃射甚猛，歷十餘分鐘，不支而退。時天通庵車站已被日軍所佔，乃於青雲路集合，復得憲兵第六團機關槍隊之應援，當卽極力反攻，戰二小時，十九路軍第五團亦聞訊趕至，加入作戰，日兵遂被我軍包圍繳械，並繳獲鐵甲汽車三部，其中一部已毀壞，餘二部尚可應用。至三時半，日兵又有一隊向天通庵車站來攻，我軍復與應戰，日兵不支而退，於是天通庵車站，復爲我軍奪回。

▲十九小時鏖戰結果擊退日寇

日兵於二十八晚十一時餘與我軍開火，我方祇以十九路軍一團兵力與之抵抗。至二十九日下午，因日兵用飛機投彈，後方各處着火，而天通庵車站因北車站起火失守，當即調增兩營兵力加入，遂將車站奪回。總計是役我軍祇以一團兩營兵力與之對敵，鏖戰達十九小時，日方潰不成軍，乃退至北四川路。二十八晚十一時餘，與日兵接觸之軍隊，直戰至二十九午十一時，始得換防，食粥一碗，然精神仍極飽滿。我軍方面在前線指揮督戰者，除蔡軍長外，爲翁照垣旅長張君嵩團長二人。日軍于二十八夜十一時最初襲入華界，人數約在六百餘左右，槍械咸備。來時共分三路：(一)由靶子路福生路擬奪北站，(二)由天通庵路，(三)由虬江路，擬刦五區警所，如預定計劃成功，然后再分兵出寶興寶昌兩路繞攻滬西，不料均被擊回，於是遂蓄意縱火，釀成恐怖全滬之大戰事。

▲日領要求我方停戰

我軍屢敗日寇，並佔領日海軍司令部。日領以侵略野心未逞，且又戰敗，遂向我市政府請求停戰，要求我軍由現已占領區域，(即北四川路一帶)撤回原防，並立即停戰。我方答以即須各國領事保證，日軍不侵入華界，始可停戰。惟各領事均以日軍無信，不敢爲之担保。日領見各方均置之不理，遂又靦顏強行向我方提出三項要求：(一)佔有閘北，(二)華軍退出上海，(三)郵政局由日人管理。蔡廷楷表示：此種無理要求，雖剩至一兵一卒，誓不接受。華董立向工部局抗議，日軍不能以租界爲護符。美領克銀漢，因中日戰爭流彈落租界內，特提出調停，勸雙方停戰。蔡廷楷謂，子彈從何方來，卽向何方射擊云。

四　日本爲滬戰禍首之鐵證

此次日僑浪人縱火焚我三友工廠，日本政府遣派大批陸海空軍襲擊上海，包藏禍心，釁自彼開，而日政府反在國際聯盟，百般揑造事實，企圖嫁禍首罪名于我國，並狡辯其爲保僑而戰，爲自衞而戰，一似我國軍隊先有侵入上海公共租界，殘害日僑之意思與行爲，彼始不得已而開戰者然，誠可謂極無耻狡惡之能事，關于日本啓釁之證據，除上各國領事調查團之報告書內所明言或暗示者外，猶有下列五端：

（一）日本政府命駐滬日領事向上海市長提出四項要求，限一月二十八日下午六時以前答復，則在市長未答覆之前，或市長已經接受要求之後，宜無危險可言，而其實日本領事早已密令住居閘北之日僑，儘於二十七日一日之間遷入租界，（見是日之日文上海日日新聞紀載，此報完全日人所經營）可見彼之襲擊閘北，乃預定之計畫。

（二）一月二十八日上午十時，日本在滬之在鄉軍人，大舉集會，與會者一千三百人，集會時選出二百五十人，分任爲翻譯員嚮導員運輸員及後方勤務等。此爲事前積極備戰之一部分，亦即戰時殺人放火之便衣隊之中堅。

（三）在滬之日本海軍陸戰隊，於一月二十七日設臨時兵營三處，爲其發號施令之機關。第一處設於北四川路上海大戲院隔壁之日人商店內，第二處設於北四川路桃山跳舞場內，第三處設於北四川路日本小學內，當時安排之機關槍與大砲，已取攻擊之姿勢。

（四）一月二十八日下午，上海市長已完全接受日本之要求，委屈求全，宜可以和平過去矣。而日本海軍陸戰隊又節外生枝，謂必須懲戒中國軍隊。其時中國軍隊絕未侵入租界一步，又未損害日僑毫髮，於無備戰行爲，何來懲戒。徒以彼海軍羨彼陸軍之在東省立功，乃必欲有爲於上海，於是於狂謬之懲戒說之下，侵襲租界外中國軍隊之防地，而戰釁以啓。

（五）戰事既作，世界輿論紛責日本之無端啓釁，於是日本軍事當局向彼外務省質問，何以駐滬日領事對於上海市長之答覆，遽稱滿意，以致日軍之侵襲閘北，失却理由，爲世界所詬病，外務省不得已，電責村井領事，是知日本軍閥亦明知釁由彼開矣。此五端者，可以證明日本所謂上海戰事爲保僑自衞云云，實爲欲掩飾其暴行希圖卸脫禍首責任之狡言，蓋滬戰實因日本處心積慮之所成，一切責任，固完全在日本無疑也。

二、我軍拒敵之戰況

我國人向有遠東病夫之譏，八十年來所受外力欺凌壓迫之奇恥大辱，可謂創鉅痛深，民族與國家之地位，早已一落千丈。此次上海戰禍爆發，日寇挾其陸海空軍之暴力，與多量之最新式殺人武器，對我作無目的之攻擊，外國人士之作壁上觀者，亦莫不爲我軍慄慄危懼，而日寇初亦認定我國人必無抗戰之胆量，與抗戰之能力，故大言不慚，公然宣稱四小時內佔領全上海。其藐視我國，可以想見。乃我軍起而抗戰，屢挫暴敵，月餘之間，日寇四易主帥，增援六七次，聚衆七八萬，竭其海陸空三方面之猛烈攻擊與破壞，而其侵略之野心與暴行，終無由獲逞，此在彼方觀之，誠出意外。蓋我國軍隊武器既遠遜于彼，軍隊數量，亦較彼爲寡所賴以抗戰者，將士必死之決心，與犧牲之壯志耳。因有此種決心與壯志，故能前仆後繼，奮勇殺敵，屢建奇功，强敵胆寒，於是國際人士爲之驚讚，世界輿論爲之移轉，中國軍隊能戰之名遂喧騰寰宇，即日寇亦深深認識中國之未可侮，中國軍隊之尤不可侮，不敢復鄙視我國之軍民，此偉大光榮之戰，爲國家保持不少威嚴，爲民族紓吐不少悶氣，是則我軍之挫敵，實爲暴日數十年中所未經有之重大痛創，爲其對華侵略推進中之一種重大打擊；亦即我民族國家復興之重大關鍵，爲國史上．最光榮之一頁而不能不大書特書者。茲將我軍爲自衛而抗戰之經過詳情，彙述于下：

一月廿八——卅一日

▲日寇兇猛襲擊

▲我軍抵抗勝利

一月二十八日，滬市空氣，頓趨嚴重，入夜，日浪人即成羣結隊，至虹口，北四川路一帶，撕毀華商所黏之反日標語，並擊碎玻璃窗戶，然後導引日陸戰隊，侵入華界之閘北天通庵路，及北虬江路一帶。閘北居民，多從睡夢中驚起，不及逃避，一時慘呼聲，哀號聲，悲泣聲，聲聲入耳，不忍卒聞。幸十九路軍在閘北一帶，迅速應戰，日陸戰隊遂不能逞。日兵首與十九路軍步哨衝突，十九路軍長蔡廷楷，爲正當之防衞，隨下令抵抗。彼時由京開滬之憲兵一團適抵滬，亦加入十九路軍，合力還擊。旋以日兵進攻益急，蔡軍長乃親赴前線指揮，斯時戰事更烈。至二十九日晨，日軍復向我軍猛烈攻擊，我軍復以全力抵禦，戰事之激烈，爲滬戰以來所未有。當時十九路軍兵士，有一日夜未得飲食者，而其奮勇精神，仍不稍減。雖傷兵中彈，猶復高呼前進殺敵，我軍遂佔優勢。北河南路我軍右翼，奪得日鐵甲車三輛，尚有一輛較大者，亦被我軍炸毀。下午復佔領北四川路日陸戰隊司令部，獲得子彈步槍甚多。同時我軍又在龍華擊落日飛機一架，閘北擊落一架，由是公園靶子路，及狄思威路北四川路一帶，遂由我軍佈防。當我軍在天通庵路北虬江路一帶與日兵巷戰時，日飛機飛來助戰，圖炸我鐵甲車未果，適誤中新民路百祿路民房，延燒甚廣，北站亦中彈七枚，焚燒房屋數間。同時寶山路商務印書館及閘北水電廠均中彈焚毀，火燄飛入租界。日飛機駕駛員以不諳滬市路徑，當擲彈轟炸我軍時，致誤擲租界多彈，引起租界當局之嚴重警告。最堪發噱者，日飛機亦誤擲虹口日本僑民醫院一彈，延燒盡淨，時尙有日傷兵數百在院療治，均慘遭焚如。當在寶山路巷戰時，我軍三五成羣，隱身商肆，以手提機關槍掃射，日兵死傷無算，日兵紛竄公共租界沿蘇州河北岸敗退。閘北居民當中日軍戰爭激烈時，咸恐慌萬狀，皆蹲伏阻塞之門戶後，其稍有胆力者，沿途施放砲竹，歡迎十九路軍之得勝。滬市商會與銀行亦集議以徵集現金物品慰勞前敵將士，並通告全市罷市三日，華租兩界商店銀行均黏有『忍痛罷市衞國禦侮』字樣之市商會通告。各大學義勇軍亦集合，任輸送及慰勞專責。其最堪激發國人愛國心者，厥爲華租兩界之多數勞工界同胞，均奮不顧身，響應十九路軍，担任種種後方工作，誓死與日浪人相抵抗。日浪人受此迎頭痛擊後，氣爲之餒矣。

三十日晨四時，戰事地點已移至沈家灣吳淞路小菜場一帶。該處爲日兵在北部最近之根據地，我方應戰者爲大刀隊，均手執大刀，腰懸手榴彈，軍容甚盛。英法兩租界戒嚴較前尤爲嚴密，法租界與英租界相接處及英租界與閘北相接處，密佈鐵絲電網，而以軍隊及商團防守，日兵無法亂竄。斯時我方臨時集合之義勇軍及便衣隊，適沿北四川路各巷內突出襲擊，日兵及便衣隊猝不及防，遂向東敗退，我軍復奮勇追擊，日兵爭相潰竄楊樹浦一帶，因是日本駐滬總領事村井向滬市府要求停戰，同時英駐滬總領事及美駐滬總領事克銀漢復於雙方極力奔走調停，遂於三十一日上午十時由中日兩國駐滬軍事長官及滬市長吳鐵城，正式會商停戰辦法，英美兩總領事亦均列席與議，在會議期間，雙方暫時停止攻擊。旋以日方無誠意，遂致會議無結果而散。散會後未及一小時，日兵即以十七架飛機分左右兩翼，飛入眞茹，包圍國際電台，正擬擲彈炸毀時，早為十九路軍出其不意，將高射砲及步槍向天瞄準開放，擊落日飛機二架，餘十五架遂如驚弓之鳥，紛向東北飛竄。總計於過去三十六小時內，處於中日雙方軍隊激戰及日飛機擲彈中，閘北逃難者，不下數萬人，奔逃租界後均無安置處所，咸露宿行人道上，形容枯槁，窘狀畢現。寶山路一帶，商務印書館已被日軍焚毀一空，東方圖書館亦遭波及。自二十九日晨十時起火，延燒至午夜，餘燼尙未盡息，其損失當在千五百萬元以上。靑雲路世界大戲院及會文路湖州會館亦均遭焚如。北站僅焚毀房屋數大間及車三輛，閘北一帶之精華，俱已付之一炬，滿目瘡痍有非筆墨所能盡述者。至下午三時，日軍因欲保守江灣路司令部陣線，在寶興路靑雲路橋以東，橋西爲我軍。橫濱橋克明路一帶日軍，勒令華人限時退出戰事區域。斯時我軍已衝過北四川路，故靶子路以北至橫濱橋一帶，盡為我軍佔領，同時沈家灣一帶，我軍與日兵大戰，經我軍猛力撲擊後，日兵不支，撤退吳淞路菜市場。至此我軍與日接戰已歷三日夜，華界境內，已無日兵蹤跡。日兵更因我十九路軍重重壓迫，節節敗退，多於黑暗中由狄思威路等處逃竄，外虹橋形勢極為混亂，且有一部份胆怯之日兵，逃入日艦，不敢復出。日兵又以虹口福民醫院被日機炸燬一空，所有傷兵及死屍均無處安置，乃急不待擇，盛裝五軍艦偷駛吳淞口外，遄返東京，亦可謂大殺風景矣。

二月一日

▲閘北附近激戰

一日晨二時四十分，日軍又背停戰信約，向我挑戰，並開砲轟擊，我軍當取正當防衛。據自戰線逃出者云：當時我軍曾衝過東嘉興路，後復退回，天明後又休戰，雙方各守原防，並無激戰。

一日下午，蘇州河北蓬路靶子路等處，均無日兵蹤跡。至二時，形勢突轉嚴重，蘇州河北完全斷絕交通，北河南路有日機關槍駐守，與寶山路華軍猛烈射擊。

午二時，日當在老靶子路及赭思格路兩處，用機槍向我軍陣地掃射。曹家渡六區派出所，亦經我軍奪回。日人勾結漢奸，一日晨七時在東方圖書館縱火，延燒至午二時始經救熄。梵王渡豐田紗廠，一日發現日陸戰隊二百餘人，架設機槍大砲，我方派兵一團，前往防禦。

夜間，敵在閘北向我猛攻，歷一時，二日午後一時許，敵機二架，一沿租界經北京路，浙江路，向北飛繞閘北偵察，一往滬西眞茹方面偵察，二時二機同飛閘北，開機槍，投彈十餘枚，我軍即用高射砲射擊，同時雙方於北四川路昆山花園狄思威路閘北開始大戰。

二月二日

△日寇背約進攻

停戰期須至三日午後始屆滿期，日方背約，二日午一時二十分復以大砲機槍，由北四川路底向我軍進攻，我方亦以迫砲機槍還擊，狄思威路天通庵路等處，均有激戰。同時日機兩架，偵察閘北南市，事前市府已得英美領通知，謂將有日機出發偵察，市府當即有口頭抗議，但日方不顧信約，仍出而偵察。旋閘北又發生激戰，市府乃於下午二時許，向英美日三領提正式抗議，首質問日方不守信約，及抗議公共租界不得許日陸戰隊登陸，並通過租界，最後聲明，所有一切責任，應由日方負之。

下午二時，日兵在北河南路及北山西路等處猛攻，仍據租界之瞭望台，開放水機關槍，並用平射砲轟擊，我方亦還擊，激戰四小時，陣綫無變化又天通庵附近及北四川路日軍，亦向我攻擊，均未獲逞。同時日機兩架飛全市偵察，在南市肅嘉路附近擲彈兩枚傷數人。既而日機又在新開河擲彈，圖炸江內華輪，誤落岸上，亦傷數人。同時方浜橋侯家浜福佐路等處，亦有日浪人拋擲炸彈多枚，略有損傷。

晚六時以後，機槍聲極猛烈，間有迫擊砲射擊，半小時後，日軍開大砲轟擊，料係在下游日軍艦所施放云。

軍事當局，接吳淞要塞司令鄧振銓報告：本日上午十時另五分，日艦四艘向我砲台開始砲擊，本要塞爲自衛起見，實行還擊，激戰二小時，擊沉日驅逐艦一艘，擊傷巡洋艦二艘，同時日飛機十一架，向本要塞投擲炸彈，計死傷砲步官兵三十一員名，我高射砲擊落日本飛機一架，沉落海中云。

二月三日

▲日艦轟攻吳淞

本日上午十時半，日海軍及飛機進攻吳淞要塞，我方亦開砲還擊，結果擊沉日驅逐艦一艘，並擊落日機一架，至午後四時許，浦東白龍港砲台亦有日艦進攻，亦經擊退，將茲詳情錄後。

日海軍進攻吳淞　本晨十時三十分許，日艦四艘，駛至海口，忽鳴汽笛，該炮台置之不理，而日艦卽向砲台開砲射擊，當經鄧司令指揮部屬，開砲還擊，擊沉日驅逐艦一艘，其餘三艦，追蹤前進，復經該砲台開炮猛射，又擊損日艦三艘，其中一艘烟囪被擊損壞，左右搖擺欲沉，嗣由其他日艦急駛而至，將該受損三艘，曳往阿烏沙附近停泊，此上午與日激戰我軍勝利之實在經過情形也。迨至午後十二時半，日軍又駕飛機十二架，飛向吳淞炮台，拋擲炸彈，鄧司令卽以高射砲擊之，當經擊落日飛機一架，落於寶山縣城內。當激戰時，該砲台損砲一尊，兵士被炸，一死五傷，居民亦傷八人，至當晚五時許，日艦及飛機，均逃逸無蹤。

白龍港亦有砲戰　本日午後四時許，浦東白龍港，亦有日艦至該處，開炮射擊，當經該港炮台，開炮還擊，雙方激戰良久，是役日艦計開砲一百響，我方開炮八十餘響，日艦因未得逞，卽行遠遁云。

日艦進攻之詳情　吳淞要塞司令王副官，三日下午，因公來滬，據稱，今晨（卽三日）十時，敵方突以軍艦念一艘，開至吳淞，向我砲台採取半弧形包圍勢，並以機關槍大砲，向我大舉襲擊。我為採取合法自衞計，亦開砲力事還擊。十時槍砲聲大作，當將敵方驅逐艦一艘擊毀，霎時卽沉沒，另一艘受砲火重創，不能活動，尙有二艘，亦被砲火擊中，惟創傷較輕，經我方奮勇激戰後，敵艦披靡，重圍亦解。十二時許，敵方飛機十二架，忽由川沙白龍港方面，飛到吳淞，一齊拋擲多量炸彈，我砲台立卽向空描準，開砲轟擊，當時飛機一架，中砲墮地。更有趣者，卽當飛機翻墜時，倭鳥人（按日人稱飛機師為鳥人）竟跌出機外，立變肉餅，飛機亦墜地成齏粉，軍民見者，咸踴躍歡呼，竟忘置身戰場，其餘敵飛機，以不得逞，仍向川沙白龍港飛去，並經該處我防軍開砲百餘響轟擊，始狼狽遁歸原艦。

▲閘北戰事劇烈

本日閘北方面又有劇戰，日機同時擲拋燃燒彈，以致起火多處，日軍又向北車站猛衝，當被我擊退。沈家灣一帶，我軍已進展至東嘉興路，日兵退抵吳淞路。日軍飛機，又四出擲彈，公共租界內，墮落炸彈多枚，北四川路青雲里被焚損失甚鉅。租界內因形勢益形緊張，故沿蘇州路一帶，均嚴密佈防，並在衝要處所，架設機槍及障礙物，虹口方面幷提早戒嚴時間，玆將各方報告，彙錄如後：

本晨戰事仍猛裂　本晨九時許，虹口公園前司高塔路，狄思威路一帶，有激烈戰事，日方以野戰砲，設置於靶子路一帶，與機關槍步槍等，同時向我方猛擊，我方以迫擊砲機關槍遠射。截止下午二時，戰事仍甚猛烈，日方自認，其司令部磚牆已被我軍擊毀。飛機於十一時四十分，共十二架，分四小隊，每隊三架，察視空中，在閘北投下炸彈十餘枚，並在空中開放機關槍。我軍司令部宣稱，有三架爲我軍高射砲所擊落。又是日我軍在天通庵方面，奪獲敵機關槍四架，鐵甲車二輛，步槍三百支。

我軍佔東嘉興路　自昨日下午一時十分起，日軍向我開始攻擊，各在原有之陣綫，互相激戰。直至本日步槍機關槍及砲聲不絕，爲數日來未有之激戰，我軍拚死抵抗，日軍絲毫未能進展但東面之我軍，向敵極力猛攻，日兵不支而退，我軍追擊，嘉興路已爲我軍所得，日兵向吳淞路而退。

閘北又慘遭焚炸　日兵攻擊我閘北華界，昨日全夜，發生斷續之機關槍聲，至本日上午八時許，先來兩日機，翺翔天空，並連續開放機關槍，逾半小時卽去。詎知十時一刻，日機三架一隊，先後分兩批，共十八架，由南而來，至租界天空，環繞數週，卽分頭散去，飛往各處投彈，並偵察北四川路，蓬路，寶山路一帶。日兵陣地之鎗聲，與大砲聲，亦於是時勃起，日陣地槍聲一起，繼之爲我軍陣地之槍聲。日軍陣地所射出之砲彈，大半爲燃燒彈，故同時起火，約有七八處之多，火燄最烈，厥爲寶山路虬江路東，其他青雲路，亦焚燒十餘小時，天通庵以北，祇見日機徐徐降低，須臾卽發砰然巨聲，繼爲濃煙，直衝霄漢，該機在彼處往返環繞，達三小時，所投炸彈，約十六七枚，至四時二刻，日機始向東飛去。

二月四日

▲吳淞擊傷敵艦

日海空軍昨日猛攻吳淞砲台失敗，被我砲台擊沉日驅逐艦一艘，擊傷戰艦三艘，擊落飛機一架。本日日海軍司令部復派大批軍艦圍攻吳淞砲台，自晨九時起迄下午五時始止，我軍應戰極力，日艦二艘受傷，始終未能越雷池一步。玆將作戰情形詳誌於下：

敵艦圍攻　吳淞於本日上午九時許，復敵艦有十三艘，圍攻砲台。要塞司令鄧振銓，當即督率官兵，發砲還擊，雙方互轟，頗爲劇烈，直至十一時許，敵艦二艘被我浦東東龍王廟砲台夾攻，擊傷甚重，失去戰鬥力，遂與未受傷之餘艦，同時退出砲台火線之外。及至正午零時三十分，敵艦復大舉來攻，砲火較前更爲猛烈，并有敵海軍陸戰隊分頭在寶山城北，及砲台灣車站前洋碼頭，由敵艦砲火掩護登岸，希圖截擊砲台陸正面，經要塞守備兵會同十九路軍，將敵擊退。同時吳淞張華浜對江老鼠沙光華火油棧，被敵兵登岸，縱火擾亂後方。下午二時許，復有敵艦五艘，及敵機八九架，駛至淞口，加入作戰。一時砲台方面，砲聲連續不斷，聲震天地，敵兵又分數處海岸登陸，先後均被擊退，至五時許始行休戰，淞寶居民業已遷避一空矣。

殲滅日軍　本晨九時起，日艦十三艘大舉攻我砲台，我軍奮勇還擊，雙方互戰約數小時後，我砲台忽然靜默，日艦繼續開砲，我方均無應聲，日急派偵察機飛至砲台附近窺視，亦以爲我軍全部退却，砲台燬壞，遂以無綫電報告，於是日艦陸戰隊紛紛登陸，迨逼近我砲台時，我方伏兵盡起，開砲痛擊，並以機關槍掃射，日陸戰隊千餘人盡被殲滅，無一生還。

▲閘北激戰大捷

日兵於三日下令總攻擊後，當日首先一仗，卽被我軍予以重創，乃日兵尙不甘服，遽於昨日繼續大舉分三路進攻，幸賴我軍奮勇抵抗，卒將日兵擊敗，並同時奪獲戰利品等，茲將閘北方面我軍擊潰三路進犯日兵情形，分誌如下：

乘勝追擊　福生路係接近老靶子路，日兵自從北河南路口撤退後，卽集中在該處，以儉德儲蓄會爲根據地，曾屢次由新民路向寶山路襲擊。晨五時許，該處日兵，首向寶山路口進攻，當爲防守北車站路我軍抵住，雙方卽在該處交戰。未幾日兵見無發展，乃卽用機關槍向我方掃射，我方卽還擊，同時日兵有踞登該處高牆上用鋼砲向下猛攻，因此北站左右，彈如雨下，血肉横飛。約相戰四小時，我軍在猛抗之下，卒將日兵挫敗，乃乘勝追擊，至虬江路與我軍中路線會合，守住原防。日兵沿北四川路南北敗退，日兵死傷者約百餘人，界路上亦有日軍陳屍。

截獲軍械　日兵於進攻寶山路後，一面卽分兵向塘山路衝入東寶興路，其勢異常猛烈，但我軍早有準備，卽奮勇抵抗，日兵曾爲少挫，未幾日兵續有大隊來攻，先用大砲掩護，繼以迫擊砲，機關槍，小鋼砲，步槍，作猛烈之攻刺，我軍迎頭痛擊，相持約六小時，我中路軍抽派勁旅，沿淞滬綫超越至日兵後路夾擊，日兵始漸不支，正擬向後退却，奈後路阻塞，乃被我軍包圍，日兵屢次奪圍，終未得逞，後得援軍之助，乃始解圍，然生還者無幾。此處我方截獲日兵大砲七門，機槍十七架，槍彈無數，日兵傷亡者約三百餘人，我軍亦受輕傷，總計日軍終日共發四百餘砲。

左翼激戰　本日日兵進攻各路中最猛烈者，厥爲江灣路及青雲路，以此路日兵司令部適在該處，而又當虹口咽喉，故日兵出全力以搏，而我軍以此路實繫中右兩路陣線，亦極力抵抗，於是此處，乃成兩方戰爭焦點，相搏之烈，爲日軍向我開釁後之第一次。沿淞滬綫天通庵路日兵，曾有十餘次在大砲掩護之下，向我軍防線作至猛之衝鋒，我軍出壘抵抗，甚至肉搏，迫擊砲機關槍，幾失效用，日軍後方，乃在虹口花園及六三花園，用大砲向我軍後方陣地射擊，冀圖擾亂，我軍亦即用砲向日軍各砲位及該司令部轟擊，均能中的，日司令部內及附近，曾中彈十餘次，惟措未爆發耳。在午後一時許，停在北站車場內之我軍鐵甲車一列，亦奉命前調助戰，該車即衝至淞滬線，在寶山路站東發砲，當將六三花園轟毀，殲滅日兵百餘人，當時前線日兵傷亡已將過半，又見後方援助隊伍發生劇變，乃節節敗退，我軍即在該處守住，並分兵至六三花園一帶追擊潰兵。我義勇軍一部，推進至嘉興路，一部佔領狄思威路一帶，此方日兵死亡達五百餘人。

日機擲彈　在本晨繼續發生戰事時，日飛機二架，於十時左右，又復起飛助戰，先在閘北一帶盤繞，因我軍用高射砲斷續轟擊，因此未有投擲炸彈，約半小時後，日飛機忽然下降投彈，計先後不下三十餘次，以致南自寶山路鴻興路，北至青雲路西寶興路八寺橋一帶民房工廠，多爲日軍砲彈及炸彈轟燬，着火延燒，八寺橋之玻璃廠，貧民收容所，已成燎原。自上午十時至下午十二時，延燒終日，尚未熄滅，一時紅光燭天，煙火滿佈，損失甚爲鉅重。同時開封路更新舞臺後，亦被日機擲彈爆炸起火，自下午三時起至九時許，尚未熄滅，以地在軍事區域，竟無法施救，一任延燒，至爲慘酷。

二月五日

▲江灣路我軍大勝

五日晨五時，日兵六百名，利用大砲機槍，猛向江灣路我軍進攻，我軍當亦還擊，雙方激戰，異常激烈，酣戰數小時，日軍不支敗退，日坦克車三輛爲我軍截獲，我軍大勝，日兵激被炸死者達數百人。至晨九時許，日軍復以鐵甲車向我軍衝鋒，我以機關槍掃擊，敵不得逞，被我奪獲鐵甲車二輛，雙方死傷甚多云。

又天宮橋日軍，向天通庵增防，我軍已確實佔領六三花園日軍司令部，我方頗佔優勢，駐在太陽廟之第十九路軍決死隊，每人藏手溜彈三枚，調往六三花園天通庵一帶前線增防。

▲敵三路猛攻閘北

五日閘北戰事，日軍分三路進犯：(一)敵人第一路軍，於晨九時許，得飛機數架之助，由虹口花園前工部局游泳地方面向天通庵路火車站猛衝，我軍當起應戰，雙方相持良久，我方因受敵軍飛機投擲彈炸之牽制，晨間曾一度後退，未幾仍將敵軍擊退，收復天通庵路車站，復進至前夜我軍前衞所駐地點，並奪獲敵軍野戰砲一門。(二)第二路敵軍，約五十餘人，以鐵甲車三輛，與第一路同時發動，由奧迪安影戲院後面郊家橋路西犯，我軍初不抵禦，待日軍越過廣東街時，我軍由兩旁衝出，以機關槍塞斷其歸路，即將敵軍第二路全隊包圍，未幾全爲我軍所殲滅，其所備之四架機關槍亦被我軍所奪獲。(三)第三路敵軍，於穪生路向北西兩面前衝，被我軍迎頭痛擊，幾不能移動，敵鐵甲車受我軍手溜彈轟炸擊已毀者兩輛，遂卽敗退。

▲飛機隊擊落日機

今晨航第六七飛機九架，在眞茹閘北間上空警戒，約十時許，突遇敵機越界向我攻擊，我爲自衞計奮勇抵抗。詎敵愈來愈衆，竟達四十餘架之多，從上下左右，紛紛向我夾擊，我機大部因運轉欠靈，恐遭敵算，先行退出，餘機四架，仍繼續與敵大隊殊死互相掃擊，上下盤旋，相持甚久，結果敵機被我打落二架，打傷多架，我飛航員朱達先腹中敵彈，仍沉着飛出陣地，平安降落，人員飛機，亦均略有傷損云。

二月六日

▲敵機圖毀電台未成

六日午前十時，日機十六架，在閘北公興路小菜場擲彈一枚，炸壞房屋一幢我軍飛機在空中追擊，日機不敵而退。又十二時許，日機八架，飛往眞茹擲炸，圖毀國際電台，一落暨南大學，三落國際電台後面，燬汽車一輛，死傷平民數人，我軍急用高射砲機槍射擊，同時我飛機亦向之轟擊，日機逃去。

二月七日

▲敵大舉進攻閘北吳淞

日軍前以陸戰隊及在鄉軍人，進犯閘北，數次總攻，均被我軍擊退，損失甚鉅，同時更以軍艦十餘艘，轟擊吳淞砲台，希圖佔據要塞，又遭失敗，旬日以來，日軍雖受重大損傷，而其侵犯之心，仍未稍戢，故自六日晚，新從日本調來四千餘名陸軍到滬後，日軍司令野村，卽變更戰略，於本日早晨，擲其海陸空軍全部之兵力，分水陸空大舉會攻吳淞，並限於二十四小時內攻陷我方要塞，意欲先行佔領吳淞砲台，冀得自楊樹浦沿黃浦江至吳淞口外，均爲日軍之根據地，然後再以全力取閘北，故於本晨七時起，卽開始實行此項新戰略，先用飛機十餘架，飛至我軍陣地視察，並投擲大批炸彈，同時又派陸軍二千餘名，由糧米站及軍工路會攻吳淞，停泊張華浜東面黃浦江中之軍艦六七艘，亦同時向我吳淞方面開砲，上午十時許，我力駐防蘊藻浜一帶之翁旅，卽在裏揚旗防線內迎頭痛擊。敵軍第一次衝鋒，卽被我擊退，死傷甚衆，十二時餘，復有第二次進攻，我軍竭力抵抗，敵軍仍猛力進犯，激戰極爲孟烈。閘北方面，敵軍亦於同時由天通菴路用鐵甲車及坦克車掩護步兵，向我八寺橋陣地進攻，當被我軍擊退，並在江灣路方面毀敵軍坦克車兩部，自下午六時後，閘北似入休戰狀態，又敵軍飛機上下午，均在我吳淞，蘊藻浜，閘北，眞茹等處擲彈，但均未命中，我軍防線，惟民房被炸毁及焚炸者甚多，茲將本日各處戰況，詳細分記如後。

▲張華浜之激戰

敵機先來擲彈，晨七時許敵軍派飛機十餘架，自上海方面空中，沿淞滬鐵路，飛至江灣。高境廟，張華浜，蘊藻浜。吳淞鎮。等處，先行偵察一過，隨卽沿途投擲大批炸彈，最後又飛至吳淞要塞，擲彈十餘枚，均未命中。當敵機擲彈時，我軍卽用高射砲射擊，故敵機在吳淞要塞擲彈後，卽不敢再來。

敵陸軍進攻失敗敵機擲彈後，日軍司令野村，卽派鐵甲車二輛，裝置機關槍之機器脚踏車十餘輛，及卡車十餘部，滿載日陸軍一千餘名，於上午九時許，由楊樹浦底沿軍工路開至張華浜進攻吳淞，一面有日海軍驅逐艦二艘，載日兵千餘名，駛至高橋沙（俗名老鼠沙）光華火油棧前面浦中，用鐵殼駁船二艘，渡至張華浜糧米站碼頭登陸，卽會同鐵甲車進攻蘊藻浜車站。十時許戰事卽爆發，敵軍由敵艦開砲，及飛機在空中擲彈，掩護而進。我軍現駐守吳淞，兵力甚厚，卽經譚司令指揮禦敵。當兩軍開戰時，記者適在吳淞張華浜海關河泊司署，其時敵軍最前線在兩路工廠之東蘊藻浜車站，西揚旗。廿家橋，軍工路。糧米站一帶，廿家橋有不少草棚，已被敵兵焚毀，砲火初不甚猛，至下午一時許，復有敵艦三艘，開至助戰，而砲火漸趨劇烈。

▲敵又猛攻閘北

八字橋我軍勝利。敵軍於昨晚十時，向我八字橋防地進襲，激戰至一時許，經我軍奮勇應戰，將其擊退，大受重創。本日正午十二時許，敵復以飛機大砲，向八字橋我軍防地，猛烈轟擊，同時並以機關槍。小鋼砲。連續射擊，於此砲聲機關槍密射之下，敵軍即拚命向我軍衝襲，我軍當亦奮起抗敵，迎頭痛擊，一部份且抄其後方，截擊敵方後路，敵始不支，向後潰退，是役戰約一時許，斃敵甚衆。至午後二時，敵軍喘息甫定，復得援軍，又以一千餘衆，向八字橋進攻，大砲猛轟，飛機仍在空中助戰，惟我軍以逸待勞，勇猛應敵，又將敵軍擊潰，敵軍兩次進攻，均遭失利，但敵軍作戰者，多數係新來之正式陸軍，故終未肯罷手，復於下午五時左右，三次進攻我軍，其勢尤較十二時兩役爲烈，時敵軍士氣已餒，當進衝之時，一經我軍還擊，發槍已多慌急狀態，故終爲我軍逐回敗去，傷亡過半，我軍亦有犧牲。綜計敵機向我軍陣地擲彈，有百餘次之多，惟爆發甚少，且多落於空地之上，無甚大損失，又狄思威路方面，昨日敵軍亦有進攻，經我軍應戰後，敵卽退去，故未有激戰。

燬敵坦克車二輛。晨十時許，日陸戰隊藉新到之陸軍援助，由虹口公園之北，江灣之南，（沿鐵路南）突向我軍進攻，同時日兵在靶子場用野砲掩護，更用新式坦克車二輛，隨軍隊衝鋒，我軍亦用鋼砲機關槍掃射，激戰至烈，相持不久，日兵卽漸不支，我軍卽挺進，日兵乃急用坦克車向我軍再度衝鋒，詎該坦克車二輛，竟躍入我軍戰壕內，日兵尙圖一再奪回，均爲我軍所擊退，而該車乃遭我軍用手溜彈所轟燬，日兵終未得逞。

七日子刻敵二千人用大砲掩護，鐵甲車前導，向我閘北中華新路寶興路衝鋒，我第四團全起應戰，苦鬥半小時，我亦前衝，與敵肉搏，斃敵約半，毀鐵甲車二輛，敵前敵司令雨田大尉陣亡，結果敵未能越我防線一步，敗退，我犧牲亦鉅。野村變戰略，分二路攻我，一由靶子場公園北江灣南，一由軍工路，直攻吳淞。蓋敵因以艦攻淞，受英美法艦監視，無法施技，故改用陸軍，以楊樹浦爲根据地，攻淞後路。三時令泊黃浦碼頭七艘，開吳淞向瀏河出動。十時令鐵甲車十餘輛，陸軍一隊，由軍工路進至張華濱，向我猛攻。同時泊浦東敵艦二艘，開砲掩護。被我義勇旅擊退。另一路敵由虹口乘輪。繞至吳淞附近蘊藻濱上岸，午會合殘敵六七百人，復以鐵甲車六輛掩護，再向吳淞猛衝，敵機八架，向我獅子林擲彈。我力禦以機關槍掃射大砲轟擊，敵又敗退。至下午三時，敵海空軍已全不得逞退去，惟陸軍尙擬晚再進犯。敵大部陸軍。午在閘北八字橋衝鋒，我迎頭痛，另一部抄敵後方圍攻，敵斃百餘人敗退。下午二時敵增援千餘人，又反攻，幷以飛機投彈百餘枚助炸，復被我擊潰。五時敵三次反攻，惟敵勢已再衰三竭，經我還擊仍退回，未得逞。

敵冀于七日攻陷吳淞，故海陸空均出動。參加者陸軍三千名，鐵甲車十四輛，飛機十餘架，海軍除泊浦江者，悉調往口外，並由白龍港開往十餘艘。惟因顧忌外艦，未開砲。是日上午陸空二次攻淞均未得逞。

二月八日

▲敵三路猛襲吳淞

日兵自昨晨開始由海陸空三路，會攻吳淞失敗後，本日自拂曉起，又傾全力，再攻吳淞，除原有之海陸軍兵力，共約萬人外，又將續到之陸軍九千餘人，悉數分三路開往吳淞應戰，合計其兵力共達兩萬之多。陸路方面，以鐵甲車大砲掩護衝鋒，肉搏數小時，結果日兵各路均慘敗，我軍斃日兵達千餘名，我幷在紀家橋奪獲日鐵甲車二三十輛，而蘊藻浜之役，日騎兵被我用奇計擊敗，幾不成軍，至晚八時許日軍即開始總退却，茲彙誌如次：

日軍三路猛攻吳淞　昨日會攻吳淞之日軍，海陸空三路兵力，實數有一萬餘人，僅就攻蘊藻濱一隅之軍隊言，亦不下三千七百人，其利器之完備，更不問可知，故日海軍司令部，曾有限令三小時內，攻下吳淞之豪語，其後經三十小時，尚未攻陷，且反爲我軍所敗，故本日續攻吳淞時，乃下最大決心，將新由日本運到之大部陸軍九千餘人，悉數開往吳淞作戰，該項日軍，係分向張華濱，蘊藻浜，吳淞鎮三處會攻。

蘊藻浜方面之激戰　蘊藻浜方面，於本日午後一時十分許，突有日兵三百餘名，向我方進攻，再有一部份日兵約一百餘名，尚有便衣軍四五十人，往吳淞鎮圖襲，而我方早經嚴陣戒備，奮勇抵抗，頃刻間，槍聲大作，彈如雨下，斯時停靠淞口對江（龍王廟附近）之日方兵艦兩艘，亦向張華浜與蘊藻浜，暨吳淞鎮等處，發炮攻擊，我方三路口抵抗激戰歷一小時許，敵始退去，至午後二時許張華浜東首之糧米棧碼頭，又來日兵二百餘名，圍攻蘊藻浜，我方隊伍，隔岸應戰，時適大雨，烟霧瀰漫，雙方互攻至傍晚時，日兵不支潰退，死傷頗多。

水門汀桶殲日騎兵　本日上午，日兵進攻蘊藻浜，以騎兵四百，並步兵大隊衝鋒，同時日艦開砲掩護，一砲中我陣線，續發一砲亦中，我軍急抵抗此勢如驟雨之日騎兵，我軍利用水門汀桶，堆積地上向敵滾去，敵馬皆驚而騰躍，不能制止，日兵大亂，我軍乘機由戰壕地窖中用機槍射擊，敵騎兵步兵共死七百餘人，遂敗退。是役日艦共開六十餘砲，我軍損失甚微云。

我奪獲大批鐵甲車　午後四時半日兵又用鐵甲車數十輛，由軍工一帶，向吳淞方面衝鋒，迨至紀鴐橋附近地方，被我軍伏兵包圍襲擊，遂獲日鐵甲車二三十輛，殺敵百數十人云。

我軍殲敵一千餘人　據日軍司令部發表，日兵曾於午前，佔據朱家浜西面，及陸宅北面之吳淞池塘，但未幾復爲華軍奪回，我軍司令部則稱，我閘北援軍開到後，曾向日兵左翼，左右夾攻，結果日兵死傷約千餘人之多。

▲敵攻閘北中伏

西寶興路日軍猛襲　本日下午一時許，日軍千餘人，忽分路由克明路寶興路西，向我軍猛襲，先以野戰砲連續轟擊十餘發，繼之以小鋼砲機關槍，向我軍陣地衝擊，其勢甚兇，我軍仍取守勢，以全力抵禦還擊，激戰兩小時後，即分途向兩旁退却，日兵見我軍稍退，即乘隙而進。

伏兵四起日兵慘敗　是時我軍在電話局相近，淞滬路兩旁預埋伏兵，迨日兵深入進至鐵道時，我方伏兵即四起截擊，同時我退却之隊伍，亦乘勢回攻，於是敵兵前後左右，均受包圍，截成四處，雖欲急退，其勢已不可能，結果，被我軍擊斃七百餘人，餘均紛向克明路從橫浜橋方面逃命，敵軍後方聞訊，急來增援，惟大勢已去，已成弩末，至四時許，砲聲已稀，是役激戰之猛烈，爲開火以來之第二次。

二月九日

▲敵攻蘊藻浜吳淞

九日吳淞方面戰事，日兵自經二次進攻失敗後，已無餘勇，故除於晨間會一度由糧米棧進襲，爲我軍擊退後，轉入沉悶，同時張華浜糧米棧內之兵，被我軍由蘊藻浜南進攻，有包抄之勢，故於下午三時許，在陸家觀音堂軍工路滬江大學附近一帶，堆置防禦物，掘築戰壕，似因連日進攻失敗，又將改變其所謂戰略矣，茲將本日情形，分誌如次：

日兵偷渡失敗。日兵傾全力進攻吳淞，先後連敗二次後，晨五時許，又圖偷渡蘊藻浜冀登吳淞鎮河岸，當時日兵除由後方增援軍工路外，又用小輪拖帶駁船一艘，載有陸軍二百餘名，沿浦江在張華浜碼頭登岸，向蘊藻浜站我軍陣地猛攻，日艦米棧內日兵，同時用砲向我軍後方及砲台轟擊，我砲台連續還擊，同時沿蘊藻浜南岸之我軍，奮勇挺進，在我砲彈掩護之下，向張華浜糧米棧進攻，敵軍不支，旋卽潰退，當時日兵正在偷渡，因受我方砲火壓迫，落浦而死者二三十名，傷亡者五十餘人，餘均敗退至糧米棧，刻下該棧內日兵，已幾在我軍包圍中，吳淞鎮已成焦土，砲台上我軍，當敵在由軍艦偷渡，以大砲掩護登岸時，無不奮勇作戰，甚有手足被折，仍不願退休，繼續發砲者，我軍之忠勇，可見一斑。

▲敵機到處擲彈

閘北方面，本日上下午，均無激烈戰事，僅於上午十時許，敵軍飛機來投擲炸彈時，敵軍在江灣路方面，不時以大砲協助飛機轟擊，以致八字橋及天通菴路等處起火，我軍除沉着固守防線外，同時並用高射砲擊敵軍飛機，當被擊落一架，隨後敵機又飛往眞茹擲彈，亦被我軍擊落一架，敵機被我擊退後，敵軍雖不時以大砲及機槍向我陣地射擊，但不甚激戰，同時亦因我軍防守甚密，未敢向我衝鋒，惟至晚間九時後，敵軍又用大砲頻頻攻擊，故砲聲甚密，但我軍仍不爲動，茲將情形紀述如下：

敵機又毀二架。本日上午，敵軍飛機六架，飛至閘北眞茹一帶投擲炸彈，意圖毀壞我軍陣線，當被我軍射擊，結果又擊落日機兩架，一架於上午十時零五分，在閘北光復路墮落，機師三人，均已斃命，並有手槍兩支，當經該處駐軍攜歸，呈報司令部，另一架於上午十時二十分，在眞茹擊落。又據另一報告，在北站旱橋附近，有一敵機因機器損傷，自動落下，機中二日人已死。

滬西一帶擲十餘彈。九日上午十一時許，滬西曹家渡梵皇渡沿蘇州河一帶，又有日飛機兩架，翺翔天空，盤旋數週，擲下炸彈十餘枚，嗣向閘北方面飛去，茲悉當時被擲炸彈之處，計有（一）極司斐而路馬路橋第八十六號門牌，前係明潤身住宅，現爲某西人居住之耐廬，被擲炸彈一枚，炸去西南房屋一角。（二）曹家渡五角場之租界救火會房面上，同時亦投着一彈。（三）梵皇渡浜北中山路許陸家宅北首某鄉人家之門前，亦擲下炸彈。

劉河墮落敵機。據劉河無線電報告：上午，有敵軍飛機一架，因機器損壞，墮落於離劉河七里之處，內有日人三名，有兩人當時斃命，另一人受重傷。

二月十日

日軍二度總攻吳淞失敗後，靜待增援陸軍開到，再作大舉。本日吳淞閘北兩度戰況，故較和緩，惟日艦九艘，於午一時起，在三夾水洋面，以重砲轟擊吳淞砲臺，我軍應戰甚力，四時始止。陸路方面，晨二時日軍數百，偷渡蘊藻浜，被我全部殲滅。上午九時，敵復沿軍工路進攻，經我軍抄襲其後方，敵始潰退。閘北日間甚爲沉寂，晚七時後，敵大隊在猛烈砲火掩護下，由福生路衝攻我寶山路防線，激戰至八時五十分，敵不支敗退，我軍乘勝追擊，陣線進展至虬江路北四川路口，敵飛機，仍四出擲彈偵察。上午十一時，在靑雲橋被擊落一架，日機師二人均殞命。玆將各情分誌如次：

▲蘊藻浜之戰況

吳淞方面日兵仍在蘊藻浜，再試偸渡，結果又復失敗，繼由陸軍進攻，亦未得逞，午後因亦未來進攻。日飛機在吳淞砲台投擲炸，但均未中的，雙方砲轟，至下午四時漸平，我軍仍固守砲台。

二次偸渡失敗　晨黎明時，敵利用曉色蒼茫，竟復派兵數百名，在依周塘角南草菴前面，乘民船偸渡蘊藻浜，當被我軍發覺，隔河用機關槍掃射，敵兵不死於槍彈，卽溺於水，無一生還。

偸襲野戰亦敗　上午十時許，日軍又由軍工路抽調一大部份陸軍，向蘊藻浜方面偸襲，利用重砲掩護，猛向我軍衝鋒，我軍亦藉砲臺大砲掩護，奮勇迎擊，雙方卽在蘊藻浜車站南軍工路上野戰，我軍左右兩翼甚爲活動，從敵軍後方推進，敵軍恐受包圍，乃急向後敗退，同時敵軍正面亦被我軍擊散，我軍卽在軍工路原陣地固守，此役日兵死傷二百餘人。

轟擊砲臺無效　下午一時起，敵艦九艘，在吳淞口向吾砲臺開砲轟擊，甚爲猛烈，吾軍亦發還擊，直至三時半左右，敵艦知吾有備，勢不得逞，砲聲乃息，吾方受損極微。又昨日下午三時許，敵艦十餘艘，向岸上發砲攻擊，同時以機關槍十餘架助戰，均經吾軍還擊，至四時許，砲火始停。又昨日傍晚，吾軍某團之搜索隊，在屈家橋遇敵數百，奮勇抵抗，敵不支遁去。

▲閘北我軍進展

本日閘北方面，日間無劇烈戰事，晚七時大隊日兵，由福生路衝攻我軍寶山路防線，一時砲聲隆隆，槍聲密集，激戰約一小時三十分，敵始敗退，我軍乘勝追擊，防線進展至虬江路北四川路口，敵機五架，上下午兩度至閘北轟炸，當被我軍在青雲橋擊下一架，茲將各情，分誌於后。

晚七時起，閘北方面，復有激烈戰事，砲聲隆隆，機關槍與步槍聲，密如連珠，至八時五十分始停戰，據調查，係大隊日兵在砲火掩護下，由福生路向寶山路我軍防線進攻，我軍待其迫近卽以機關槍掃射戰約一小時半，日兵死傷枕藉，始不支而退，我軍乘勝追擊，防線進展至虬江路北四川路口，同時在寶山路以北至虬江路間一帶房屋，中彈焚燒，火光燭天，至十一時，始漸熄滅。

二月十一日

本日各地戰線，吳淞略有砲聲，其餘各地槍聲亦稀，而日本飛機，則大爲活動，到處拋擲炸彈，威脅及於兩租界，損害最甚者，厥爲永安第三紗廠，茲將各情分誌如次：

▲吳淞方面戰況

本日吳淞方面戰雲和緩，日艦於晨間七時許，以五英寸口徑小鋼砲，由遠距離之地點，向吳淞轟擊，計開三十餘砲，我方因無若何損失，故未開砲還擊，以免虛耗彈藥。至十一時三十分，日陸軍復以開花砲四門，向我射擊，我軍略事應付，敵軍遂卽停砲，至正午，砲聲遂息。

▲敵偷渡蘊藻浜

盤據吳淞蘊藻浜南鐵路總工廠之日兵，於晨八時許，擬偷渡蘊藻浜，分左右兩翼銜鋒，左翼自楊家宅及軍工路，以陸路砲及手提機關槍向浜北猛攻，右翼自胡家橋周家橋向北轟擊，日兵中並有身穿救命馬甲者，擬搭浮橋過河，當爲我軍猛勇抵禦，劇戰一小時，敵軍不支而退。

▲閘北方面沉寂

閘北方面，自晨至晚，未發生戰事，惟雙方步哨，間有放槍示威。下午二時許，曾有一二日兵，偸向我軍防壘襲擊，當被我軍用機關槍擊退，因此槍聲又起，旋即平息，聞係日兵，收拾殘部，重行分配，希圖再舉，幷鑒我軍防線鞏固，極力增援，又恐我軍乘機進攻，乃用飛機，竟日在閘北及太陽廟麥根路等處，轟炸，因此又遭殘酷慘劇，及大火四五起云。

▲敵機到處轟炸

敵機連日在空中飛翔，拋擲炸彈，殃及無辜生命財產，損失殊鉅，並於二月五日起，迭向吾災民收容所，用巨大炸彈轟炸，種種行動，殘毒之至。本晨，日飛機又在空中肆虐，麥根路車站，大通路，及太陽廟一帶，拋彈至三十餘枚之多，當場被轟死傷及壓斃者，計十餘人，車站貨房鐵路及民房會館等，坍牆倒壁，損失不貲，此外如租界內麥根路，永安紗廠，虹鎮香烟橋，江灣鎮，南市邑廟，及法租界等處，均有日機飛往抛擲炸彈，以一日間而在人烟稠密之區，抛彈至十處以上，其慘無人道，可謂已極。

二月十二日

▲吳淞各處戰況

自滬戰發生後，迄今未停，各國領事，曾議定於本晨請我軍及日方停戰四小時，俾得於此期間，儘量運載戰區難民脫離險境。晨間北方面，日兵果未大舉來犯，惟吳淞方面，自晨六時起，又向我軍開始攻擊，在蘊藻浜，張華浜，吳淞鎮，砲臺灣，獅子林等數處，均有衝突，戰爭頗烈，茲將吳淞戰況分誌如下：

蘊藻浜吳淞鎮　晨六時日方派步兵七八百人，由野戰砲及飛機之掩護，大舉來犯，意圖衝過我方陣線，同時又向該地附近之曹家橋攻擊，我軍之在蘊藻浜者祗有二百人弱，均奮勇抵抗，戰約二小時，卽將敵擊退，曹家橋方面之日軍，亦經我軍擊敗，至九時後，卽平靜無事，惟仍有步哨槍聲，連接不絕。吳淞鎮方面，於淸晨，亦有日兵以大砲向我軍轟擊，共發砲三十餘響，多未命中，至九時後，敵兵猶時向我軍以步槍射擊。

砲臺灣張華浜　砲臺灣所泊之日艦，共計有十三艘，晨日艦上之陸戰隊，時發槍射擊我砲臺旁之軍士，惟因砲臺前泊有英美兩國之軍艦，日兵因有所顧忌，故未敢發砲轟我砲臺。日艦一艘，駛至張華浜口，約於六時左右，向我方開砲多發，其陸戰隊并擬上岸，均經我駐軍擊退，日兵死傷頗多。

▲閘北入晚激戰

十二日閘北方面，自晨間六時起，已無槍砲聲，八時至午十二時，因係四小時停戰救護時期，故雙方均入休戰狀態中，我軍將士利用時機，間有援助避難災民，搬運物件，及爲之維護出戰區者，惟對於進出人民，恐有敵人間諜或漢奸混入，故防範甚嚴。至下午四時後，以戰區災民，已陸續運出，故卽宣告戒嚴。下午一時後，有日機五架，在閘北太陽廟飛翔，亂擲炸彈，至四時起，日兵又用大砲，向閘北轟擊，連續不斷，入晚九時激戰更烈。玆將各情分誌如次：

日機亂擲炸彈　本日停戰時期過後於下午一時許，日飛機五架，又在閘北太陽廟等處天空中發現，先在閘北中興路，共和新路，虬江路等處環繞，繼卽投彈，約二十餘起，均在民房附近落地轟炸者六七彈，惟未發火，我軍卽用高射砲轟擊。日飛機又飛往太陽廟。潭子灣。麥根路等處投彈，亦爲我軍擊退，惟當時閘北災民正在遷避，因日飛機到處投彈，以致重行搬回者數百人，現皆避在民房內，流離失散，不計其數。

日砲轟燬民房　下午三時後，日飛機被我軍用砲擊退後，日兵於下午四時起，卽改用砲轟，平均每五分鐘一砲。日兵發砲基地，仍在虹口公園內，並間以日兵前哨之鋼砲，均向閘北及麥根路太陽廟一帶民房轟擊，入晚尤密，我軍亦予還擊，彈多落於日兵前哨線，日兵損傷甚衆。

入晚又起激戰　雙方砲轟，至晚九時後，日兵乘機偷襲，乃又發生激戰，接觸地點，在天通庵路，及虬江，等處，槍聲連續未斷，同時雙方均用大砲掩護進攻，機關槍掃射，此起彼接，迫擊砲手溜彈密發，鋼砲亦頻頻施射，聲震全埠，激戰之烈，爲發生戰事後之第三次。至十時後，槍聲漸向東北進移，我軍後方砲隊發砲點，亦進至寶山路口。至十一時，槍聲漸稀，間有機關槍聲，係少數日兵殘部，猶思困鬥，惟雙方砲擊仍未轂，大都係鋼砲，至十二時始稍殺，日兵傷亡達二百餘名，我軍傷十餘人。此役，日兵曾屢次向我軍陣地衝鋒，均爲我軍殲滅，我軍陣線，一無變動。

二月十三日

▲偷渡敵軍全殲

淞鎮我軍，本晨乘日軍深夜疲困，向江面敵艦及附近日兵宿營，猛烈襲攻。敵猝不及防，擊斃甚多。蘊藻浜方面日兵亦於本晨開放烟幕彈，利用烟幕，即在浜上，偷架浮橋。我軍一時視察不清，被敵軍偷度千餘人之多，彼即佔領曹家橋，圖進窺吳淞，經我軍覺察後，當即派重兵將敵人包圍，迎頭痛擊，同時另派一隊壓迫季家橋敵軍，斷其歸路，激戰至晚，將敵全部解决殲滅。張華浜亦有日兵進襲，至晚十時許，亦告敗退。又一部日兵，喬裝我國難民。混入寶山楊行等處，向我軍攻擊，結果均被我擊潰。玆將各方報告，彙誌如後：

敵偷渡曹家橋　自昨晨爲救濟難民雙方停戰四小時後，日兵即於晚間，以猛烈之砲火，由吳淞閘北兩處猛攻，至本晨零時始停，結果，敵軍仍未得逞，不過徒事犧牲耳。

我軍在吳淞方面之防軍，乘敵軍疲倦之際，於晨二時許，在蘊藻浜黃浦江口向敵軍陸戰隊襲攻，同時幷以便衣軍襲擊左近之陸軍大隊根據地。敵兵於怱促間應付、被我軍擊死者甚多。自晨五時至七時許敵兵乃分路向我追攻，作戰計畫，利用拂曉戰以長蛇式進兵，首尾次第相應，向我進攻。至七時左右，敵先在陣地，砲發烟幕彈，霎時烟霧瀰漫，對面不能見人。千餘敵兵，則駕起浮橋，在烟幕掩護中，源源渡浜，如蟻遷穴，同時卽在永安紗廠門口，已築高壘，準備開始攻擊。

被我軍大包圍　卽時被我曹家橋哨兵發覺，乃卽報告軍部我卽派重兵，向後包抄卽將敵軍包圍。不圖季家橋方面，尙有大隊敵兵係與偸渡之敵，作聯絡進攻之策應者，亦被我軍得悉急派一支隊前往截斷，卽與交鋒。在曹家橋偸渡之敵，被圍之後，左右衝突，急圖猛力反攻，冀破重圍。此時我軍，知巨虎已入陷阱。遂聯絡一致，迎頭痛擊，以懲創此等罪惡之魔。

我軍光榮戰績　自上午七時起，在雨雪交加中，槍彈橫飛，日兵狼狽四竄，我軍敵愾同仇，逢敵卽殲，敵戰鬥力全失，但仍作臨終之掙扎，至下午八時許，敵兵力盡只知竄匿，或躓仆途中，或自溺於水中，死者已數百人，因我軍包圍嚴密，無隙可逃，至九時四十分遂將千餘日兵，全部殲滅矣。是役也我軍大獲全勝爲開戰以來第一次大血戰，將士之奮勇，精神之勃發，實爲十九路軍戰績上最光榮之一頁也。

季家橋敵敗退　至季家橋之敵自晨八時許激戰起，雙方相持約一小時許，經我軍痛擊，不支而退。至十時許，日又以五百餘人用提機關槍等猛衝，我軍以機關及排槍等應戰，敵軍因雨雪，不能用鐵甲車爲前導，死傷頗多。我至十時十五分卽退，繼敵兵以少數步隊，攻侯家木橋，我軍沉着應戰，敵兵以爲有機可乘，遂增厚兵力前進，我軍乃以機關槍掃射，敵知中計，乃倉皇退却云。

我軍黑夜襲營　吳淞方面我軍，於昨晨一時，乘敵軍疲乏之際，在蘊藻浜黃浦江口，向敵艦夕張號及附近陸軍猛襲，該處係敵之大部隊宿營處，於忽促間猝不及防，被我軍擊斃多人，損失頗大。

▲敵仍砲轟閘北

晨七時，敵軍同時於虬江路青雲橋，寶山路，寶興路，天通庵，八字橋等處進襲，其人數支配，或百餘人，二百餘人不等，以野戰砲小鋼砲機關槍，向我陣地轟擊急圖衝亂我軍防線，但一經我軍還擊，敵卽後退，如是往復四五次，敵軍總未得逞，至八時許，敵方飛機亦出動助戰，但敵軍一再失敗，已無鬪志，測其用意，在騷擾我軍陣線，至九時後終因我軍沉毅應付，全部退回。午後二時許，寶山路虬江路一帶砲聲仍連續不絕，雙方僅有小接觸，未有激烈戰事。

二月十四日

▲敵攻吳淞又敗

昨晚吳淞曹家橋之大捷，偷渡敵軍千餘名，全部殲滅，計奪獲來福槍，手提機關槍等戰利品無數，敵經此重創後，猶不甘心，本晨一時許，復派大隊，企圖偷渡，先後均經擊退，而吳淞口外之敵艦，亦不斷向淞鎮砲轟，晨拂曉，敵由張家浜襲擊侯家木橋，激戰數小時，敵始潰退。各情分誌如次：

敵偷渡又失敗　敵經曹家橋之大創後，猶不甘心，復於本晨一時許，派大隊敵兵至曹家橋，希圖在重砲掩護之下，再行偷渡蘊藻浜。我軍乘新勝之餘，士氣振奮，當卽渡河聯合，在紀家橋東唐家橋方而之我軍，向敵軍挺進，雙方激戰，至晨三時許，敵兵不支，向後潰退，我軍遂將南泗塘河以西之原有陣地恢復，是役敵又死傷甚衆。

本晨並無激戰　晨吳淞方面並無激戰，惟每隔三五分鐘，敵開放大砲示威，我軍並不還擊。上午八時至九時間，在淞口方面之敵艦，不斷向淞鎭開砲轟擊，約有百餘彈之多，致鎭中東昇路文昌路一帶，有數處房屋起火，十時許，復有敵機六架，自口外洋面飛起，向蘊藻浜我軍陣地擲炸彈十餘枚，我軍無甚損傷，旋經我軍高射砲，將敵機擊退。

▲閘北我軍獲勝

閘北方面，雙方防線，本日無變動，且亦並無接觸，以日兵連日傾注全力於吳淞之故，惟晨八時許，日飛機仍往閘北投彈，均爲我軍擊退，故頗安靜。下午三時許日兵又復砲轟，我軍亦還擊，約半小時卽停止，惟發砲次數甚稀，至晚未有戰事。我軍深悉敵軍兵力單薄，已有顯此失彼之象，乃乘蘊藻浜戰勝餘威，於晨七時，由江灣派兵五百餘名向萬國體育會跑馬場敵軍陣地進攻。敵軍初猶頑強抵抗，戰約一小時後，我軍改換陣勢，分路向敵軍前後中三部猛攻，卒將敵軍擊散，但日兵尤圖困鬥，乃爲我軍分部圍擊，敵軍勢始不支，至十時三十分左右，敵兵已傷亡過半，退出佔據地，我軍卽進據跑馬場，此役日兵傷亡百餘名，我軍獲戰利品，野砲八尊，機關槍步槍及輜重品無數，並搜獲敵軍重要文件數包。

二月十五日

▲敵艦又砲攻吳淞

日艦連日襲攻吳淞口砲台，迄未得手，本晨六時起，日艦七艘，又在三夾水洋面，向我吳淞砲台開砲轟擊，至下午一時始停，共發百餘砲，我方並未還擊。至蘊藻浜正面，並無劇烈戰事，各情分誌如次：

敵艦三次猛攻　本晨六時左右，停泊三夾水洋面之日艦七艘，以大砲向吳淞鎮砲台灣一帶猛力射擊，中國公學面海之牆，又被中二十餘彈，洞痕纍纍，大小均在十四英寸左右。該校之寄宿舍及圖書室等，全被轟燬無餘。吳淞鎮上房屋，被中四彈，二彈爆發，卽時火起，燃燒至午後六時，猶未熄滅，且敵艦在前，無法可以撲滅，故隨風延燒，該鎮全部房屋，均將付之灰燼。當敵艦大砲猛轟之際，我方駐守該處之軍隊，卽已全體準備，唯並未以砲火還擊。敵艦見我方並無動靜，一方面卽以日商輪三艘，滿載敵軍，冀藉砲火之掩護，泊近砲台灣之沙灘，圖於該處登岸，均被我軍以機關槍掃射，敵死傷甚衆，日商輪亦被擊傷逃囘。嗣敵軍第二次繼至，仍用小輪運載，亦被我軍如法掃射，完全擊退，敵攻至第三次時，飛機十餘架，同時亦出而助戰掩護，轟擊至爲猛烈，然掙扎至十一時許，卒被我軍擊潰而退。綜計本日一敵艦所發之砲，約在一百發以上，除吳淞鎮爆發外，餘均未炸裂，是役敵軍傷亡二百餘人，我軍則僅傷士兵十餘人。

敵機到處擲彈　本日全日間，敵機三兩成羣，不斷飛繞我軍陣地偵察，並拋擲炸彈。我軍以敵機飛行極高，且司空見慣，絕不出擊。上午七時許藴藻浜正面之敵軍，曾開砲向我軍陣地轟擊，但不久卽行停止。十時許敵機四架，自滬飛出，至寶山羅店鎮，擲下炸彈十餘枚，均落該四週附近田間，幸未傷人。寶山各機關，自吳淞戰事起後，卽遷至該鎮辦公，吳淞居民之逃往該鎮者，亦頗不少，故敵機擲彈後，全鎮大起恐慌，商店當卽紛紛閉門，居民相率扶老携幼，向嘉定遷避，秩序異常紊亂。敵機至十一時許，始離該鎮，向東飛去。下午一時許，侯家木橋與紀家橋間發現敵兵一小隊，約三四人，即經我軍擊退云。又訊，吳淞東鎮東昇路文昌路廟弄高家場南昌路一帶市房數百幢，於是日正午十二時許，被敵機擲硫磺彈，頃刻間起大火，蔓延各處，迄晚未熄。

我軍陣線進展　自日軍分三路進攻失敗後，因死傷過衆，已無力再行反攻，昨日雖有大批陸軍約兩萬人運到，於本日經運至前線後，尚未佈置完竣，故本日除吳淞外，其餘各防線，均較沉寂，我軍乘此機會，新陣線均有進展。

▲閘北有小接觸

閘北方面，本日自晨至晚，因日方正將新到陸軍補充換防，故無激烈戰爭。惟敵恐我軍進攻，不時以大砲或機槍向我方射擊，而我軍當敵之生力軍換防時，曾用小鋼砲轟擊，曾擊中寶樂安路敵軍水兵隊，死傷水兵甚多。此外敵軍又遣飛機至我陣地擲彈，當被我軍用高射砲擊退，玆將情形分紀如下：

各路均安靜　閘北方面，敵軍因十三日在蘊藻濱曹家橋方面受重創，後本日未敢施行攻擊，故各路均甚平靜，惟在天通庵及八字橋方面，敵軍以換防之故，曾向我軍陣線開放數砲，我當亦還擊，旋卽停止，其餘寶興路，虬江路，福生路等處，自晨至暮，均無戰事。

敵飛機擲彈　晨十時許，敵兵遣派軍用飛機六架，飛至閘北我軍陣地偵察，飛至天通庵橫濱路等處時，投擲炸彈十餘枚，當被炸斃居民二人，炸傷五六人。天通庵方面，尚有房屋十餘間，被炸起火。敵機擲彈時，我軍卽用高射砲射擊，敵機始遁去。但至十一時三十分，又發現敵機四架，飛往眞茹國際電台附近擲彈，希圖毀我電台，當被我方駐軍，用高射砲轟擊，敵機不敢逗遛，遂卽亟急逃去。

二月十六日

敵軍戰略，已由閘北移至吳淞，而江灣爲兩路之聯絡線，故亦爲敵軍所重視，連日砲轟吳淞及本日襲攻江灣，均爲其戰略之見端，而閘北砲聲不過爲其聲東擊西之威脅而已。我軍沉着應戰，抱敵來則攻之決心，故敵軍砲火雖猛，結果均爲我軍所擊退也。玆將各情分誌如次：

▲吳淞之激戰

吳淞方面，於十五傍晚七時許，在蘊藻濱南面曾用大砲向我陣地攻擊，並有飛機數架，黑夜航空擲彈，我軍沉着應戰，至本晨二時許，敵軍復遣騎兵多名，由西唐家橋方面進犯，冀圖包抄我軍後方，當中我軍伏兵，即被我軍殲滅，奪獲戰利品無算。又晨五許，敵艦四艘，在吳淞口外，向我獅子林砲台轟擊七十餘砲，並有飛機三架，在吳淞寶山一帶擲彈助戰，我軍竭力應戰，約歷一小時之譜，敵仍不得逞。玆將戰況，及我軍奪獲之戰利品，分紀如下：

紀家橋之激戰　十五日下午七時許，敵軍又用大砲掩護，向蘊藻濱南泗塘河，直至紀家橋全線我軍猛攻，同時泊於張華濱之敵艦三艘．發射探海燈，探照我軍最前線陣地使我戰士目眩神迷，並有飛機數架，黑夜環繞天空，亂擲炸彈，我軍憑河堅守，敵軍終不得逞。雙方激戰終宵，至本晨二時許，敵軍砲火，益形劇烈。

殲滅敵騎多名　同時敵軍復派騎兵多名，在西唐家橋附近，人馬啣枚疾進，希圖包抄我軍後方，距在該處口口中，伏有我軍五十餘名，携有機關槍三架，當敵騎馳經口口，即被我軍開放機關槍及手溜彈掃射，敵騎毫未戒備，敵兵及馬匹，盡被我軍殲滅。

午間之小接觸。本日上午自十一時許起，敵軍在蘊藻濱南面，及南徐家灣一帶，用野砲六七尊，向濱北我軍陣地攻擊，約每十分鐘開一砲，我軍亦隨時還擊，故戰事並不十分激烈，但至下午四時許，尚未停止。又吳淞鎮自昨日午時被敵飛機擲彈起火後，焚燒終夜，至本日下午二時，猶未熄滅。

敵艦又攻砲台　晨五時許，吳淞口外有日艦四艘，攻擊吳淞直北之獅子林砲台，歷一時許，共發砲七十餘響，復有日機三架，由航空母艦上飛出至吳淞寶山月浦羅店等處拋擲炸彈，我軍毫無損失，惟民房被燬甚多。

▲江灣路敗敵

自日軍變更戰略後，傾全力猛攻吳淞，閘北方面，戰事遂較為沉寂。本晨拂曉，敵在青雲路，八字橋，天通庵路，一帶，復以步槍，小鋼砲，向我方陣地射擊我亦還擊，至九時許始止。至十二時，八字橋方面槍聲又起，敵方砲聲極密，雙方均係小接觸，我軍固守防地，沉着應戰，敵殊無機可乘。下午四時，江灣路方面，敵約二百餘人，向我陣地衝進，我軍奮勇接戰結果，斃敵八十餘名，奪獲機關槍四挺，敵狼狽潰退。入晚八時後，敵復以大砲向我轟擊，歷一時許始止，但至十時後，砲聲又起，每分鐘發一二砲，十二時又止。

二月十七日

▲閘北劇烈砲戰

閘北方面，雙方陣地，均築有堅固工事，敵以迭次衝鋒，均遭慘敗，故連日改用大砲轟擊，威嚇我軍，閘北廬舍，遂爲敵軍砲火下之犧牲品，損失不可以估計。我軍深以敵之殘暴爲可恥，故迄未以重砲還擊，至昨晚敵砲隊挑釁不已，我軍忍無可忍，爰亦發砲還擊，雙方砲戰至今晨八時始止，敵損失奇重，茲綜合各方關於閘北消息，分誌如次：

拂曉砲戰激烈　昨日下午四時十五分起，敵以重砲轟擊我閘北天通庵路，八字橋一帶陣地，至十一時始漸停止，本晨一時後，敵復以大砲射擊，時稀時密，致中興路，永興路口一帶房屋，又被燬甚巨，至是我軍不能復忍，於晨二時十分起，開始以大砲還擊，至三時三十分，雙方砲聲漸密，自四時十分至五時半間，最爲激烈，每分鐘平均有三五砲，六時後砲聲極稀，至晨八時，雙方始停砲戰。

敵軍損失奇重　晨間砲戰結果，我砲隊發砲異常準確，以日司令部爲目標，砲彈均中其要害，敵損失奇重，其第一二道防線，幾全爲我砲所轟燬，我軍乘勢進擊，陣地又有新擴展。晨三時起，至六時止，日軍陣線後之損失，共值數萬元，蓋華軍第一次用開花彈猛轟日軍陣地也。

江灣路敵敗退　晨六晨許，在江灣路之敵軍約四五十名，藉大砲之掩護，又作衝鋒戰，一時槍聲大起，砲轟不絕，雙方相持約半小時，敵不支敗退。

敵機擲炸彈。（一）本晨有日飛機四架，由江灣方面向西至大場鎮時，見有我軍出入，該機遂抛擲百念磅重量炸彈兩枚，一彈未爆，一彈則落於西市之前爆烈，炸成大洞。（二）又有日飛機四五架，盤旋於該鎮天空，或開放機關槍轟擊，或抛擲炸彈，因而該鎮房屋坍塌者有之，傾倒者有之，或全毁無遺，或祇損一角。（三）十六日午後五時許，吳淞鎮東後街文昌路一帶，天空忽來日飛機一架，抛擲炸彈，該處落一硫磺彈，當即爆發，以致延燒房屋，火勢燎原，不可收拾，加之無人援救，因此向東延燒，直至今晨，始熄滅，共計被焚去市房百餘間之多。

敵又數次向我吳淞要塞總攻，均遭失敗，乃兩日來，一面等待援軍，一面在張華浜附近一帶，趕築防禦工事，預備援軍齊集後，再行大舉進攻，故昨今兩日，僅不時開放大砲及機槍，並派遣飛機偵察擲彈，向我軍示威，有時亦以小隊步兵襲擊，但結果終被我軍擊退。茲將吳淞及蘊藻浜一帶之戰况，與敵軍之行動以及其他各種情况，分紀如後：

▲寶山被敵砲轟

敵艦開砲攻寶山　停泊寶山東間外海面之二日艦，本日上午，突向寶山方面開放大砲七八發，轟擊城市，故南門金伯賢宅鮑思仁宅，均中砲彈炸燬。又吳淞大火焚燒二日一夜，直至晨一時始熄，東鎮南昌路，廟弄，文昌路，等處市房，均已化為灰燼，七區公安總署沿浦之房屋，前次已被敵艦砲毀，所有剩餘後進房屋，此次亦已焚毀無存矣。

水兵偸渡被擊退　晨四時許，天將拂曉之際，有敵海軍陸戰隊百餘名，分乘敵艦小划船四，由一灰色小汽油船拖帶，由吳淞口外駛進二夾水，希圖在海岸巡防處前面濬浦局所築之石梗，（即分水堤）偸渡登陸，襲擊砲台，當被我岸上防軍覺察擊退。距是時停靠糧米站碼頭前之敵艦，因聞砲台灣一帶突起緊密之槍聲，遂發砲向該方轟擊，不意砲彈非特未傷我軍，竟誤中敵之小划一艘，斃敵兵二十餘人，餘划亦險遭不測。敵兵當疑係被我軍擊沉，以形勢不佳，小汽油船，遂急行拖帶小划三艘，向口外駛逃而去。又停泊於張華濱糧米站碼頭之敵艦，每晚放射探海燈耀照我軍各陣地，徹夜不絕。

敵攻孫家宅失敗　盤據張華濱附近之敵軍，於十六日晚間十時許，突有步兵一大隊，向孫家宅夏家橋之我軍防線攻擊，我軍初時靜伏壕內，沉着不應，俟其密集隊進到相當地點後，乃齊放來福槍機關槍。及擲手溜彈掃射，奮勇迎擊，互戰約五六小時，直至今晨二時餘始將敵軍全部解決，我軍亦即乘勝挺進，該處敵兵，已退縮至錢家濱，候家木橋，等處駐紮。

二月十八日

▲敵襲江灣敗退

本日閘北方面，上午無戰事，中興路火，已為警備司令部消防隊撲滅，我軍均在防線內嚴陣以待，日兵始終未有舉動。下午在江灣及寶興路兩方面，曾有小接觸，不久卽爲我軍擊退。入晚，聞北方面又起砲聲，惟無前晨之密，間有槍聲。福生路北四川路一帶，今晨零四十分起，日軍每隔半分鐘，開一大砲至一時後尙未停，玆將各情列誌如次：

襲江灣卽敗退　日兵連日積極準備大舉，但其內容，除將後援陸軍，向各路增防，補充實力，安設砲位，及在滬江大學附近，建設飛機場外，並無特殊軍事行動，而我軍處之鎭靜，頓使日兵智窮技絀。本日下午一時半左右，日兵派出新到陸軍二百餘人，至葉家花園南面，向跑馬廳我軍陣地偸進，彼等似欲偵察我軍防線，俾遇有機會，則卽進攻，當由我軍哨兵傳報後方，派一小隊阻擊，戰約一小時，敵軍因恐我軍包抄，故且戰且退，至二時十分，槍聲已全息，聞結果敵死三人，傷十餘人，我方受輕傷者二人，由紅十字會救送後方醫院。

寳興路小接觸　下午三時許，寳興路處新近接防之日本陸軍，向我軍挑戰，我軍不理，日兵意爲有機可乘，乃圖進襲。我軍俟其接近，卽用機關槍掃射，雙方步槍同時發射，接觸約半小時，日兵不支後退，我軍未予追擊，槍聲乃息。同時天通庵路方面，下午六時左右，亦有同樣小接觸，旋即平息，其他各防線，並無動靜。

▲吳淞方面沉寂

本日吳淞戰事，仍極沉寂，雙方均在積極佈置期間。敵軍自本日拂曉起迄深晚，沿蘊藻浜至侯家木橋戰線，不時開放大砲或機關槍示威，各處互相呼應，我軍亦間有還擊。軍工路一帶，敵軍用汽車十餘輛，終日運輸異常忙碌。

前線步哨兵示威　今日前線各路，均無正式戰事發生，雖偶聞槍聲，亦係前線步哨兵示威而已。日來敵方軍事動作，似在積極準備，從事變更計畫，惟我方亦已充分佈置，準備痛殲敵寇。

雙方準備大戰　雙方軍事當局雖在進行和議談判，而對於攻戰之準備，仍不稍懈，平涼路公大紗廠日陸軍司令部，本晨異常活動。日空軍將士，終日在滬江大學附近飛機場從事裝配，近數日內由日運到之飛機，惟各陣線均頗寂靜，吳淞方面僅張華濱車站西面有小接觸，歷半小時之久，未有死傷。江灣方面，晨間有日軍沿軍工路絡繹前進，携有馬拖過山砲隊野戰軍用品。該處陣線晨間僅偶有槍聲，閘北近數日來頗寂靜。

二月十九日

▲吳淞閘北僅小接觸

日軍司令植田謙吉，自到滬後，因以前鹽澤野村兩司令迭次進攻吳淞閘北，均遭慘敗，乃調遣大批生力軍，變更計畫，重新佈置。茲以各事就緒，於十八晚向我市政府及軍事當局，提出哀的美敦書。本晚業經我方駁斥，所有作戰準備，我軍事當局，早已布置完備，如日軍仍不覺悟，再來侵犯，決與之作一死戰，以盡保國衛民之天職。至於本日戰況，吳淞方面，甚爲安靜，閘北方面，除昨日晚間敵軍向我八字橋陣地發砲十餘發外，僅今晨虬江路方面敵軍曾作一度進犯，當被我軍擊退，同時敵軍飛機。至我各處陣地偵察，並有數處擲彈，但結果我軍毫無損害，僅僅民房遭燬而已。茲將各項情況彙紀如後：

敵軍砲攻八字橋　敵軍於十八日七時起，在虹口公園方面，用大砲十餘尊，向我八字橋方面轟擊，至本日上午四時始停，共開一千餘砲，毫無效果，僅傷我軍士兵二人，惟附近房屋，則被轟燬無數。

虬江路之小接觸　今晨敵軍在虬江路方面，以數十人爲一隊，向我方陣地侵襲，當經我軍奮勇抵抗，敵卽不支而退。嗣後時以步槍及小鋼砲向我軍陣地射擊，均未命中，至午刻始告靜寂。

吳淞安靜無槍砲聲　本日，吳淞異常安靖，全日未聞砲聲，惟敵軍佈置陣容，甚爲忙碌。下午二時至四時，有敵軍用卡車三十二輛，均滿載敵兵及軍火，由滬經軍工路，絡續駛至張華浜糧米碼頭卸下，當卽分赴各處前線。

敵軍作戰之準備　本日有日兵數千名，携帶各種新式戰品，開往各陣地，日兵開往前線之行動，已於兩日前開始，信號隊已於昨日將交通線佈置告竣、步兵繼信號隊之後而前發。今晨野戰砲隊亦開始發動矣，日軍有由虹口公園區北進者、有由軍工路西進者。日第九師團之野戰砲一大隊今晨沿北四川路前進，東趨狄思威路，該地集有大批人馬砲隊運輸車、待命援助距江灣周圍華軍陣線不足半英哩掘壕而守之日步兵。日野戰砲大隊，每隊有砲九尊，分成三中隊。砲之口徑，約在四吋半左右，砲車以六馬曳之。虹口公園區現全由第九師團之兵代陸戰隊接防。陸戰隊則担任後防。楊樹浦至張家浜之日軍陣線，今晨與下午，亦非常活動，軍隊由楊樹浦各營前發者，絡繹不絕。楊樹浦外飛行場之日飛機隊，亦準備作戰。該地共有飛機六十架，計轟炸飛機十八架，追逐機十三架，餘有在裝配中者，有尚未開箱者。楊樹浦附近江中泊有日驅逐艦三艘，該地並安置高射砲兩尊，及高射機關槍多挺，以保飛行場藉免華軍攻擊。張華浜方面之日軍，且備有油筒數百個，與無數木筏軟木筏及大批木料，以供在蘊藻浜築造浮橋之用。日軍着着佈置，準備大戰，

二月二十日

敵軍司令植田謙吉，於十九日晚間接到我方駁覆之答文後，並不對其所屬各隊軍官宣布內容，即於本晨七時二十分，下總攻擊令，以海陸空軍全副力量，於七時半，開始向我吳淞江灣閘北全線大舉進攻。我方對於敵軍此次之進攻，早有充分之準備，故本晨敵軍進犯時，我方全線將士，奮勇抵抗，毫不退讓。敵軍雖用全力，攻擊竟日，結果終被我軍擊退，而我方陣線，仍舊毫無變動。是日戰事，以江灣方面為最激烈，敵軍用坦克車二十餘輛，掩護大隊步兵，前後衝鋒三次，均被我軍擊退，並被我方地雷炸燬坦克車四輛

。下午五時半，大連灣路方面，敵軍陣地內起火，陣線紊亂，我軍遂乘機進攻，敵不支而退，我方亦跟踪追擊。至七時許，我軍前鋒，推進平涼路。閘北方面，敵軍於上午九時用坦克車十餘輛，掩護步兵進攻，當被我擊退，並被我方地雷炸燬坦克車二輛。十時許，天通庵路，亦有激戰。至下午六時半敵軍砲隊向狄思威路退却，被我軍奪獲山砲六門。西寶興路方面，敵軍於下午五時一刻，向我進攻，激戰至六時半，即被我軍擊退。吳淞方面，自上午八時半起，敵有軍艦三十艘，飛機二十架，向我砲台攻擊竟日。我軍沉着應戰，敵終不得逞。蘊藻浜方面有敵三千，在廟行鎮地方，被我軍包圍，全部解決。我軍極有把握。敵軍飛機，本日上下午，紛紛飛至我軍陣地擲彈轟炸，在大場及廟行被我軍用高射砲擊落兩架，但我民房被炸及起火者甚多。茲將所得各路戰況，分別彙誌如後：

十九路軍部捷報云：『各省政府各地電報局轉各報館各團體均鑒，哿日捷報如下：(一)今晨十時左右，敵軍以坦克車十餘輛當前，後隨敵步兵千餘，向我閘北八字橋陣地進攻，我軍初伏戰壕內，不動聲色，候敵行將近，即施放地雷，當炸毀敵坦克車兩部，餘敵潰退。(二)今晨八時敵軍三千餘人，向我廟行鎮附近陣地進攻，我軍沉着應戰，現尙在接觸中，同時幷擊下敵飛機一架（三）二十日十二時三十五分，吳淞方面日艦向我開砲甚多，惟未命中。（四）同時大場附近，毛家橋方面，有日機多架飛來擲彈，當場被我軍轟落一架，機內尙附炸彈四枚，均未爆發，十九路軍軍部發印。（二十晚）

▲吳淞激戰

吳淞方面，自晨八時許起，敵軍卽派海陸空軍大舉會攻我軍陣地，我全線軍士，奮勇應戰，毫不爲動，結果敵軍仍被我擊敗。我要塞方面，僅陣亡士兵七名，而蘊藻浜廟行鎭方面，有敵軍三千人，爲我軍包圍，全數解決。玆將戰況詳情，分別紀述如後：

敵軍大舉攻吳淞　敵軍艦三十艘，於上午八時半，開始向我吳淞砲台進攻，同時並派飛機二十架，在空中投擲重量炸彈助戰。我要塞守軍，全線沉着應戰，隆隆砲聲，竟日未停。敵軍雖用精良器械，由海空兩方壓迫，但我忠勇之軍士，毫不爲動，故敵軍雖盡全日之時間，向我轟擊，但結果仍不能得手，而我方亦僅陣亡士兵七名而已。

雙方互戰時情形　晨八時三十分起，日驅逐艦七艘，向吳淞砲台發砲猛轟，砲火自黃浦江口起，迄蘊藻浜止，致有數處起火，黑烟瀰漫，我軍初未回砲，至九時零二分鐘，我軍第一砲彈飛入浦江，其所落炸裂處，數分鐘前，有一日驅逐艦駛過，於是向張華浜方面日艦所泊處，連轟不已，今晨之砲戰，先由泊於張華浜鐵路碼頭之日驅逐艦夕張號發五吋口徑之大砲彈二枚，以爲猛轟之信號，旋有泊於淞口之驅逐艦第二十二號緩緩駛近吳淞砲台，當距岸不及一百五十碼時，發砲一排，繼又發砲一排，岸上之兵，僅以機關槍與來福槍作答，槍彈掠江而過，於是又有一驅逐艦卽第二號，如前艦之所爲，是時岸上發出之機關槍彈益密。當二十二號駛近張華浜鐵路碼頭對面濬浦局產業時，浦東方面高橋之我兵，亦以來福槍猛轟，艦上答以機關槍。另有日水兵駕一拖船發來福槍助之。我軍發砲後，第二驅逐艦卽讓第三驅逐艦發砲。既而第四驅逐艦駛至，代前艦發砲無何，驅逐艦第二十二號又駛近蘊藻浜，向我軍陣地發砲數排，繼乃駛去。旋第二號第三號兩艦又先後發砲畢，此數艦並小驅逐艦兩艘乃又聚轟片刻，諸艦泊於蘊藻浜正北起，首尾相接，直延至淞口。

敵三千被我包圍　上午，敵軍大隊沿蘊藻浜向我軍陣地進攻，我軍略與抵抗，嗣卽向後佯退，敵軍以爲我方放棄陣線，遂突進我方陣地五六里至廟行鎭地方，計有三千人之多，我前線之左右兩方軍士，當卽將其後路截斷，此三千敵軍，遂被我軍包圍，全數解決。

▲江灣大捷

晨七時二十分日軍下總攻擊令後，全線均有激戰。而敵之戰略，係側重於江灣，企圖切斷我軍之連絡。江灣血戰結果，燬敵坦克車四輛，敵不支，潰退，我軍乘勝追擊。晚七時，我先鋒部隊到達平涼路，各情分誌如下：

燬敵坦克車四輛　晨七時二十分，敵下令總攻後，江灣路方面敵軍，先以飛機六架，向我陣地偵察，拋擲炸彈。六時許，敵與我前線步哨接觸，同時敵以大砲猛轟我陣地，八時後，敵兵三千餘，以坦克車二十餘輛爲前驅，猛攻我江灣路西體育會路一帶陣線，當經我軍勇猛還擊，繼以肉搏，激戰至十二時許，敵漸不支，同時敵坦克車亦中我軍地雷，立時燬滅四輛，於是敵方軍心大亂，全部潰退，我軍乘勝追擊，敵死亡枕藉，殲滅約在八百餘人以上。下午一時後，敵二千餘人，二度向該處進攻，一時槍砲聲大作，激戰至爲猛烈。敵自上午失利後，士氣已餒，經我軍迎頭痛擊，戰至三時許敵勢卽不支，向後潰退。晚七時後，敵三度來攻，激戰至九時，又被我軍擊退，全日激戰結果，除殲滅敵坦克車四輛外，並奪獲其他戰利品至夥。

先鋒隊達平涼路　下午五時三十分，江灣路大連灣路方面，敵軍陣線內忽然起火，敵以爲被我軍襲擊，忽促間四散奔逃，我軍卽乘機追擊，敵頑強抵抗，至晚七時，我先鋒部隊到達平涼路，迫近日軍司令部。又晚九時許，引翔港方面敵軍區域，有十三處起火，一時火光燭天，同時並有十餘輛卡車，滿載敵軍屍體，運往楊樹浦，想見敵軍傷亡之衆。

江灣站附近大火　江灣方面，戰事異常激烈，兩軍互有進退，雙方砲隊尤有特殊之活躍。敵全日發砲至千餘發之多。至敵方飛機，則於上午六時起，卽有六架飛機到江灣，到處拋擲炸彈，七時許，萬安橋一帶之民房，因中硫磺彈而起火者數處，在大場一帶，已可見到。江灣方面方烈焰冲天，江灣車站附近之廟宇民房，亦有數處起火。

▲閘北敗敵

本晨九時許，日兵同時猛襲閘北八字橋，天通庵路，邢家宅路，西寶興路，並利用飛機，大砲，坦克車，掩護步兵衝鋒。虹口靶子場，及狄思威路日軍兩砲基地，發砲竟日，無一效果，反被我軍將狄思威路日軍司令部轟燬，奪獲山砲六門。八字橋方面，燬敵坦克車二輛，敵兵傷亡無數，我軍陣線，在天通庵方面有進展，餘無變化。玆將閘北各路戰況分誌如次：

八字橋敵大潰　晨七時起，日兵首先向閘北進攻者，爲八字橋方面日兵，先以大砲向該處我軍防地轟擊，但我軍均伏處戰壕，不動聲色，亦不還擊，日兵乃於九時許，以坦克車十餘輛，步兵二千餘名，向八字橋進攻，步兵均尾於坦克車後，我軍即以機關槍射擊，迫擊砲隨之，敵兵仍利用坦克車，猛烈進衝，我軍乃拋擲手溜彈。同時敵方飛機，亦在空助戰、大砲密發。我軍在彈雨之下，益奮勇迎擊。待敵坦克車衝入火線時，我軍即以手溜彈引發地雷，轟然一聲，敵坦克車二輛，即爲炸燬，敵兵死傷狼藉，血流成渠。我軍乘勢反攻，敵兵不支，紛向原路奔逃。我軍恐有埋伏，固守原防，祇用步槍追射。至十一時許，敵兵又用砲轟，但均未中的，未傷我軍分毫，我軍間亦以迫擊砲鋼砲還擊，至下午二時稍殺。三時後，日兵又圖反攻，因此雙方又起激戰。但敵方因晨間受挫後，已露畏縮情態，故祇在原防線內射擊，我軍沉着應戰，日兵不敢前進，乃漸平息。結果，我軍大捷，敵兵傷亡四百餘名，燬去坦克車二輛。

天通庵路敵敗退　日兵於進攻八字橋後，卽於十時許，向天通庵路我軍防線，同樣進攻，槍砲互射，密如連珠。敵兵視爲唯一利器之坦克車，屢圖衝散我軍防線，惟我軍手溜彈炸彈，密如雨點，齊集敵兵坦克車上。同時我軍，多從戰壕中躍出，猛烈前衝，敵坦克車恐受圍擊，亟亟後退，敵兵胆寒，乃亦且戰且退，所用爲掩護衝鋒之坦克車，乃變而爲掩護敗退之用，敵傷亡者二百餘名。至下午二時許，敵又圖襲擊，我軍卽伏於戰壕內應戰，但敵軍至距離約三百米突地點，卽不敢前進，互相對峙，約二小時，敵因不得逞而敗退。

邢家宅路敵受挫　下午一時許，日兵以八字橋及天通庵路，先後失敗，乃急急抽派陸軍四百餘名，鐵甲車十餘輛，由邢家宅路新民路，在飛機野砲掩護之下，向北站進襲。至寶山路口，吾軍突出應戰，一面抛擲手溜彈，一面以機槍橫掃，敵人驚惶四竄。有一小部份，由鴻興路向東逃去，被寶興路吾防軍迎頭痛擊，悉數殲滅，義品里之南，屍骸狼藉。

西寶興路激戰　日兵旣敗於八字橋，又敗於天通庵路，再敗於那家宅路之後，猶圖作困獸之鬥，於下午五時一刻左右，重調精銳，向我西寶興路進攻，我軍早已嚴陣以待，俟敵進衝，卽予痛擊，日兵乃改用鐵甲車衝鋒，又爲我軍手溜彈逼退。敵方大砲，頓向我軍轟擊，但多中於民房內，且未炸裂。我軍乘勢進擊，同時手機關槍盒子砲迫擊砲步槍手溜彈鋼砲，齊向日兵陣線集擊。敵兵在我方砲火威逼之下，漸覺不支，傷亡枕籍，後援無應，乃逐步敗退。我軍因戰略關係，仍守原防。

佔領敵司令部　本日日兵以大砲轟擊我軍陣線者，均發自虹口靶子場及狄思威路日司令部方面，但我軍還砲準確，曾予敵兵後方以巨創，因此在晨間，敵兵陣線，確起變化。未幾敵兵援軍開到，乃得勉強支持陣地。至中午，狄思威路日兵司令部，被我砲擊燬，靶子場方面敵兵砲位，有被壓迫放棄之勢，砲聲從未間斷。至下午六時三十分左右，我砲隊又將狄思威路敵兵砲基轟燬，同時天通庵路我軍乘機追擊，敵砲兵因步兵失却抵禦力，節節敗退，乃亟圖携砲退却，但我軍已追到，當爲我軍奪獲山砲六門，敵司令部，卽被我軍佔領。沿途敵兵死屍狼藉，滿衢血班。

▲落敵機兩架　本晨，日軍用海陸空軍全力，向吾方進攻，敵人飛機，自淸晨七時起，卽飛往吳淞，江灣，閘北，眞茹，等處，偵察擲彈，但我軍早有防備，用高射砲轟擊，敵機不敢低飛，濫擲炸彈，毫無目標，於吾軍毫無損害，遭殃者咸屬平民而已。一日中，據各方報告，死於敵機炸彈者六人，傷十五人，日人殘毒，可見一班。吾軍於高射砲之使用，經驗充足，大場廟行兩處，前後有兩架敵機，被吾擊落。

二月二十一日

日兵自昨日拂曉起，遣派海陸空軍，向我方全線總攻竟日，結果又遭慘敗。本日自晨至晚，仍向我江灣及吳淞砲臺全線繼續攻擊，我方亦全線應戰，敵終不得逞，且在江灣路持志大學內有日兵七百餘名，被我軍包圍，於下午五時許，完全殲滅。並於上午十一時許，在廟行鎭八字橋，擊落敵飛機兩架。下午三時許，又在劉行鎭擊落一架。閘北方面，本日較爲沈靜，惟晚間我方曾向敵軍司令部（卽北四川路日本小學）開砲，被我砲彈擊中起火，爲勢甚烈，死傷甚多。敵軍飛機多架，飛至我軍後方各處，偵察擲彈，炸燬民房甚多，民衆受傷亦不少。茲將詳情，彙誌如後：

▲江灣血戰大捷

敵軍自於昨晨七時二十分下總攻擊令後，主力部隊，集中江灣，吳淞閘北同時進攻，我軍浴血應戰，相持達二晝夜，敵死傷枕藉，始終未能越我防線一步。敵前次竭海陸空軍全力，曾二度總攻，均遭慘敗，此次蓋爲第三次也。茲將江灣戰況，分誌於後：

敵軍三路攻擊　敵軍此次作戰。注全力於廟行鎮及江灣間之陣線。敵自前晨開始向該線進攻時，據外人調查，敵於該處備有大砲一百十三尊，坦克車及鐵甲車共四十餘輛，陸路飛機共三十餘架，全數用於該陣線上，陸軍兵力約一萬餘人，分正面與左右兩翼三路進攻。其正面配置於江灣鎮東北方，右翼在廟行鎮與孟家宅一帶，左翼在江灣車站東面，近復旦大學，沿翔殷路前進，三路戰事截至今晨，已經兩晝夜之血戰。

孟家宅敵全滅　昨日敵右翼約五百餘人，向江灣車站之西，進攻我孟家宅防線，在猛烈砲火掩護之下，努力衝進，我軍躍出戰壕，肉搏應戰，並以奇兵截斷敵之後路，成包圍形勢，敵苦戰不得脫，至本晨二時，全被我軍殲滅。拂曉敵更以坦克車數輛，排一字形，向前推進，行至距孟家宅我軍陣線約一千餘米突處，忽有三數輛陷入陷阱，以致其餘各坦克車不敢再行前進，我軍當由戰壕中衝去，以手溜彈步槍及手提機關槍等，向敵坦克車後尾隨之大隊前進，待相距約二三百米突之時，我軍即下令衝鋒，一時入混戰狀態，雙方肉搏，血戰數小時，敵終以不支潰敗。

獲機關槍多架　至正面之敵，以迭次進攻江灣慘敗後，上午十時，敵仍積極向我軍陣地衝擊。先以坦克車，機關槍，繼以步槍，復由重砲掩護進攻，向梅園宅。天樂寺，及江灣萬國體育場進逼。我軍態度鎮靜，彈無虛發，俟其逼近我戰壕時，地雷機關槍同時齊發，而敵之砲彈遂失其效用。敵屢進屢退，衝攻十餘次，死傷無數。至下午四時，敵力竭停攻，我軍奪獲機關槍二十餘挺，及戰利品無算。

敵軍騎兵中伏　敵兵右翼，以復旦大學爲中心，時時向我陣線攻擊，均被我軍擊退。敵騎兵一隊，中計被包圍，全部解決。惟該校子彬院，簡公堂樓上，及全部宿舍，及留校學生之行李，均被搗毀。該校附近之民屋，亦被日機投彈焚燬云。

持志大學激戰　午十二時，江灣持志大學內之日兵，約七百餘人，經我軍先以重砲轟擊，繼以大隊猛衝，雙方激戰至爲劇烈。我軍另一部隊由後抄襲，將敵全部包圍，戰至下午五時，敵七百餘人全被殲滅，無一生還。

△吳淞擊潰敵兵

吳淞口外本日下午，有敵軍艦三十餘艘，飛機數架，向我獅子林砲台會攻。早晨四時許，亦有敵艦七艘，向砲台環攻。同時蘊藻浜方面，有敵軍步兵二百餘名，向蘊藻浜橋塊偷渡，均被我軍擊退。我軍陣線，仍無變動，茲將戰況，紀述如後：

敵攻吳淞又失敗　晨四時許，敵艦七艘，在吳淞鎮附近之浦江中，向砲台灣方面開砲進攻。至十時許始停。下午三時，敵方復以軍艦三十餘艘，飛機數架，向我獅子林砲台集中火力，猛力轟炸，我軍沉着應戰，敵終不得逞，並有三五六號敵飛一架，在劉行鎮方面，被我八十七師擊落。

蘊藻浜敵偷渡敗退　晨四時許，有敵步兵二百數十人，分乘鐵殼駁船四艘，由停泊黃浦江中之敵艦掩護，駛進蘊藻浜，希圖在蘊藻浜大橋塊偷渡登岸，襲奪我軍戰壕。當該駛船駛進浜內時，遂被我軍發覺，立時以機關槍奮勇掃射，敵不支，隨即敗退。至七時許，復有敵機三架，自口外飛來，向砲台及蘊藻浜一帶擲彈十餘枚，蘊藻浜正面之敵，仍用大砲轟擊，並無進攻模樣，故雙方陣線，亦無特殊變化。

我軍曾越蘊藻浜進攻　今晨吳淞前線之華軍，突越過蘊藻浜，向日軍陣地進攻，各方對華軍之勇敢，咸表驚愕。

擊沉日軍艦一艘　今晨三時，敵艦十餘艘，圍攻獅子林炮臺，經我軍還擊，激戰至上午三時許，結果，擊沉日艦一艘，擊傷二艘，餘艦始狠狽逃去。

▲敵三路進攻閘北

敵總攻擊後，雖其重心側向於江灣方面，而對於閘北一帶，仍不時以部隊一二百人，或數十人衝鋒，擾亂我軍陣線。本日上午，新民路川弓路等處，仍時有接觸，茲列誌於次：

▲敵襲新民路　晨十時許，敵先以大炮開放四五發，繼卽用鐵甲車一輛，在旁掩護穿黃色制服之陸軍五百人，向防守新民路之防地衝來。經我軍於沙袋旁猛轟一炮，將敵

鐵甲車廂穿一巨洞，車身既爲傾覆。車上敵軍，見勢不佳，卽向後逃竄。同時敵軍五百餘人，亦經我軍猛射擊退。是役戰爭時間，祇一時許，至午後四時許，敵又由該處衝出，當被我軍用機槍擊退。

▲川弓路敵又潰　晨八時許，沿北四川路敵兵約二百餘人，突向川弓路進攻，我軍卽在廣東街接戰，雙方激烈之巷戰，重又開始。我軍迫擊炮機關槍助戰得力，日軍前部先鋒隊相繼倒斃，後部敵兵見狀，乃亟亟潰退，我軍乘機追擊，又斃敵十餘名，敵分向靶子路狄思威路一帶敗潰。

天通庵有激戰　午十一時十五分，天通庵方面，日軍决以大炮向我軍陣地轟擊，我軍未加還擊。至二十五分，日軍四五百名，以我方毫無動作，卽藉炮火掩護，向我軍衝鋒。我軍沉着應戰，迨日兵馳抵我方防線外百碼時，卽以機關槍來福槍手溜彈等，加以猛烈掃射，頓時擊斃日軍百餘人，其餘日軍，卽紛紛向後倒退，我軍當卽出壕追逐，又擊斃日兵數十人，遺屍遍地並奪獲步槍百餘枝。

▲擊落敵機三架　本日上午敵機出四方拋擲炸彈，吾方除用高射炮轟擊外，並用空

軍飛機應戰。計敵機前後被吾擊落者共計三架；（一）劉行鎮一架，係用步槍擊落。（二）閘北八字橋，被吾軍用高射炮擊落一架。（三）廟行鎮敵機與吾空軍作戰，被吾飛機開機關槍擊落一架。

二月二十二日

自一月二十八日，日軍突然進攻我閘北吳淞以來，迭次總攻，先後慘敗，於是數萬陸軍增援來滬，由植田新司令指揮之下，向我提出哀的美敦書，於二十日晨七時二十分下總攻擊令，連日激戰，敵復失敗。本晨三時許，敵又變更戰略，以二萬大軍猛攻我廟行鎮，萬餘人攻江灣鎮，六千餘人攻八字橋，經我軍迎頭痛擊，廟行鎮方面雖衆寡懸殊，我軍抱必死之心，無不以一當十，激戰數小時，敵終不得逞。至晨十時，形勢突告緊張，敵進攻益猛，我軍勢殊急迫。至二十時，我援軍大集，出奇兵抄敵後路，局勢遂安。雙方肉搏血戰，激戰之烈，較諸曹家橋一役尤甚。下午五時後，敵傷亡三千餘人，軍無鬥志，紛紛潰退。江灣八字橋方面之敵，亦先後被我擊敗。晚八時，敵萬餘人，在江灣鎮以北，廟行鎮以東之金穆宅地方，被我軍大包圍，敵幷力突圍，終未得逞。殘餘之敵於九時後，遂沿江灣鎮，廟行鎮，八字橋，等防線，全線總退却。我軍乘勝追擊，斃敵無算，敵紛紛逃入租界，由狄思威路平凉路後退，集中於滙山碼頭。虹口區域，以敵之無秩序奔竄，一時陷於大混亂，我軍先鋒部隊到達狄思威路，岳州路，沈家灣，等處，可謂作戰以來，空前之大捷，與敵軍以最重大之教訓。

▲江灣廟行鎮斃敵無算

敵軍自連日傾其全力，向江灣鎮進攻，迭受重創後，乃於昨日午夜，又復變更計劃本晨集中二萬大軍猛攻我廟行鎮，一萬人進攻我江灣鎮之正面，六千餘人攻我八字橋，竭全力向我衝擊。我軍沉着應戰，激戰至下午五時後，敵大部份在江灣之北，廟行鎮之東金穆宅地方，被我軍全部包圍，餘衆全線總退却，我軍乘勝追擊，斃敵無算。茲將江灣廟行鎮等處，我軍激戰殺敵詳情，分誌如下：

敵軍分三路進兵　敵以攻擊江灣鎮失利，遂變更作戰計劃，於晨三時許，分三路進兵，猛攻我廟行鎮。計第一路由江灣分一部份兵力向西北開進，第二路調駐蘊藻浜全部敵軍向西南，第三路由張華浜向南北，集中二萬大軍，攻擊我廟行鎮。敵之預備隊，亦全部開赴前線作戰，蘊藻浜張華浜方面，僅留二三百人防守。

▲廟行鎮空前血戰　敵軍二萬集中於廟行鎮方面後，即用鐵甲車坦克車，三十餘輛，在猛烈炮火下，掩護衝鋒，企圖一舉佔領，故其來勢之猛烈，爲開戰以來所僅見。幸經我軍步哨，察覺甚早，當卽奔回報告，全體準備，俟其來近，卽由當前之軍隊，奮力還擊，同時並由左右突出。惟敵軍來意，頗存奢望，故亦極力掙扎，作困獸之鬥，戰至拂曉，短刃相接，全完肉搏。其後敵漸不支，二次又調集後方部隊，加入作戰，亡命猛攻。雙方混戰肉搏，激戰之激烈，較諸曹家橋一役尤甚。同時敵機數架，亦飛翔空際，頻向我軍陣地拋擲炸彈，並以機關槍助戰，我軍以司空見慣，亢不爲動。但敵衆我寡，實力相去懸殊，至十時後，頗現危急之象。幸將士抱必死之心，無不以一當十，勇猛抵禦。至十二時，我援軍大至，出奇兵包抄敵軍後路，於是始轉危爲安。敵軍驟出不意，死傷無算，陣線遂大搖動。此時日飛機增至十餘架，向我陣地投彈如雨。我軍以敵勢已衰，遂改守爲攻，左右衝擊。至下午五時，斃敵至三千餘人，敵遂全部潰退。是役我軍大獲全勝，燬滅敵坦克車二輛，俘獲敵鐵甲車一輛，野炮二十餘門，槍械無算。

攻擊廟行鎮方面之敵，經我軍用大包抄戰略，將其陷入重圍，並截斷其連絡後、敵已明知中伏，待欲向後撤退，奈歸路已斷，勢難倖免，而殿後少數之敵目覩前面之敵已被悉數圍困垓心，無法應援，遂利用氣壓低降，大放烟幕彈，掩護退却，致使數千被圍之敵，陷於苦戰，而悉數被殲。聞是役，較之前日敵偸渡蘊藻浜全軍覆沒於曹家橋時，爲尤重大云。

襲江灣之敵軍慘敗　敵一面以主力猛攻廟行鎮，同時以萬餘人兵力，攻我江灣鎮之正面，晨四時二十分許，敵萬餘人，由持志大學東首突出，憑藉先施足球場之東圩下，向我猛烈攻擊，携有野炮十五門，馬拖過山炮五尊。當時我軍，伏於猛滬路畔之小溝中，寂然不發一槍。日軍乃衝鋒前進，將抵淞滬路時，我軍乃突起迎擊。同時我美衆祠駐軍，亦聞警包擊，雙方搏鬥至烈，相持甚久。敵另一支隊由小觀園附近向吾猛襲，我軍當其前進時，立卽化作散兵線，將近我戰壕時，乃出而應戰。混亂三小時，此時駐防六三花園之敵軍，聞警衝出援救，而我閘北方面，亦調到援軍，參加作戰，至下午四時，敵傷亡千餘人，紛紛潰退

▲金穆宅之大包圍　廟行鎮方面及江灣敗退之敵，經我軍追擊，狼狽不堪名狀。至晚間八時，敵萬餘人，在江灣鎮之北，廟行鎮之東，金穆宅地方，全部被我軍包圍，敵雖拚命突圍，終不得逞。

敵軍全線總退却　敵大部在金穆宅被我軍大包圍，殘餘部隊，軍無鬥志，經我軍衝攻，防線立潰。晚九時，敵沿廟行鎮江灣八字橋等防線，全線總退却，由引翔鄉而至狄思威路，平涼路，在滙山碼頭集合。我軍乘勝追擊，先鋒部隊到達岳州路沈家灣等處。

▲閘北敵軍又敗潰

閘北方面，本日均有激烈戰事，自晨至晚，竟日未息，炮火之烈，爲大戰中之第一次，日軍傾其全力，圖攻閘北，均經我軍先後擊潰，並乘勢追擊，於下午三時，我軍已全部挺進，至狄思威路岳州路虹鎮及老靶子路北四川路等處。日兵陣線當卽全部總退却，至晚間八時，尙在沿吳淞路閔行路向後奔潰。同時寶樂安路，忽起大火，虹口日兵陣線，因此大亂。我軍在追擊中。又我軍後方炮隊，掩護得力，日軍在炮火威逼之下，竟失其戰鬥力，卽移向浦江方面敗退。同時，日軍中路線後方，已被我軍阻斷，虹口靶子場及北四川路底日軍司令部，已無日軍蹤跡，玆將閘北方面我軍各路報捷，分誌於次：

八字橋我軍大捷　拂曉，日兵於總攻廟行鎮後，卽分重兵，向我八字橋進攻，計有陸軍五千餘名，利用鐵甲車迫擊炮機關槍在前衝鋒。我軍卽奮起迎擊，手溜彈機關槍同時並發，當卽斃敵先鋒數十名。嗣敵軍又繼起猛衝，前仆後繼。終以我軍炮火猛烈，未爲所逞。我軍卽於斯時反攻，以至肉搏，雙方機關槍迫擊炮，全失其效用。敵屢進屢退，我軍出沒於敵陣間，銳不可當，但見我軍到處，敵兵東倒西傾，血花四濺。我軍愈戰愈勇，敵已無抵禦能力，乃漸漸向虹口花園方面潰退。我軍卽乘勝追擊，沿途在靶子場。施高塔路。又起激戰。但敵氣已餒，稍抗卽潰。至下午三時許，我軍已達狄思威路。我後方部隊，亦呼應而進。至四時許，我軍最前線，達岳州路，至六時許，已趨虹鎮。於是該路日兵陣線，全部被我軍擊潰，同時寶樂安路突起大火，虹口一帶，日兵秩序頓時大亂，狼狽逃竄。八時許，日兵沿吳淞路。閔行路向浦江方面敗退。此役日軍傷亡達二千餘名，我軍傷百餘名，已送醫院救治。

▲虬江路又報殲敵　日軍於進攻八字橋後，繼卽向虬江路。牖生路，進攻，計達千餘人

，惟此處街道縱橫，故非有精密之佈置，決難應付。我軍利於巷戰，且防守得宜，以致日軍屢攻屢敗。當日軍進攻時，係分兩路進犯：一自虬江路，一自邢家宅路。我軍於該處久有重兵，當亦分兩路回擊，雙方均在夾弄間，衝鋒肉搏，機關槍，迫擊炮，居高臨下，尤使敵兵心寒，故未幾敵兵已死亡盈百。其後部隊，正擬退走，我軍即乘機衝進，於是兩路之敵，同時退至北四川路，我軍會合，追達虬江路口，乃向老靶子路進攻。日兵處斯絕境，囘軍頑抗，至午後一時許，敵全部覆滅。

▲日兵奔潰之狼狽　日兵因受我軍四面追擊，以致秩序大亂，潰不成軍，紛向吳淞路．七浦路．閔行路．等處四散奔逃，沿途並將槍械棄去。

▲敵又攻吳淞未逞

本日上下午，敵軍艦及飛機，均向我吳淞炮台進攻，仍不得逞，且被我軍擊傷軍艦一艘。蘊藻浜方面，晨一時許，敵軍曾向我陣地進攻兩次，均被我軍擊退，敵軍並受重創。至上午十時許，敵方有鐵甲車在蘊藻浜正面進犯數次，亦終不得逞。玆將戰況詳情紀述如下：

敵艦一艘被擊傷　本日上午，有敵艦十餘艘，在口外用重炮向吳淞炮台猛攻，同時並有飛機多架，在空中助戰，我軍亦還炮抵抗。激戰約一小時，敵艦一艘，被我砲彈擊中要害，該艦受傷時，立向左右擺動不已，大有沉沒之勢，旋被敵艦四艘保護退去，餘艦亦向長江方面駛去。敵機見勢，遂向楊樹浦方面飛去。

敵兩次進攻失敗　駐蕰淞南黑橋及周家浜口之日兵，於上午一時，向西猛衝直至季家橋南首尼菴地方，爲我軍擊退，至天將黎明，又作第二次衝鋒，我軍初則沉着不戰，俟其逼近我軍防線時，一聲令下，以大包圍勢將日兵包在垓心，遂以大刀隊上前將日軍砍死二百數十名，餘均不支而退。

二月二十三日

閘北自昨晚激戰後，我軍陣線，已展至福生路虯江路大德里橫爾橋等處，吳淞敵軍單薄，故本日無劇戰，惟江灣金穆宅殘敵尚在圍擊中。茲將各情分誌如次：

▲廟行血戰殲敵

日軍昨日起，總攻廟行鎮，被我軍全部擊潰後，敵二萬餘人，狼奔豕突，死傷在三千人以上。昨晚九時，我軍乘勝追擊時，並將敵二千餘人，全部包圍於廟行鎮迤南十里許之金穆宅侯家木橋附近。詎於是晚十三時，敵敗退之先頭部隊，業已接得被圍報告，乃聯絡殘敵一萬五千餘人，一方並報告日司令部，遣派援軍五千餘名，前往馳救。敵軍得此生力，又竭力反攻，以期援救被圍敵軍出險。吾軍方面，遂調遣一部份士卒，迎擊敵軍，一部則仍將敵軍包圍，激戰異常激烈。戰至午後二時半，敵死傷二千餘人，勢漸不支，其應援之部隊，遂完全崩潰。被我軍包圍之敵，完全解決。詳情分誌如下：

廟行血戰竟日　離廟行迤南十里餘之金穆宅侯家木橋地方，昨晚十一時許，即有日兵大部二千餘人，被吾包圍。乃日軍司令部得悉，即派大批援軍，連同潰退士卒，向吾作猛烈之反攻。敵坦克車三十餘輛，鐵甲車二十餘輛，頑強當先，冀將吾軍衝破，以期援被圍之敵兵出險。是役敵軍，因本國軍隊被圍在內，不克施放大炮，祇恃機槍槍刺與吾作猛烈之肉搏。吾軍□師，當即分發一部份士卒，約計五千餘名，與之應戰，大刀隊機槍連迫擊砲連等均調赴前方，參加戰役。吾軍當時，前後首尾銜接，重以敵兵顧慮被圍士卒，未能充分發揮其砲火利器，故吾軍雖以少敵多，殊佔優勢。惟當清晨四時許，敵軍因反攻仍復不利，由日司令部電命海軍艦隊，派飛機多架，飛往吾軍陣地，猛烈擲彈，且由空中發射機槍，並開機關砲，吾軍頗受危迫。時吾駐防江灣東鎮之某部，得悉戰報，立卽乘曉霧未淸之際，由敵軍左翼包抄，予以迎頭痛擊。敵軍前鋒，乃呈不支，於上午十時許，反攻敵兵遂後退約三里許，於是被圍敵軍與反攻敵兵，完全被吾隔絕，不能呼應。惟敵因此舉關於戰局，殊爲重大，始終猛烈衝攻，吾軍則亦以一當十，爭先殺敵，相持至下午三時三十分，敵死傷二千餘人，勢漸不支，其應援之部隊，遂完全崩潰，至被圍敵軍二千餘名，雖仍頑強抵抗，終被解決。

江灣獲敵機槍　江灣方面，爲敵軍第九師團左翼，於本日午刻，並出第九十兩聯隊，向我陣地進攻。我軍於敵軍進至三百米達外，以大隊衝出。敵軍見我人數較衆，有迫不得已而應戰者，有見勢兇猛棄械而逃者。未及一小時，我已衝至戰壕，當奪取機關槍兩架，並斃敵軍第九聯隊隊長西尾少尉，及兵士森山山本等近百人之衆云。

▲閘北殘敵敗退

日兵自迭次總攻失敗，昨晚又經我軍壓迫，實已潰不成軍，故本日無重大戰事。我軍前線已達虹鎭，老靶子路一帶，已無日兵踪跡。其殘部均在海寧路吳淞路一帶，並在外虹橋至裏虹橋一帶，收集殘部，加築防禦工程。晨四時許，日兵一小部份殘兵，約三百餘人，曾一度重向我軍前線襲擊，未幾潰退。閘北方面，北四川路一帶，於拂曉及晚六時許，亦有小接觸，茲將閘北戰情分誌於次：

殘敵擊襲敗退　晨四時許，日兵殘部，約三百餘名，於全部潰退時，突又回來，向北四川路口我軍陣線，猛烈反攻，初以大砲猛轟，我軍間亦略加還擊。砲戰至六時許，三百餘日兵，忽由集合線而變作散兵線，藉坦克車之掩護，向我軍衝鋒，我軍當即迎頭痛擊，以手溜彈機關槍等，向其猛烈掃射，立將在日兵當作掩護之坦克車兩輛擊燬，斃敵百餘人。餘衆見勢不佳，亟反身向後潰退，以坦克車兩輛，在後掩護。斯時我軍精神百倍，跟蹤追擊，又將日方坦克車兩輛加以炸燬。一部份落後，日軍六十餘人，見我軍來勢勇猛，驚惶失措，即將槍拋棄而退。是役交戰約三時有餘，計擊敗日軍坦克車四輛奪獲步槍七十餘支，機關槍一架，斃敵百餘人，我軍則僅傷五六人。

▲吳淞有激戰

敵軍因趨重於廟行鎮方面，故吳淞一帶，本日敵艦除照例向我開砲及擲彈外，並無激烈戰事。蘊藻浜正面之敵兵，有時亦有小隊進犯，但隨時均被我擊退。惟前日我方曾乘敵兵力稀薄時，改取攻勢，頗爲得手。茲將戰況，紀錄如下：

泗漕廟殲滅日兵　晨十時，駐紮南泗漕塘河西徐港巷黑橋等處，有日兵一隊，約八十餘名，迫該處某鄉民爲引導，向西擬兜過胡家莊，直達至楊行，不料爲駐紮季家橋南孫家宅三其宅之我軍瞥見，當時均不動聲色，躲避於戰壕內或民房中及樹林間，俟敵軍過去，再行截擊。敵以爲該處並無我軍，直向前行抵泗漕廟時，我軍從其後背突出，開放步機關槍掃射，日兵知已中計，拼命冲圍，因我軍奮勇圍擊，敵歸路已斷，劇戰約四十分鐘，援軍不至，故將敵兵全部解決，同時蘊藻浜周家浜口之日兵，用砲向北轟擊，將永安第二廠房屋轟毀，旋經我軍開機關槍掃射，敵遂不支而退。

敵艦三艘攻吳淞　吳淞方面，於昨晚八時許，有敵艦五艘，駛近淞口砲台及淞鎮開砲攻擊，直至深夜十二時許始息，總計在四小時中，敵艦約開砲三百餘發，我軍間亦發砲還擊，康家宅因中敵砲起火，同時張華浜張行宅及徐家灣兩處，被敵艦據之農民房屋，亦被我軍砲火所中，爆烈焚燒。本晨五時半許，復有敵艦三艘進攻砲台。至八時許，敵艦不逞而去。其時又有敵大型毀炸機三架，自口外飛來，向我軍蘊藻浜陣地擲下炸彈五六枚，當經我軍高射砲擊退。

二月二十四日

▲廟行方面又大勝

日兵總攻廟行，被我軍迎頭痛擊，且在金穆一帶，包圍殘敵二千餘人，昨日深晚，敵援軍五千餘人，竟夜由張家浜方面登陸，聯合殘部來援，另由左右兩翼派隊擾吾陣地。雖經我軍奮力擊退，惟被圍敵軍，遂被兔脫千名左右，餘敵至本日下午一時，被我軍全部殲滅。本日敵軍精疲力盡，已不敢大舉進犯，惟小部隊肆意挑釁。茲將詳情彙誌如次：

擊斃敵聯隊長　敵軍總攻廟行，昨日起，已被吾軍由朱家橋猛力衝擊，殘部二千餘人，在金穆宅被吾包圍。當時敵軍大部，本已遠退侯家木橋迤南十里之遙，聞警集合援軍，乃復竭力反攻。當經吾軍分隊迎擊，將殘敵隔絕兩處，激戰之烈，爲中日滬戰所未有。敵軍屢擬猛力衝鋒，終不得逞，昨晚起，且節節敗退，距此時日方來滬援軍五千餘人，已在張華浜登陸，且立即分開前線，加入作戰。敵軍得此生力，遂以坦克車四十餘輛，立即反攻，並分批擾我左右兩翼。此時吾前綫駐軍，人數不足五千人，以敵三萬餘日軍，且苦戰已數十小時，遂被日軍取得聯絡被圍殘敵，衝出千餘人。此時吾軍士卒，雖極疲勞，然人人具必死之心，故仍猛力衝殺。被圍殘敵千人遂于今日被我軍全數殲滅。並殘敵以不堪我軍壓迫復由侯家橋以南撤退十餘里，是役吾軍以少敵多，侯家橋一帶，日兵屍骸，堆積如山。敵高級長官，亦陣亡數十人。本日起，吾軍掩埋餘骸之際，曾發覺敵第九師團第二聯隊長百海實男，亦在陣亡之列。可見是役戰事之烈。我軍俘獲敵機槍二十四挺，步槍千餘支，小鋼砲數十門，其他戰利品無算。

黑家宅敵敗退　敵援軍五千餘人，於昨晚在張華浜登陸後，除分撥一部份援助廟行一帶殘敵外，晨五時許，另遣一千餘人，由張華浜秘密出動，冀由黑家宅而至侯家橋，意擬擾吾左翼，援敵出險。我軍當時，不動聲色，任敵深入。惟當敵大部將抵黑家宅時，吾軍遂一躍而起，拊其背部，予以痛擊。時吾黑家宅以西之駐軍，亦已聞警，趕到參戰，於是敵腹背受敵，激戰亘一時半，敵軍死傷過半，乃由間道逸去。

又訊二十二日晚，我軍在金穆宅誘敵偷渡，待其偷渡上陸敵將及過半時，伏兵四起，突出圍擊。因此其後部即退回侯家木橋，所圍敵軍，當於二十三日晨，被我軍全部解決，日軍死傷者當在千人以上。二十三日午，日軍又派重兵一千餘人，仍從金穆宅偷渡，我軍仍不阻擊，沉着以待，因此又起第二次之激戰。廟行鎮我軍，同時亦調往作戰經一日夜之肉搏，日軍傷亡過半，落水而死者無數，當於昨日下午一時，被我軍全部肅清。故廟行鎮，日軍始終未曾到過一兵卒，確在我軍手中。惟金穆宅曾有二次激戰，我軍均獲大勝。

▲閘北砲戰劇烈

本日，閘北方面各防線，不時有小接觸，晨間與晚間，日軍利用砲轟，我軍亦還擊，砲戰甚烈，永興路於晨間，被日機擲彈起火，旋撲滅，寶山路新民路處，於晨間曾有日兵十餘名偷襲，被我軍居高臨下，用機關槍掃射，無一生還。茲將各情分誌於次：

晚間激烈砲戰　上午八時四十分，防守北四川路東面之日兵砲兵陣地，以開花砲彈向我軍陣地射擊，砲聲隆隆，連續不絕。我軍初未加以還擊，至日砲射至二十餘發後，始亦開砲還擊，雙方砲戰至十一時，始漸平息。至下午六時許，日兵又以重砲，向我閘北八字橋．天通庵路．陣線轟擊，我軍亦開砲還擊，砲聲隆隆愈發愈密，至十時左右，雙方步哨亦起接觸。日兵雖利用重砲掩護進衝，但我軍砲火威逼，槍彈密發，實予敵軍以巨創，始終未爲所逞。日兵乃重藉大砲轟炸，我軍又復還擊，直至十二時後，始漸平息，我軍陣線無變動。

敵偸襲被殲滅　晨九時許，在邢家宅路民房內，突出日軍殘部約二十餘人，沿新民路偸進，爲我軍瞭見，卽開槍射擊，敵亦依牆還擊。寶山路我軍聞得槍聲，卽來追擊，敵見狀，乘勢前衝，在來安里之我軍居高臨下，用機關槍掃射，敵旋卽全部殲滅。

▲吳淞無戰事

吳淞口外之敵艦，本日均停泊離我要塞甚遠之海面，自晨至晚，均無特殊行動，亦未開砲，僅有飛機數架，曾至砲台及蘊藻浜一帶天空，偵察數次卽去，亦未投擲炸彈，我軍亦靜守防線，未加射擊。至蘊藻浜方面敵軍，似在休戰中，我軍亦未攻擊，故吳淞方面，本日甚爲安靜。

二月二十五日

▲小場廟殲敵

江灣廟行間之役，激戰竟日，敵方損失頗大，我方得□師援軍，加入作戰後，聲勢大振。戰至今晨一時許，我軍一路由江灣談家宅，向小場廟進擊；一路由廟行鎮之塘東宅竹園墩向敵之右翼抄襲；而上午暫退周吳黃宅待援之□營，亦得援軍反攻。以三路之襲擊，卒將敵包圍於垓心。敵見四面包圍，軍心大起恐慌，而又見我方增援之部隊，銳不可當，知已陷於絕境，乃猶頑強抗戰，繼以肉搏。我軍奮勇殺敵，一以當十，並以機關鎗掃射，將敵完全殲滅。是役敵死傷至一千七百餘人之多，我軍奪獲敵之步槍一千餘桿，機關槍數架，子彈無數。敵經此鉅創，已失戰鬥力云：

▲敵攻廟行慘敗

敵分三隊攻廟行　敵軍于拂曉起，繼續前夜戰事，向我廟行鎮東北部進攻，并以飛機十數架大砲多門助戰，分陸軍步兵四千餘人，爲左中右三大部隊，左隊配于陶家灣方面，右隊在候家木橋與金穆宅之間，向金穆推進，中隊則在陶家灣與右中兩隊之間，直向孟家宅猛攻。我軍則以大部隊配於金穆宅與孟家宅前面迎戰，并以大砲等向敵猛轟。雙方砲火交加，極爲猛烈。兩軍卽于砲丸之間從事作戰。雙方肉搏數小時之久，敵軍漸形不支，至十一時許，我軍再接再厲，誓死抗拒，敵死傷達數百人之衆。

泗塘涇殲敵甚衆　廟行金穆宅東靠泗塘涇，我軍原有口連駐紮，昨夜敵軍在猛烈砲火之下，以四百餘名越過該浜，擬前進救援，被我軍包圍於孟家宅敵軍。不料時在黑夜，誤於方向，該敵非但不能策應被圍之自己軍隊，而反為我完全圍住，敵人雖頑強抵抗，無法突出。戰至晨二時，敵似察得方向，由原路死力衝擊，逐漸敗退，祗逃回二百，其他二百餘，完全經我軍殲滅。

▲三路攻江灣

昨晚十一時許駐防江灣之敵，突分兵三路，進攻吾方：一由虹口公園出發，取道西體育會路，直窺吾江灣車站，一路則由引翔鄉出發，至體育會路東北里許向我猛襲，另一路則在楊樹浦之水電村廠向西涇橋球場方面之小牛頭村推進，三路敵軍人數，約在四千名左右，當第一路敵軍由西體育會路進窺吾江灣車站時，在大樹圩地方，即被吾軍迎頭痛擊。由引翔路出發之敵軍，則以坦克車七輛為前導，在體育會路之東半里許，與吾激戰。吾軍方面除以手溜彈向敵軍猛擲外，並派大刀隊向前衝鋒。至水電村前進之敵，人數較少，戰鬥力不強，當進抵小牛頭村時，即被吾軍作總包圍，激戰至晨三時許，敵兵被殲大半，乃不支而退。至江灣車站並引翔鄉之敵，則人數既衆，坦克車大砲亦多，與吾激戰亘十餘小時，至下午四時許，始被吾軍全部擊退。

▲閘北砲戰

日兵猛攻廟行之時，仍以飛機砲火牽制閘北，下午四時許，砲聲尤密，其攻擊焦點，自天通庵路擴展至八字橋西寶興路，茲誌戰情如次：

晨二三時許，天色昏暗，日兵深恐我軍衝出襲擊，照例開砲示威，山野砲小鋼砲同時並用，間以燃放重砲，我軍亦以大砲還擊，約百餘響，聲震全市，彈中楊樹浦公大紗廠之日軍司令部。天明後，日軍借飛機之掩護，又以重砲轟擊，我軍不應。下午四時起，砲火尤密，晚九時許，我軍亦以大砲還擊。

▲吳淞戰況

敵艦砲攻無結果　吳淞方面本日敵軍與我軍，仍遙隔蘊藻浜而守，並無十分激烈之接觸，但敵方海軍艦，則於昨晚至本日下午，仍派敵艦二艘，不時向砲臺淞鎮蘊藻浜等處開砲轟擊。敵艦每次砲轟，均在百餘發以上。當敵艦屢次砲轟，我軍鎮靜異常，死守防地，故陣線毫無變動，敵軍雖耗費砲彈數百發，可謂一無結果也。

紀家橋雙方激戰　上午九時許，有敵沅江丸裝載敵兵約五百人，自滬駛至糧米站碼頭登岸，敵我兩軍自蘊藻浜至紀家橋一帶陣線，自晨至午後三時，各處均有哨兵接觸斷續之步槍聲，東起西應。候家木橋一帶，昨晚七時起，有敵兵二千餘名，用重砲及野砲掩護數次，向我軍陣地猛衝，結果，均被我軍擊退。

二月二十六日

▲廟行江灣敵重創

本日廟行及江灣方面，雙方無甚重大接觸，僅有大砲互轟，我軍所發砲彈，多中敵軍後方，敵方則仍用巨額大砲，向我廟行陣地轟炸，但未有重大損害，惟廟行前里許一帶田地，經敵軍兩日夜砲擊後，已無一片乾淨土，砲彈所炸窟洞，恰似蜂窠，我軍陣線仍完整無變動。江灣我軍前線，在距跑馬廳二百碼處，江灣車站及江灣鎮，仍在我軍手中，一無變化，雙方步哨，不時槍擊，但未有激戰：

敵重創後一蹶不振　日兵於昨日藉援軍之助，於下午二時，六時，及十一時許，接續三次，自廟行以迄江灣，全線向我總攻，被我軍歷次擊退後，其方調前線之第十一師團損失甚重，尤以小場廟竹園墩受創最巨。當我軍進逼時，幾已失其戰鬥力。故本日敵軍陣線甚為沉寂。上午十時二十五分起，敵方以大砲猛向我軍轟擊後，我軍亦起還擊。至十一時許，敵飛機在天空偵察，並在大場及廟行投擲炸彈，我方高射砲瞄射不息，因此砲聲甚密。江灣方面亦有日機投彈，敵方步哨不時以步槍向我軍施射，我軍沉著不應，敵恐中計，乃旋息，惟雙方炮轟，有加無已。我軍前線兵士均伏處戰壕中，以敵始終無動靜，故亦不予追擊，鞏固防務。敵砲轟至下午五時許，漸趨平息。晚十一時，沿各該線未有發生戰事。

敵坦克車全失效力　敵自以鐵甲車坦克車作侵略工具後，不料連戰皆北，且蹈中我地雷，燬壞十餘輛，因之該項車輛至今，已專作砲壘之用，每輛外圍沙包，盤踞戰場要隘處，不復再作衝鋒陷陣，其亦自知龐然笨重，燬去一輛，損失甚大，故本日，敵攻竹園墩，小場廟，趙家宅，水車頭，等處，已屏棄不用。蓋該處地為低窪，泥土潮濕，港汊紛歧，尤為坦克車鐵甲車所忌者也。

擊落敵機兩架　廟行鎮方面，本晨敵機飛來多架，繞空片刻，偵察我軍防線，旋即向東南飛去。至十一時後，復有八架飛至，先後在廟行鎮防線及後方投擲炸彈多粒。我軍以敵機飛來目的在施行破壞，故用高射砲等發射，結果於十一時半敵機被我擊落一架。又下午二時半，敵機三架，由西南向大場境飛環，擲爆烈彈二，墜後均經炸烈，未有禍殃。同時我軍以步槍及鋼砲對準敵機射發，亦擊下一架，機落滬太汽車路餘慶橋東北角田野間。

▲敵轟閘北失敗

閘北天通庵八字橋一帶，日來戰事，較爲沉寂。昨夜吾方集中礮火，向敵猛攻，敵軍憑壕頑抗，雙方激戰甚烈，至本日拂曉，敵始不支而退。我軍除將前哨線移進外，並不窮追。至下午五時，敵又反攻，但人數不多，僅用大礮轟射，我方亦以重礮還擊，雙方激戰約一小時，敵因進攻失利，卽向後退，不敢再衝。至晚八時半起，敵又用重砲轟我陣線，或斷或續，亘數小時之久，毫未得手，直至今晨半時左右，倘聞斷續之砲聲。

▲吳淞敵艦輪流開礮

吳淞要塞方面，敵艦於昨日曾有數次向我開礮攻擊。本日上午，敵艦十餘艘，均停泊三夾水外，並未開砲，惟至下午漲潮時，有三艦向我輪流開砲，潮落時，卽行停止。蘊藻浜方面之侯家木橋紀家橋一帶，敵軍於本日上午，向我陣地進攻，同時並有敵機六架擲彈助戰，我軍固守無變動，茲將戰況分紀如下：

敵艦漲潮時進攻　淞口三夾水外洋面，現泊有敵艦十餘艘，距離砲台火線甚遠。本日該敵艦等，未向砲台攻擊，惟每逢平潮時，卽派敵艦三艘，向淞鎭輪流往來發砲轟擊，一俟潮落，卽行退出口外。張華浜附近浦中，現無敵艦蹤跡。

敵攻泗塘河　本日吳淞蘊藻浜之正面，兩軍仍隔河對峙，並無接觸。沿南泗塘河之侯家木橋，紀家橋，（侯家木橋距吳淞十八里，係江灣境，紀家橋距吳淞十里，均係寶山縣屬楊行境，一說胡家莊，）等一帶，敵於上午八時許，突增派重兵，向我軍陣地進攻，同時並有敵機六架，擲彈助戰。我軍在該方面築有堅固戰壕，兵力亦至爲充厚，故敵軍砲火雖猛，頗能應付裕如。張華浜附近一帶敵軍陣地內，已不若前數日之沉寂。

二月二十七日

連日廟行一帶，苦戰甚劇，惟敵軍已日趨疲困，無力進攻，乃向吳淞閘北陣線開砲轟擊不絕。惟我軍沉着應付，嚴守陣線，敵砲亂轟，徒損後方民屋，益見敵之人之慌張失措耳。江灣方面，今日我軍克復跑馬廳，進抵馬玉山路，長驅直入，敵人失色。惟敵方援軍，已開到第十四師團七千餘人，將向我再度全線總攻，茲分誌如後：

▲敵猛攻吳淞

敵艦轟擊吳淞　昨晚十二時後，敵人停泊浦江之三十餘艘兵艦，協同蘊藻浜南之砲兵，同時開砲，向我吳淞鎮及砲台灣實行總轟擊。我軍靜伏壕中，不動聲色，當即將機關槍瞄準對付。一俟敵步兵登陸，卽行猛擊。戰至今晨十一時，未見步兵登岸，前後數百發砲彈，只擊傷我守兵一名，疲敝之敵，攻江灣不成，在廟行受挫，今再舉攻吳淞，亦絲毫未得逞。

駐泊吳淞對江龍王廟附近海面之日本巡洋艦一艘，於晨六時許，啓椗向淞口外洋面，揚子江方面開去，未幾停靠。吳淞口三峽水面之日本砲艦三艘，亦隨該巡洋艦駛去，不知何往云。

日機飛淞投彈　吳淞與蘊藻浜，及礮台灣方面，於上午七時許，有飛機八架，在該處一帶路線迴旋，約十餘分鐘後，向楊行方面駛去，窺探一周，遂向西南方面駛去，駛經礮台灣之際，拋擲炸彈五枚，均落於海濱，並未爆裂。嗣於午後四時許，淞口外洋面，有日飛機（由航空母艦飛出）十一架，駛經吳淞之際，拋擲炸彈十餘枚，落於業已燒燬房屋之瓦爍焦土中，其餘則墜於蘊藻浜河內，該飛機，復向江灣，及廟行，大場等處，窺探我方陣地，並未擲彈，經我軍，用高射礮轟退云。

擊燬偸渡敵艇　吳淞蘊藻浜衣周塘地方，於旁晚之際，有舢舨船四艘，共裝日軍步兵一百七十餘名，由西駛東，欲渡河進襲，經被我防守該處之隊士瞥見，遂用機關槍掃擊，並拋擲手溜彈，當場炸燬三艘，舟中所載日兵，完全殲滅，尙有一艘，亦被炸中，但未沈沒云。

▲江灣我軍進展

廟行敵難活動　廟行江灣間戰事，昨晚敵利用飛機作礮兵目標，一時巨聲隆隆，雙方射擊頗猛，且江灣小場廟竹園墩一帶，敵軍不時以少數部隊圖擾我陣線，每隔一小時許，卽出壕向我防地衝擊，無奈敵我相距祇百米突左右，敵躍出戰壕，毫無偸襲活動餘地，故敵幾度衝鋒，均爲我機關槍掃。敵見難得手，至前夜十二時後，全線始歸岑寂。迨拂曉四時，敵機再出，在大沈宅趙家宅兩地之敵又作同樣衝鋒，結果經過四小時分次斷續之衝鋒，直至八時後，在該方面，全陣線又歸於寂靜。

江灣我軍進展　晨三時，敵以破兵集團，在江灣體育會路向我防線猛烈進攻，而我軍之掩蔽陣，早佈置完備，故無論敵如何猖獗，我可從容應付，因我將士人人抱有決死之心也。至晨五時一刻，敵復以排礮掩護，一面以步兵一連，再向我軍陣線騷擾，希圖破壞我防線，佔我陣地。我軍大刀隊即在深溝馬壘之間，蜂擁而起。敵見勢兇猛，志不得逞，驚惶異常，其前哨士兵，即向後退縮。我軍之機關槍，立即乘勝追擊。此時敵軍不支，其陣線逐漸搖動，我前哨士兵乃衝鋒肉搏，向前殺出。敵軍三百餘人，即向甯國路日本小學退去。我軍以該處並無防禦工作，當即仍回原防至下午二時許，敵集合殘餘，又圖反攻，我軍當即奮勇應戰，敵不支紛紛敗退，我軍乘勢追擊，將被敵佔之跑馬廳克復，獲戰利品無數，復越跑馬廳而長趨直入，進抵馬玉山路，敵敗竄幾不成軍，同時我軍炮彈，擊中平涼路公大紗廠，該處存有敵軍火甚多，炸燬不少。

▲閘北之砲戰

閘北砲聲不絕　本日閘北方面日兵以大砲轟我軍閘北陣地，全線各路均有接觸，空中敵機偵察之外，並擲大宗燒夷彈，自朝至夕，砲聲未絕。晨間以四時至七時之間，砲火最烈。四時起，閘北方面，卽聞砲聲隆隆，租界方面，床屋亦爲之震動，居民泰半於曉夢中醒驚。四時起，敵方在靶子場附近，安置重砲數十尊，向我公興路一帶陣地以排砲猛轟，惟其目的，係在示威佯作進攻，以阻我軍進擊，每一重砲發射後，卽繼續連發野戰砲六七響，聲撼天地，以其目標漫無定向，我方陣地，連續由西至東，再由東至西，輪流轟擊，希冀燬我陣地，但均未中的，僅損壞民房數間。砲彈最遠處，射至大統路一帶。下午二時後，除以大砲每小時發十餘響外，兩方防地均趨沉寂。統計全日，閘北一帶日兵死傷近千。據確報，晚七八時許，日兵以大批卡車搬運兵屍經吳淞路一帶，絡繹不絕。

八字橋之砲戰　晨一晨三刻，八字橋方面之敵，突開放十五生的以上口徑之大砲，向該處我軍之正面轟擊，砲彈落地，卽爆發燃燒，窺測其意，似爲破壞我軍陣地後方之房屋。我軍鎮定萬分，絕不慌張，潛伏壕溝，不予還擊。敵軍共發數十砲，多毫無標的，彈落荒地，敵人繼即以機關槍小隊，向前挺進射擊。我守兵俟其前進至相當距離時，則立刻施行密集射擊，彈如雨點，敵即退去。

敵機場被轟　平涼路公大紗廠附近之敵軍飛機場，停置日機有七十餘架之多，昨晚十一時後，我軍大砲向該機場瞄準，陸續開放三十餘砲，擊中者竟有十餘發，以致該處敵機，爲我炸燬者有六七架之多云。

二月二十八日

連日敵兵屢遭敗挫，傷亡甚多，實力太薄，難以向我進攻，現正靜待援軍到齊，故本日吳淞閘北陣線，敵僅開砲示威，小有接觸而已。惟江灣鎮方面，我以戰略關係，縮短防線，而江灣車站之敵曾被我擊退，死傷多人。玆彙誌如後：

▲江灣我軍改變戰略

我軍縮短江灣防線原因　敵以全力進攻江灣鎮，我軍亦以全力抵抗，而每次抵抗，均占勝利。自二十三日起敵以飛機四五十架，連續拋擲炸彈，至三十六小時之久，血戰三晝夜，我軍沉着應戰，從未退讓，惟環視江灣鎭，民房破毁，滿目淒涼，軍民屍身，遍地皆是，血肉模糊，溝渠皆赤，且以爲日之久，腐爛汚穢，臭氣觸鼻，該地之水，不能復飮。我軍之戰略關係，於念六夜已决暫行離鎭，候機反攻。豈知敵軍心悸胆寒，始終未敢進窺，直至念七日，始遣探偵查，於念八日方敢進兵，故敵兵到鎭，未經劇戰，苟非戰略如此，敵軍何能輕易佔領，該鎭已被轟炸一空，一片瓦礫，等於廢墟，不能再作爲戰事根據地矣。我軍仍在江灣附近，固守廟行一帶原有陣線。

我守江灣西北　本日十二時餘，我軍因戰略關係，改取緊縮陣地，以江灣鎭西北爲防線，晨我軍奉令改駐鎭之西區，日兵因此由鎭東進前，十時至萬昌橋附近之牛郎廟，與我軍接觸。日兵向我方近攻，先以騎兵隊衝鋒，繼以步隊排槍，我軍亦還擊，步槍外，並用溜彈，拋炸日騎兵隊。不意日軍又用小鋼砲轟擊，我軍乃用手提機關槍掃射，一面沉着的應戰，相持至薄暮時，我軍開到後援，加入應戰。

江灣車站之戰　晨八時許，敵步兵三百餘名，在六架飛機掩護下，向我江灣車站進攻，該敵人至西體育會路時，卽行展開，我方守兵，沉着準備應戰，及至敵人進至戰鬥線時，我陣地後方之迫擊砲兵，即實行射擊，敵人一時陷入混亂狀態。但在第一線之步兵，已躍進在我陣地最近之距離，輕靈之敵機槍，一陣猛烈射擊，卒能掩護未散開之部隊，同時上空之敵軍飛機，亦機槍炸彈並作。我守兵精密瞄準，沉着發射，卒將敵之銳氣挫折，不能繼續躍進，該敵只得據守坟堆土塊，施行射擊，雙方激戰約四十餘分鐘，我陣地之守兵，見敵人氣餒，即吹衝鋒號，同時喊殺之聲大作。敵人見勢不妙，即逐次後退，而敵之收容隊約三十人，死力據守，用最烈之機關槍火，掩護退後之部隊。但我守兵集中火力，不久將該收容隊之敵人，完全擊斃，此後僅聞斷續之槍聲，並無大戰。

敵援兵被包圍　晨拂曉五時許，我軍進攻江灣跑馬廳，戰至下午二時，我軍即佯退誘敵，日兵中計衝進，我軍當分兵左右兩翼，加以包圍，斃敵四五百人，獲機關槍三架，步槍二百餘枝，過山砲兩座。

▲吳淞閘北戰況

吳淞略有砲戰　吳淞口外沿揚子江附近海面，停靠日本砲艦五艘，晨三時左右，開砲十餘發即停。嗣又於晨五時半，發礮七八響，即經我方礮台還礮擊退，日艦所發礮彈，無一擊中我方陣線，此間礮台灣方面，極爲靜謐云。

敵襲閘北未逞　本日上午，敵軍在吳淞一帶，運輸軍火，極爲忙碌，我軍早已料到下午必有動作，果也至下午三時許，敵軍礮火開始向西寶興路天通菴路一帶轟擊，共開三十餘礮，並以手機關槍，鐵甲車，連續向我陣線衝擊，我軍始終沉着應戰直至八時，我轉取攻勢，相持至九時，敵軍不支，向狄思威路退却。

▲日機大肆轟炸

又轟閘北　本日上午十一時半，日飛機五架，又在閘北方面，盤旋良久，意圖窺察我軍陣地●迨五架既去，未幾又來一架，飛行未久，即擲重磅炸彈二枚，其一擲於鐵道以北，未曾爆發，一彈擲於閘北姚家石橋大統路海昌路口盛大京貨店後屋簷處，以致毗連該處大統路北口，坐東朝西之李阿瑞酒店，汪義大京貨店屋後，鴻泰烟紙店及某號茶葉店等四家，同被炸燬，僅餘尺許長短之屋樑木椽一堆，屋內桌椅陳設，均被炸無蹤，被燬之四家男女大小，同罹於難。

再炸虹橋　晨十一時敵轟炸機三架戰鬥機三架赴虹橋飛機場拋擲炸彈六枚，炸燬該場辦事室一間。我軍預置於該場附近之高射礮，卽描準射去，一機險爲射中，遂向東北方面逃去。

日夜擲彈　日軍飛機每乘夜而出，偵察擲彈，昨晚八時，至眞茹一帶，飛行極低，電光時明時滅，僅擲一彈，並無損失，旋卽飛去，本晨有飛機三架，到大場劉行一帶偵察，上午十時三刻，在劉行連擲三彈，當炸斃農民一人，傷者二人。下午大場公共汽車站旁，亦爲擲下一彈，該彈深入土中，砂塵飛揚，四面堆積，宛如小山，但並無損失，已由工兵立時塡平。又聞閘北大統路以東，上午亦爲飛機三架，擲下炸彈兩枚，死傷民衆約二十人云。

擊退敵機　上午九時許，眞茹又到日機六架，在空中盤旋，軋軋之聲，遠近皆聞，但該機等，防我高射炮射擊，不敢飛低，如是在空中約有半小時，突然二架一隊分爲三隊，無目的亂擲炸彈，我軍因其飛行甚高，沉着以待，而日機以爲我軍無防，竟漸漸降低，此時高射炮，同時齊發，向日機擊去，日機驚慌，逃去。

二月二十九日

敵軍以屢戰屢敗，亟圖報復，故連日以來，調兵遣將，不遺餘力。近更以白川大將爲司令，率其精銳之十一，十四兩師團來滬增援。該項援兵於二十九日黃昏時抵滬，大部在張華浜發陸。是日下午閘北江灣全線卽發生大戰。先是是晨六時五十分，敵以野砲及重砲數十門，向江灣一帶我軍陣地轟擊約一小時，卽以步兵千餘名分三路向我攻擊。一路由持志學院，攻我八字橋。一路由江灣車站攻我聖堂宅。一路由唐家宅攻我孟家宅與沈家宅間陣地。我軍嚴陣以待，俟敵人前進至較近距離，卽迅速射擊，敵人卽稍退，同時猛烈之砲火又開始，約二十分鐘步兵又前進，而我守兵再以機槍射擊，沉着描準，敵軍屢受挫折。上空敵機數架施其故技，炸彈機槍同時並作，我守兵毫不在意。雙方戰至九時四十分，而八字橋正面之敵，已撤退，但重砲轟擊如故，其餘兩路仍在激戰中，但敵已成強弩之末矣。而二十九及一日兩日夜之戰事，以八字橋方面爲最激烈，殆爲上月二十三日以來所未有。詳紀戰況如下：

二十九日晨十時敵在天通庵站集中六千餘人，向我八字橋陣地進攻，以鐵甲車前驅並藉砲火掩護飛機助戰，我軍伏處戰壕，沉着應戰，卒以敵人多勢猛，砲火飛機以我戰線爲目標，至午一時，我軍爲避免重大犧牲，縮短陣線，一時半我大隊趕至，下令反攻，敵雖頑抗，然我手溜彈大刀隊異常活躍，敵重砲飛機失其效能，激戰至二時三刻，敵傷亡千餘，不支失敗，八字橋遂告克復。敵敗退後，整頓增援，又於三時反攻，來勢較前尤猛，我軍奮起應戰，一時槍砲喊殺聲震動遠近。我軍以久戰疲勞，奉令暫退。至四時一刻我生力軍馳到，再下令衝進，另以奇兵抄敵後路，敵全部潰退，我軍遂仍奪回八字橋。詎敵仍不甘服，又調集大隊，三次進犯。我軍下令佯退，戰至五時，我軍分左右翼向敵包抄，正面直攻敵之中路奮勇肉搏，敵鐵甲車被砲燬三輛，敵軍心大亂，同時我左右翼夾擊，敵死傷枕藉，至五時半全部崩潰不可收拾，我軍克復八字橋。是役敵死傷在至少三千以上，我獲戰利品無算，敵受重大打擊，再無餘力反攻。

我軍乃自此時起，用大砲數十尊，向敵軍陣地猛轟，徹宵未停敵軍亦用大砲還擊，惟爲數較少，敵之步兵始終未敢再來進犯，我軍至一日晨五時始停砲攻，敵以此路無法進攻，乃變更計劃於一日晨七時許以大砲百餘門在江灣路迤北一帶，向竹園墩水車頭我軍陣地攻擊，並用飛機八架助戰，八時後攻勢尤猛，大砲連續一日不斷，我軍因不見步兵出現，靜守防線，並不還擊。至九時始見敵軍千餘人，藉猛烈砲火來犯，我軍嚴陣以待，砲隊亦開始向敵陣猛攻，九時二十分，敵軍漸逼近，我前線將士全部躍出戰壕，用手溜彈及手提機關槍向前衝殺，敵亦頑強抵抗，截至下午二時，雙方仍在激戰中。

三月一日以後

敵援隊既到，即開始全線猛烈之反攻，故一日戰事甚爲激烈。我前線國軍，經連日劇戰，傷亡頗重，而中央所調援軍，因種種關係，未能按時達到前線，致孤軍奮鬥，頗爲吃緊。又以敵方奇兵在瀏河楊林口方面登陸，威脅我軍左側背，於是整個前線，發生重大的變化。茲將抗戰經過，及陣線變化之情形，分述如次：

一日拂曉敵於江灣路一帶動員二千餘人，更於楊樹浦方面亦動員二千五百餘人，分趨巡向廟行撲來。先以坦克車十輛，自泗濱廟倒開，向我陣地衝來，且駛且放機槍，我軍在壕中睹狀，莫不大笑，知其倒開而來，便於逃退，殆無鬥志。敵坦克車駛距我左翼警戒線前四百米突許，敵方重砲即隆隆施放不已。據前線之兵士談：謂敵之施放大砲，係用排砲，每排約有三十餘發，每一分鐘約放二三次不等，砲火之烈，得未曾有，但皆落於廟行鎮後半里外之田疇間，與我陣線毫無所損。坦克車後繼以步卒，俯首疾行而來，我警戒線內哨兵，不及一營，皆散伏壕溝，不動聲色。坦克車衝至五十米內，乃紛紛以手溜彈投擲其較前之一輛，坦克車後輪炸裂，乃不得不逃，其他之九輛覩狀，當亦紛紛後退。敵之步卒爲其坦克車自行衝倒碾斃者，亦不知凡幾。我軍乃以機槍掃射，敵應彈咸倒，死屍枕藉，敵陣線大亂，遂崩潰不復能戰，紛紛逃歸。我軍亦未窮追，一場惡戰，乃於七時二十分許稍稍得息。迨八時半，敵又以二十生的重砲之掩護，將死屍搶還堆疊，權作爲障礙物，有如沙袋，敵步卒咸伏屍後，以機槍向我軍射擊，並整殘伍，於十時許又向我衝擊，同時飛機二十四架在陣地擲彈，並飛至大場眞茹一帶偵察我軍情，隨時投彈，有入行，即上放射機槍，是時敵之砲位，似已移置較前，向我後方連續發砲，阻我軍隊之移往前壕。但我軍早已有大批移動，至第一道防線以內，爲砲火所勿及，敵固未知，以爲廟行垂手可得，遂令步兵六百餘，持手提機關槍作第二次衝鋒。我軍乃以槍尖挑軍帽露出壕外佯作後倒，敵以爲我軍之警戒線內哨兵，完全飲彈聲中，放胆衝入，我軍乃一躍出壕，大擲手溜彈並以機槍掃射，機槍軋軋不絕，日兵乃續續而倒，此次約斃敵六百餘人，其先頭部隊殆完全殲滅，始不支紛紛潰退。我軍雖亦略有傷亡，但損失極小。敵二次敗北後，猶不自悟，於十一時半，復調千餘部隊作第三次之衝鋒。但較晨間似已稍知謹愼，初未敢貿然深入，先由飛機十二架至我陣地猛擲炸彈，並以大砲狂轟不已。直至一時許，見我無動靜，乃以二百餘人，由泗瀆廟挺進，繞三四小村，欲從廟行鎭之東南襲我警戒線之後面。初未知我軍於每一村莊之四周，均已埋伏大刀隊在內，俟其到達，卽持刀突起，一聲喊殺，敵胆俱喪，被我大刀隊所斃者一百餘人，同時我軍壕溝內亦用機槍向泗瀆廟外掃射，敵皆披靡，不敢再前，伏屍後零落發槍而已。二時後敵方見廟行計不逞，改變主力，重又進攻竹園墩，同時敵軍大砲轟射砲彈密集，向同一地點轟擊，約計一句鐘內所落砲彈近三百粒，激戰之烈，較曹家橋一役有過之無不及。至十一時許，戰事更烈，我軍憑竹園墩東河浜而守，敵軍連續衝鋒無片時間斷，我軍陣線一度稍稍後退，約二百米之地，其時敵亦跟蹤而進，來勢愈猛，當此緊逼關頭，我援軍開上，實行抄襲，敵始後退，退逃不及者，被我擊斃達二百名，下午三時十分，我軍竹園墩右翼之前哨，遠望前方五百米外，似有煙塵，知爲敵至，立時緊急戒備，遣派少數士卒，攜帶機關槍數枝，匍匐出壕前，行伏於墳山及小溝石版之下，一面將壕中正面之兵士，散向左右誘敵衝入，敵不知其計，果以六七十人先來試探，衝至距我防線二百數十米許，被我小溝中之伏軍擊斃者二十餘人，屍骸橫陳，餘皆狼奔豕突，又多中伏兵之彈。我小溝內之伏兵，更以來復槍自向我正面壕隙佯爲施放，敵之後方預備衝鋒之部隊，尙以爲此項槍彈，係其前鋒所發，故放胆仍復前衝，我小溝中之伏兵，則又按兵不動，寂無聲息，俟敵衝至我防線時，乃與壕中之我軍，同時躍出，或用手溜彈，或射機槍，敵進退維谷，三百餘人生還者不及十分之四，時敵方大砲，正隆隆然掩護大隊步兵五六百前進，我乃藉敵屍爲障，與之迎戰，敵彈皆着其死屍，而我軍則彈無虛發，戰至五時許，敵終不支，被我擊退。

一日晚我軍因敵已在瀏河楊林口方面登陸，威脅我軍左側背，我軍因地形及戰略上之關係，遂决計退守第二防線。於是晚當我軍各路擊潰敵軍之際，下令各路從容撤退，至二日晨我軍各路俱已安全撤完，即輜重物品亦未遺棄絲毫，而日軍猶在夢中，拂曉時猶以大砲向我舊陣轟擊，歷時甚久，始察覺我軍業已退去云。

二日晨敵以大隊騎兵，向我新陣地側面進攻，我軍先以大批洋油箱滿儲火藥，佈於陣前，敵騎兵到時，觸箱火藥爆發，響聲大作，敵騎驚恐，向後奔潰，一時陣線大亂，我軍乘勝出壕追擊，斃敵甚多。

自我軍第一道防線總退却令下後，孤軍苦守吳淞砲台之要塞司令譚啓秀，及旅長翁照垣，决心堅持到底，與敵作殊死戰，日軍於二日午後二時許，先派飛機迴翔天空偵察，二時半淞口日艦齊集向我砲台環攻，至傍晚始息，我軍亦以野砲機關槍步槍還擊，約一小時敵未得逞。

三日晨敵又大舉來攻，轟炸機多架，在砲台上下接連用高性炸彈猛轟，日艦亦以五英寸大砲集中砲火向我攻擊，我守軍竭力抵禦，七時日步兵一隊由大砲掩護渡蘊藻浜分四路向砲台進攻，我軍衆寡懸殊，然猶拚死在火燄中殺敵，砲中敵攞渡船一艘，死敵多人。惟我軍以衆寡懸殊，爲避免重大損失，遂整隊沿蘊藻浜西退，以與瀏河方面我方大軍，切取聯絡云。

眞茹南翔一帶三日仍有劇戰，砲聲槍聲，繼續不已，尤以上午五時左右爲最劇。

▲我軍退守第二防線之原因

此次我軍扼於事實，不能不退守第二道防線，待援反攻，此在抗日意義上，誠爲憾事。實則勝負軍事之常，一時之利鈍，固無關全盤之勝利；且抗日鬥爭，尤貴持久，吾人當努力於最後勝利之爭取，一時之進退，初無足縈懷也。但全國民衆，愛國情殷，同仇心切，見國軍之退守，多咎政府坐視不援，致遭敗創。實則此次國軍之退守，事實上確有不得已之苦衷。特以事關軍機，政府當局雖怨尤叢集，亦未便有所表白。今事過境遷，此間原因，當可大白。茲將退守情形，彙述爲次，俾明究竟：

我軍退守後，十九路軍後方辦事處宣傳主任王志遠卽發表關於變更戰略原因之談話：（一）瀏河敵軍壓迫我左翼，爲變更戰略起見改移防線。（二）日軍以銳利軍火對我作猛烈壓迫，我不願作無謂之犧牲。（三）江灣大場死屍太多，軍士易於致病，房屋盡燬，無險可守。（四）開戰時敵軍祇千餘人，嗣陸續增三師團，近復又增二師團按日增加人數達六七萬人，我以寡敵衆，殊非得計。

前方將士沉痛通電　第十九路軍二日通電，述我軍不得已，將全軍撤退第二防線，從事抵禦，原電如次：中央黨部國民政府鈞鑒，各報館全國民衆均鑒：我軍抵抗暴日，苦戰月餘，以敵軍械之犀利，運輸之敏捷，賴我民衆援助，士兵忠勇，肉搏奮鬥，傷亡枕藉，猶能屢挫敵鋒。日人猝增援兵兩師，而我以運輸艱難，後援不繼，自二十一日起，我軍日有重大死傷，以致傾全力於正面戰綫，而日人已一師之衆，自瀏河方面登陸，我無兵抽調，側面後方均受危險，不得已於三月一日夜將全軍撤退至第二防線，從事抵禦。本軍決本彈盡卒盡之旨，不與暴日共戴一天。泣血陳詞，倘祈鑒察！蔣光鼐，蔡廷楷，戴戟，暨全體將士叩冬（二日）。

十九路軍暨第五軍將士，三日又發表沉痛通電如次：洛陽中央黨部二中全會國民政府軍事委員會鈞鑒：各院部各省市政府各級黨部各總指揮各軍長各團體各報館全國同胞鈞鑒：暴日縱兵遼瀋，轉寇東南，我十九路軍奉命守土，作緊急之自衞，與之相搏於滬瀆者一月有餘。最初與敵之海軍陸戰隊及先到陸軍鏖戰二十餘日，殺傷過當，敵不得逞，而其第二批陸軍運到，我駐在蘇浙之中央直轄第五軍兩師，亦加入作戰，相持者復一旬，殲敵者又六七次，彼虜仍不得逞，最後乃以其白川大將率領兩師團來，而我始終在戰場者僅五師爲數不滿四萬敵則加倍於我，彼虜一面講和形式，詭商停戰欺騙國聯，一面以一師加入正面，一師由瀏河附近登岸襲我後路，使我腹背受敵，而我軍運輸困難，濟師不及，不得已乃於東夕奉命將前線陣地放棄，爲戰略的撤退，再圖反攻，此我十九路軍第五軍一月以來與敵苦戰之經過情形也。夫暴日挾其既定整個之計劃亡我，我非全國動員，以極大之決心，作普徧之奮鬥，不能得最終勝利，我十九路軍與第五軍孤軍抗敵，本非求一隅之勝負，與彼虜爭一日之短長，乃欲以此僅存血肉供救國犧牲作同胞馬前之導卒耳。自政府遷洛，已決定長期抵抗政策，我全國軍民，正當秉承此旨，一致奮起，雲蟹響應，此仆彼繼，勿以滬海偏隅之進退爲念，勿爲敵人分化之詭謀所中，尤望我東北同胞，懍灼膚之痛，急起遺兵，收復失地，使敵備多力分，我十九路軍第五軍當竭此未盡餘勇，與強虜作最後周旋，藉收夾擊之效，土耳其若戰三年，卒大破希臘十五萬軍，轉敗爲勝，杜爾斯窪一小部族耳，亦能苦戰三年，不稍屈服，況我以二萬萬方里之國，四百兆人民之衆，果能全國一德一心，不殲此跳梁小醜，吾不信也。朝鮮之亡也，猶有陸軍數萬，卒被日人解散以盡，今我國現頹之兵，統計不下百餘萬，與其待國亡後供人宰割，何如及此未亡之時，作一光榮之犧牲，牽牛釁鍾，未死猶知觳觫，執豕於牢，其羣亦見羸逐，此次暴日蹂躪上海，大砲炸彈所至，廬舍丘墟，死亡枕藉，孑遺黎民，莫不同仇敵愾，不聞怨聲，此等悲壯之劇，可泣可歌，國土猶是也，人民猶是也，苟一旦主權既失，寄生命於仇人之手，其慘狀又當何若耶！故願我全國父老子弟毋亡閘北江灣，全國軍事領袖毋亡朝鮮，今日之東三省，暴日向國際公開宣傳，詆我爲非有組織之國家，即謂我國人不知鴒原急難，擊首而尾不動，可以各個擊破也，倘我全國軍民猶以巢幕遊釜爲安罔懷之義，忘同室之纓冠，作鄉鄰之閉戶，是終爲見仇者所快，而爲見愛者所屏矣。我十九路軍第五軍亦惟有收合餘燼，背城借一，事之不濟，則從魯連於東海，以謝我炎黃祖宗在天之靈，不願爲亡國之民也。敢曰乾時之戰，雖敗猶榮，倘幸即墨不亡，侵地終反，擐甲哀鳴，淚盡以血，惟我同胞實昭鑒之，總指揮蔣光鼐，十九軍軍長蔡廷楷，司令戴戟，第五軍軍長張治中，暨各師旅團長同叩江（三日）午。

我軍全師而退原因　1.關於此次全師撤退原因某高級長官曾發表宣言曰：此次在上海四週作戰之我軍，業已全師撤至第二道防線，此舉乃基於以前之決定，而此決定之執行，不過一時間問題而已。此種戰略上之撤退，實由於第一線之作戰，其便利盡屬日方故也。蓋我軍之原有防線，閘北至吳淞，並非一軍事防綫，其所以採取之者，僅因政治地位之重要耳。請言其故　（一）原有防線無攻勢之可能，此則我軍不願攻擊公共租界，雖公共租界已爲日軍用作軍事根據地，而我軍仍不願攻擊。（二）原來防線與滿布日艦之黃浦江成平行線，故該線常爲日方重砲火力所威脅。（三）在上海四週之我軍數字上雖與日軍約略相等，但因運輸之缺乏，實際上僅能用兵半數於戰場，此因我國之抗日既係舉國一致之行動，而日海軍復完全控制黃浦江及揚子江，故我軍勢必分佈兵力，於受日軍威脅之各地，因此我軍之集中於第一道防線者，決不能如日軍所能遣來上海者之衆。（四）所有公共租界之馬路及吳淞上海間之汽車路，均在日艦來復線之內，且爲日方所佔有，日軍利用此項道路，易於使用坦克車鐵甲車及重砲，而我軍則須往來於泥濘滑途之中，以取得後方之接濟，且因日軍控制揚子黃浦兩江，我前線乃易爲其登陸軍隊任意襲攻，至日軍不惜鉅大犧牲，從事於徒勞無益之正面攻擊適足見其缺乏戰上之知識。蓋彼若在黃浦江揚子江沿線任何一處上岸，則我軍爲避後防之切斷，勢必早已撤退矣。現日軍卒遣一師團在瀏河登陸，於是我軍乃不得不自動退守第二道防線。我軍玆已達到第二道防線，日方以前之利益，乃因之盡得其反。蓋日軍此後之動作，既須遠離軍艦之保護，而其坦克車重砲，又無大道可資輸送，且其兵士之一切行動，自必遠距其根據地，因而失其掩護，至於我軍則後防既得保護，此後每一行動，將較近根據地，因而軍實援軍，易於到達，且可盡得地理上之一切利益。目下全世界所屬目者，厥爲第二步將如之何之一問題。我政府决不與日本簽定任何損害國家主權之協定，此已充分明瞭，毋庸贅述。今後日軍如進而攻擊我之第二道防線，則我必起而抵抗，設因其人數軍備之優越，致我被迫再退，則我亦必向之再度作戰。總之，現在距戰爭之終點尙遠，戰爭實正在開始進行中，月餘以來，我國軍隊對抗日軍武力毫無畏懼，日軍携有坦克車，飛機，野砲，最新式之重砲，凡人類知識所造之器械，無不應有盡有，而我國軍隊祗有步槍及機關槍以抵抗日本之激烈砲火。據某外國武官言，戰場之上，缺乏戰爭之嚴厲實情，有如假戰，蓋所有砲火，俱由日方發出，中國大砲，均被日機炸彈轟毀，中國軍隊祗有靜居壕內接受大砲砲彈，及日機炸彈，必俟砲火已停，日軍出而衝鋒時，始能以步槍機關槍應戰，上海附近戰事，業已證明兩重要之事實：(一)證明日本海陸軍可畏之作戰能力，不過一種紙老虎，業經揭破。(二)證明日本每盡量宣傳，每曰世界均飽贊日軍個人之英勇，及日軍之英勇。因其有多數之飛機坦克車海軍砲火之協助之種種優勢，在如斯軍隊之中，倘有個人英勇可言，當用之於比較高尚之主義，至我軍之英勇，皆由外人眼見所傳述，毫無偏袒於其間，蓋中國軍隊並不僅以個人英勇見長，全軍均英勇奮發，無一例外，數萬健兒，誓保國家之榮譽，不惜以血肉之身，抵抗新式戰器，誰謂如此英勇之民族，能終於失敗耶？

中央應援滬戰及前線退守情形　中國國民黨四屆二中全會之軍事報告，對於此次滬戰徵調援軍後事實上不得已之退守情形，頗爲詳明扼要，玆節錄爲次：

本黨第四屆中央執行委員會第二次全體會議集會於行都，吾人追維過去，自一中全會閉幕迄今，爲期不過兩月，而在此最短之期間，外侮內憂，交相煎迫，吾人之所昕夕努力奮鬥者，亦卽爲對日抵抗與淸剿赤匪二事。關於剿匪軍事，因最近受對日軍事影響，致令預定整個圍剿計劃，尙未按步實施。玆謹先將關於對日正當防衛之軍事經過情形，撮要報告於後：一二八滬案爆發以前，我淞滬駐軍原僅步兵一旅，自日本陸戰隊以砲火飛機開始向我襲攻，乃不得不令前方步隊盡力抵抗，一面調集京滬沿線分駐南京，鎮江，常州，蘇州，崑山，南翔各地十九路軍，相機援助，又令口團歸十九路指揮，以資策應。二月四日由軍事委員會劃分全國爲口防衞區。（中略）一月底我淞滬註軍屢擊退日陸戰隊，日方乃增調陸軍來援。其時我軍亦令口口口師主力，由口口向口口集結，又令口口師限五日以前集結蘇州崑山一帶，口口部開赴口口及口口鎮一帶，歸十九路指揮。嗣後均陸續開赴前方增援，又令駐在口口口口口口口勦匪之各種戰鬥驅逐飛機隊，速集口口待命。二月初並由口口抽調口口口口口及口口口口由口口抽調第口口第口口全部第口口口之一部，及口口旅分道往援。時日方以野村迭次敗北，另令第九師團長植田爲指揮官，統率陸戰隊一萬二千餘人，十二師團約一萬一千餘人，及兵艦數十艘飛機百數十架，挾其陸海空軍暴力，迭向我閘北江灣廟行吳淞各陣地及各要塞地帶急攻，終未得逞。同時我航空隊亦對其到處示威之飛機，竭力抵抗，並一面電調口飛機隊一隊經口口口口轉往口州相機助戰。二月十五日爲指揮便利起見，口口口爲第五軍軍長，指揮第八七第八八兩師，並率口口口口直屬之口口總隊，口口口口口之山野砲隊口口口口之地口隊等，趕赴前方增援十九路軍。二月十八日英國公使約同中日雙方在滬軍隊最高司令部參謀長會談和平辦法，但日軍非徒毫無誠意，其植田司令且向我十九路軍蔡軍長提出通牒。（中略）此種無理要求，我國斷難承認，故自二月中旬以來，吳淞江灣廟行鎭一帶，已入激戰現態中。賴我將士忠勇抵禦，對於暴行日軍，迭加痛擊，使其不得越雷池一步。計自日軍在滬開釁一月之間，被我擊毀其軍艦飛機，奪獲其唐克戰車及槍砲甚多，日軍傷亡聞達萬人以上。日人不知悔禍，於屢戰失敗後，又復電其本國，加派援軍。據報其十一師團十四師團已陸續輸運到滬，並派來陸軍飛機甚多，對我京滬路之蘇滬段及滬杭之滬嘉段，實施轟炸，企圖破壞我交通，斷我接濟。其新到陸軍，亦藉海空軍之掩護，從瀏河附近之楊林口七了口等處登陸。我軍爲預防日軍抄襲側背，已於本月一日晩間自動安全撤到南翔嘉定之線。總之我全體將士抱定持久抵抗不死不休之决心，日人縱極強暴無理，我軍終不甘於屈服，公理正義之最後勝利，必仍屬之吾人。惟亦有賴於全國民衆一致奮起，以作黨國之後盾耳。（下略）

綜觀上述情形，可見此次淞滬國軍之退守，實有事實上不得已之原因，初非如時人體測，與道路流傳之所云。而所以形成此種事實者，實由於交通之遮阻，與赤匪之牽制有以致之耳。蓋自滬變以來，敵軍兵艦，密布內河，敵軍飛機翺翔上空，水道被其威脅，鐵路被其破壞，應援部隊，須紆迴繞道，致坐失時機，此其一。國軍大部，執役贛中，兜剿赤匪，不易抽調，即應徵之師，亦每受牽制（如蔣鼎文師，預定二月二十四日以前，可以達到前線，卒以赤匪牽制，中途折回，至三月五日始趕到一部。），不能按時趕到，此其二。有此兩因，故不得不退守待援，以策萬全。至國人之責難，原於救國之良心，固所不免；而政府之苦衷，扼於事實之壓迫，亦當見諒。於此，可見攘外必先安內，所以政府於抗日之中，大舉剿赤，期絕後顧之憂，以貫抗敵之志。此種計畫，尤望全國上下共同協助者也。

我軍自退守後，即扼守黃渡太倉之綫，待援反攻；敵軍則以瀏河至嘉定爲第一防線，嘉定至南翔爲第二防線，南翔至閘北爲第三防線，掘壕備戰，不遺餘力。唯自滬戰發生以來，國際聯盟會，疊勸停戰。駐滬英美等國領事，亦從中調停。三月四日國聯大會且有停戰之決議，英美等國公使更出面斡旋，故敵對空氣，爲之和緩。且此次滬戰，我方意在抵抗，初非宣戰，祇須敵方退兵，衝突卽可停止。故自國聯決議停戰後，我十九路軍總指揮蔣光鼐，卽鄭重勸告，於六日電令前線將士云：『現在國聯已經決議，請中日兩方實行停戰，自應依照辦理；倘日軍不向我攻擊，我亦不向敵攻擊，若日軍違背國聯決議，施行攻擊，我軍仍須抵抗，仰各將士一體遵照，總指揮蔣光鼐魚（六日）印。』

同時敵軍經四十餘日之苦戰，知我軍精神，不易輕侮，且鑒於國際輿論之惡劣，亦不敢深冒不韙。基於上述原因，故迄至停戰協定簽字之時，前線方面，除間有步哨之接觸，及小部分之衝突外，雙方均在嚴密警戒中，無重大變化也。

三、我軍抗戰之奮勇

一、我軍將領抗敵之壯烈表示

▲犧牲至一人一彈絕不退縮

事變之次日蔣光鼐等發出通電云：中央黨部，國民政府，各院部會，京滬衛戍司令長官，各級黨部，政府，各軍師旅團長，各報館全國國民公鑒：暴日佔我東三省，版圖變色，國族垂亡，最近更在上海殺人放火，浪人四出，極世界卑劣兇暴之舉動，無所不至，而砲艦紛來，陸戰隊全數登岸，竟於二十八夜十二時在上海閘北，公然侵我防線，向我挑釁。光鼐等分屬軍人，惟知正當防衛，捍患守土，是其天職，尺地寸草，不能放棄。為救國保種而抵抗，雖犧牲至一人一彈，絕不退縮，以喪失中華民國軍人之人格。此物此志，質天日而昭世界，炎黃祖宗，在天之靈，實式憑之。十九路總指揮蔣光鼐，十九軍軍長蔡廷楷，淞滬警備司令戴戟叩豔(二十九日)子印。

▲一卒一彈猶存暴日決不得逞

暴日單獨致通牒於我軍後，我軍事長官發出通電云：國民政府各省軍民長官全國民衆：暴日蔑視我國家政府，以挑撥造謠之卑劣技倆，違反通例，單獨致本軍以蠻橫之最後通牒，本軍惟有以鐵血答復之。軍人報國粉身碎骨，是分內事，大戰開始之日，即本軍授命之時，使一卒一彈猶存，則暴日決不得逞。惟願全國朝野上下，人人懷必死之志，引偷生苟免為無上恥辱，團結一致，前仆後繼，則本軍之犧牲為不虛，伏屍流血之戰士，必含笑於九泉矣。第十九路軍總指揮蔣光鼐，軍長蔡廷楷，淞滬警備司令戴戟，師長沈光漢，毛維壽，區壽年，副師長李盛宗，張炎，譚啓秀，旅長劉占雄，鄧志才，張勵，翁輝騰，黃固，曁全體官兵同叩號。

▲誓以最後一滴血洒在黃浦江頭

十九路軍全體將士，鳴謝各界云：暴日入寇東省，我國隱忍退讓，以謀和平正當之解決。不料敵方以得寸進尺慣技，復大舉入寇淞滬，敝軍守土有責，爲正義而自衞，兩旬以來，敵以雄厚之援軍，挾犀利之巨砲，結果迭遭慘敗，不得一逞，此乃強甚則折，不義自斃，非敝軍所能貪功也。邇來迭接各界同胞函電，或予精神上之鼓舞，或予物質上之補助，熱情俠骨，益增感奮。祇以惡敵未平，軍書旁午，無暇一一覆謝，敝軍將士，誓以最後一滴之血，洒在黃浦江頭，以副我愛國同胞之期望，堅持此志，以當謝忱，枕戈陳詞，諸希察照。十九路軍全體將士敬啓。

▲願全體犧牲以作民族生存之代價

京滬衞戍總司令長官陳銘樞爲滬戰發表如次之談話：余可代表該軍全體將士一言。該軍秉正當防衞，不以尺寸土地授人之本旨，人懷必死之心，願全體犧牲，以作民族生存國家復興之代價，始終一貫服從中央政府，保持氣節，以克盡軍人報國之天職，此外不知其他。余又敢謂該軍不論遇如何侵犯我國土地之強敵，決不畏懼，雖至數犧牲，亦決不離開京滬線上。余深信其他各軍，亦都抱同樣的精神與志節，且爭願効命。中國物質科學，雖落人後，然地廣人衆，且係農業國家，只恃此民族精神，以死衞國土，自必能於長期奮鬥中求得最後之勝利云。

▲準備以全體將士熱血遍洒淞滬

十九路軍總指揮蔣光鼐軍長蔡廷楷已向外界表示，日本此次侵略中國，蔑視公理，辱我國體，本軍爲擁護世界和平而戰，本軍爲國家之軍隊，準備以全體將士之熱血遍洒淞滬。和平固本軍所擁護，但有損及我國領土主權國體人格之一者，決不讓步，無論國內如何變動，或當局如何應付，吾人必盡責自最後之一呼息，以保我領土主權，國體與民族之精神，此可爲我全國同胞告者也。

▲盡力守土挫敵決不退讓

某記者晤蔡師長廷楷，蔡稱：余將盡力守土挫敵，卽僅剩一兵一彈，亦不退讓，但請君宣告世界，余僅作自衛行動，非爲侵略而作戰云云。記者復以日軍擬增兵來滬之消息詢蔡氏，蔡不動聲色，從容答稱：甚佳，甚佳，最近之戰事，形似兒戲，我軍均感沉悶異常，如有眞實之作戰機會，誠求之不得耳！華方士卒，急欲得一眞實作戰機會，前此之戰事，誠如野外尋獵耳！

二、我將士臨陣之神勇

▲重傷兵士扼死日兵

據由滬來京者談：日軍在滬作戰，完全利用新式槍砲，欲以砲火力量，戰勝我軍，但我軍誓以必死之心，與敵周旋，故能迭獲大勝。彼在滬目睹十九路軍之奮勇殺敵，實爲空前所未見。二日下午，北河南路附近，有十九路軍上士一名，在該處前哨，適日兵有二人突攻其後，並用槍射擊，彈由胸入背出，當時傷重倒地，該日兵復以刺刀刺其腹部後，始膝行前進。詎知我傷兵並未死，當力疾爬起，追獲該日兵，以手力扼其喉。該日兵卽氣閉身死，我軍亦因傷重身死。此事已傳遍上海歐美各國僑民口中，無不驚相駭訝，深贊我十九路軍之勇氣，爲世界最具勇敢精神之軍士云。

▲神勇大刀敵爲胆寒

日軍最畏我軍大刀隊，每遇着時，卽相率潰退，因我大刀隊具有特長，動作尤爲敏捷，每能以少數衝鋒，而斬殺多數日軍。一日寶山路，有日便衣隊及陸戰隊四百餘人，爲我大刀隊五十餘人包圍，斬殺過半，其餘悉成俘虜，英美軍隊，亦多稱贊不止。

日軍見我軍之大刀隊，咸甚畏懼，前日滬上下雪，我軍大刀隊衣白衣向雪中滾去，迨至近敵人左右，一刀斫去，敵均猝不及防，死於大刀隊者，不可數計，最近日軍以石灰拋擲，但我國商店，均不出售，且我軍大刀隊對目部有縝密保護，日軍計不獲售，故每臨陣線，輒以大刀隊爲憂，甚至未見我軍卽行放槍，其一種懦怯狀態，實已喪失其戰鬥力矣。

▲受傷軍官蟠腸大戰

滬紅會救護隊運回仁濟醫院醫治之某軍官，浙江杭州人，於二十一日下午二時許，與日軍肉搏，被日兵刺刀戳傷肚腹，大腸流露於外，血如泉湧，某軍官仍揮刀衝殺，砍斃日本軍官一人，日兵二人。當時某軍官用九龍帶束縛傷口，親自掬腸納入腹中，兩手沾血，衣袖盡赤，大聲呼殺，一躍而前，日兵驚爲天神，望風披靡。部屬見長官盤腸大戰，都精神奮發，以一當百。軍醫見某軍官血流過多，強拽入救護車，載送後方醫院。某軍官在病車中，猶欲掙脫軍醫之手，上前線作戰，及至醫院，仍復喊殺不已云。

▲志切殺敵但求速愈

一月二十八晚閘北之役，第七十八師一五六旅第六團第一營有一班長潘德彰，被彈中頭部後，即退下自解脚綁纏裹，復上前線攻擊殺敵，勇敢之氣，並不因受傷而稍懈。第二三兩營，被微傷手部脚部者十餘人，兄弟均命救護同營敷藥，他們均言須每人擊斃日軍十名後始返，故士氣憤激，確甚難得。現後方傷兵，每日仍頻催醫官，趕快療愈傷處，急欲復至前線殺敵。

▲排長斷臂高呼殺敵

八字橋之役，有一排長見敵軍衝來，在槍林彈雨之下，左腕中一敵彈，但仍以盒子砲還擊，鮮血滴滴，灰色軍服，變成紅色，醫官見之，皆爲包紮，勸退後方，排長不允，仍伏沙袋下禦敵。未幾，被敵砲轟去左臂，彼時方被救護隊救至後方。臨去大呼，「

兄弟們！努力殺敵！一會再見！」排長言罷，聽者皆爲感動，殺敵益勇。

▲人民口碑爭誇勇士

據吳淞一逃難老者云：十九軍士兵，保國衛民，和藹可親，我家住楊行之東，離吳淞火線不遠，當日艦開放大砲時，士兵輒向老百姓安慰云，這種大砲，不過嚇嚇人，因爲他們不敢衝鋒，單靠大砲攻擊，想嚇退我們，但是我十九路軍兵士，身經幾十次戰爭，聽了砲聲，如聞爆竹，反而增加前線兵士的勇氣。老者言畢，舉起大姆指，向記者道，十九軍那麼温。（卽頂瓜瓜之意）

▲重傷官兵裹創再戰

連日吾軍士卒，受傷入醫院者，均願裹創口後，卽行出院，但爲院章所不許，堅不放行，曾有終日向醫士看護泣懇者。愛文義路惠旅病院院長語記者：院中傷兵數十人，（曾告以眞實姓名未能記憶）因苦無法出院，竟設法借得鄉人衣服，聲言回籍，請求出院，及出院後，竟赴眞茹向軍部重行補入前線。又訊：我第六十一師一二二旅某團某排長呂林開，曾於上月二十四日參加廟行鎭一帶，激烈戰爭，當於作戰時，受敵彈傷左手臂，事後經紅十字會救護隊車送後方醫院療治，在尙未痊愈時，突於院中得讀報紙，見小場廟竹園墩等處，連日以來，惡戰不息，於是向院長要求出院，前往參加殲敵。但院長因見其傷勢未愈，極力阻止。孰意呂排長不待院長之許可，私自搭救護車趕往前方，仍至本團參加戰事。經兩晝夜之奮勇殺敵，其面部下頰，又中兩彈，始又退回後方，車送醫院療治。

▲腮上中彈指揮若定

連日以來，日軍側重於猛攻吳淞，砲艦飛機來相威脅，但我軍異常神勇，如擊沉兵艦，擊落飛機，已司空見慣。當十日下午二時，敵人在江灣我軍正面用步砲聯合攻擊。至三時三十分，敵以步兵千餘人衝鋒，經我軍射擊半小時，敵已死傷過半。當時我軍有一丁排長，被敵彈擊傷右腮，立卽纏上繃帶，依舊奮勇指揮，不久左臂又受一彈。丁排長鄭重向兵士謂，反正我們要和敵人拚命的，再要不犧牲實在對不起自己的良心，卒將敵人完全擊敗後，丁排長始從容受救護者之醫治。當丁排長入醫院前，猶對士兵云，一兩日後，當再與敵人相見疆場，士兵聞之，咸爲之感泣。

▲浴血惡戰手刃三敵

記者昨往某醫院，得遇某師某連排長開封人常志語記者云：我軍在廟行與敵方鏖戰，已有數日，雖敵軍持犀利器械，向我方猛衝，但我軍士卒，人人具必死之心，竭力應戰，結果殲滅敵軍數千，獲戰利品無算，日軍幾潰不成軍。後於前夜開到大批援軍，一方復收拾殘部，併力進攻，至今尚在激戰中。昨晨拂曉，兩方正在肉搏，余即用刺刀，猛向一日兵腿部刺去，日兵負創而逃，睹見在側二日兵迎刃到來，遂即開放長槍二響，二日兵應聲倒地，嗣卒被身中二彈，一中左臂，一傷胸脯，不支而踣。當經同伴救起，由紅會車送來院醫治。然我已斃敵二人，刺傷一人，志願已足，雖死亦不足惜。如能在短時期內完我體膚，再上前綫，多殺幾個敵人，當更爲歡慰。記者聆斯語後，深佩常排長之忠勇，遂即慰勉至再，與辭而出。

三、外人及敵寇對我軍驍勇之讚譽

▲外人方面「犧牲精神即歐洲大戰中亦所罕見」

據西人方面消息，略謂此次日軍向華軍挑戰，日方早出驕矜誇大之詞，曾謂華軍不值一擊，日軍於數小時內卽可佔領上海全埠。不料事出意外，日軍連戰皆北，日當局更憤愧欲死，於是惱羞成怒，遂不惜孤注一擲，竟於昨日（三日）竭海陸空全軍之力，向吳淞砲台及閘北方面大舉進攻，但効力更等於零，且全軍大受重創，日艦一沉四傷。此種消息傳出後，不獨華人聞之悲喜交集，卽外人方面，亦同時感到愉快。於是留滬歐美各軍事家，乃組織一戰地觀察團，紛往前線陣地觀察。昨午觀抵江灣路，適該處戰事正烈，日軍以大批野砲及機槍向我軍防綫猛攻。我軍初僅回砲還擊，旣見日軍發砲勢若聯珠，我軍防禦物被燬數處，此時華軍非獨不退，反一聲喊殺，面迎如雨之砲彈方面，衝鋒而出，前仆後繼，勢如潮湧。結果，日軍大亂，紛紛丟槍棄砲而逃。是役華軍共奪得機槍十七挺，野砲七門，步槍子彈無數，然所受犧牲亦鉅。惟當華軍衝鋒時，不獨日軍望風披靡，旁觀者亦且驚心咋舌，悉認爲此種犧牲精神，卽歐洲大戰中亦所罕見，莫不驚歎我軍之神勇。

▲「鐵脚夜眼神仙肚」之三雅號

吳淞閘北大戰後，外國軍事家多人親赴前線視察，甚讚我軍戰略精奇，作戰勇敢。

華兵發彈經濟，且無虛發。更能耐勞，能作持久戰。且勇猛異常，每於戰壕躍出，大喝一聲，面迎槍林彈雨，衝入敵陣，敵則相驚大亂却走，卽吾輩亦爲咋舌。我軍勇敢善戰，無論中外人，均同聲讚美。現咸以「鐵脚」「夜眼」「神仙肚」雅號，稱我軍隊。蓋形容我軍善追奔逐北，能夜戰耐饑也。

▲發彈經濟能作長期困鬭

吳淞閘北大戰之役，有德國軍事專家多人，親赴前線視察，對於華軍之戰略，甚爲讚美，據其以私人資格向新聲社記者表示，外間每稱華軍體力甚弱，實際乃不然，曾以望遠鏡瞭望，親見一華人，能與數日兵肉搏，而其結果，日兵輒不敵。又華人發彈甚經濟，彈無虛發，日兵則不然，恃其軍火之充足，濫發子彈，並無準的，華軍極富於作戰能力，可作長時間之困鬥，自歐戰迄今，未見有如是能戰之軍隊。該德軍事家等又謂日軍槍械甚利，最適宜於示威，或虛張聲勢之用，惟作戰時殊不見高明，其步槍機關槍之使用，不及華軍純熟，擲手溜彈更不及華軍。

▲『中國軍隊乃一天然善戰之軍隊』

美國軍官白德來陸軍少將，今日語人云：日本轟炸閘北係大錯誤，因非必要之舉。又稱「中國軍隊係一天然善戰之軍隊，祇要有相當組織，卽可與無論何種軍隊作戰」。又蘊藻浜之役，華兵竟敢冒猛烈砲火，突越過蘊藻浜，向日兵陣地進攻，外人對華軍之勇敢，咸表驚愕，以在日軍海陸空軍激烈攻擊之下，而華軍竟能越過蘊藻浜，咸認爲大可讚美云。

▲「最後勝利必屬中國」

美國某軍官曾參加歐洲大戰，日昨與記者談及上海中日戰事，據其觀察云，現十九路所作戰壕，極其奧妙，無論用如何利器，决難攻入。日本之砲火，祇能毀壞民屋耳。且日人所用砲火，成本極貴，大約中國人祇費三角錢所築之戰壕，日方非用日金千元之砲火，不能攻破。至於兩國步兵之戰鬥力，則華軍一人所守之地，日人卽以十人攻之，亦嫌不足。果使中國軍隊一心一德，堅持到底，不以常勝而驕，不以偶敗而怯，則最後勝利，必屬諸中國云云。

▲步槍擊落日機爲歐戰中未有成績

據美領館中人語記者云：此次華軍以步槍擊落日機十餘架，外人莫不一致稱頌，爲歐戰所未造成之成績。

▲負傷作戰神色自若

大美晚報云：星期日有在北站第八號鐵門旁放哨之美兵，述一華兵神勇事，據稱：當星期六之晨，界路附近所駐日兵，向界路中國兵陣線攻擊，華兵所設鐵絲網爲炮火所損，卽有一少年兵士，自陣綫躍出，加以修理，當爲日兵瞥見，立開機關槍掃射，其人應聲而倒。但倏忽之間，復有第二兵士自沙袋後飛奔而出，匍匐前進，欲曳回同伴，無如敵方機關槍猛烈，背上衣服立爲子彈所洞穿。該兵見情勢危險萬分，急奔往附近烟紙店內，其地當兩軍陣線之間，但爲日方子彈所不及。該兵雖稍負傷，而神色自若，見其安坐洋台，靜觀作戰，並開留聲機以自娛，於是歷二十餘小時，迨至深夜，始乘間匍匐奔回本陣云。

▲騎兵驍勇攻擊敵陣

上海泰晤士報載，二月九日午十一時華軍由江灣方面進攻，日陸戰隊第六營聞警赴援，尚未達最前線，忽有華驍勇騎兵數百，挺力疾馳而進，陸戰隊開機關槍，但騎隊仍挺進，躍過日軍前線沙袋防禦物，袋後日兵死傷奔逃，陸戰隊被衝散，乃分結方陣，各自爲戰。激戰兩小時餘，日軍用大砲飛機助戰，華兵始退回防地。此役極令日人驚訝，日軍官對以騎兵隊攻擊機關槍陣地，尤覺駭異云。

▲空軍抗敵技巧驚人

又該報記載，我飛機於低空中追擊日爆擊機時之靈活，致日機狼狽而逃，亦示讚許。有身經歐戰之三西人，目擊此戰，謂前見空中戰鬬多次，然無如此次兩機對戰情景之驚人者云。

▲戰鬬力之強非世界始料所及

倫敦二十四日每日電報社論稱，上海三日來之大戰，中國軍隊已負戰勝之光榮，中國軍隊戰鬥力之強，皆非世界始料所及。故上海之戰事，爲中國恢復榮譽不少，並足以表明中國爲能自衞之國家。又路透電稱：外人目睹前方中國軍士之作戰者，皆盛讚華軍之勇敢忍耐及決心，因日軍器械較華軍優良數倍，而華軍仍以不屈不撓之精神，與之周旋，殊堪讚佩。

▲光榮防禦足使日本威名掃地

大陸報云，此間昨日接紐約電，謂紐約講壇報昨日有社論，讚美蔡廷楷將軍及十九軍全體將士，謂其作戰之力，足以使日本改變態度，趨向和平。該報謂蔡將軍之光榮的防禦工作，予日本軍閥以展覽世界趨勢之機會。此種趨勢使日本威名掃地，而同時又使世界輿論灼知扶助美國國務卿史汀生之宣言爲不謬。上海戰事，無論其最終結果如何，其最令人注意者，卽華軍已有充足之抗拒力，蔡將軍已將軍隊中所不可缺少之本質，盡量補充於中國軍隊矣。

敵人方面

▲華軍不把日軍放在眼中

日本報知新聞十八日載上海大襯特派員電云：自一月念八日夜半衝突以來，中國軍究竟死傷若干，絕難查訪，但中國正規兵之夜襲反攻，便衣隊之機敏狡猾，以及十九路軍的猛烈抵抗等，與我輩（日人）在未戰以前所預料「支那兵一戰卽逃」的觀念，適成反比例。故予就其原因，特加研究，原來中國南方之軍隊，皆不明日本兵之威力，而指導彼等之將校，又藐視我國(日本)之海軍，甚至將日本兵不放在眼中，此是中國將校一種錯誤的優越。然則推究其所以如此者，率因中國的十條軍隊教育精神，有以造成者也。卽一，不怕死，二，不貪財，三，要耐勞苦，四，愛名譽，知恥辱，五，嚴守三民主義與紀律，六，犧牲私見，七，愛護人民，八，忠實職務，九，團結精神，十，絕滅殺人放火的共黨，打倒帝國主義。以上十條，每日由將校口授兵卒，中國兵熟諳牢記，因此各兵士均能奮勇上前，與敵軍對抗。所以今日吾人不但不可輕視其軍隊，且甚可供我軍（日軍）之參考耳。

▲閘北堅固戰壕爆彈失其作用

據本月十二日日本大阪每日新聞上海十日電稱：閘北戰線，亘二英里之長，日軍至本日(十日)止，已歷十一日間，用大砲飛行機等，無間斷的加以爆擊，致使該處殆化爲可怖之廢墟。然頑強之華軍，仍固守原陣地，繼續抵抗，晝間絕不露面，一至夜間，則出而襲擊日軍。華軍陣地，實爲照近代戰術所築成之半永久的塹壕，其構造之複雜與堅牢，宛如歐洲大戰當時法國戰線之塹壕，全屬地下的戰爭。自第一線第二線第三線以迄第四線，隧道縱橫如網。其第一線之塹壕，寬八尺，深八尺以上，蓋以鐵板與沙袋，取所謂畢爾波克斯防禦方法。即遇大砲之直接轟擊，或多少之爆彈，殆不感多大損害。其現於地面者，僅有野砲之砲身，而其上部亦覆以堅固之鐵板，防飛機襲擊。可畏之機關槍槍口自無數砲眼中，向外簇指，舉凡機關槍射擊，白兵戰之動作，手溜彈之投擲等方法，以至陣地攻防之作戰等，無一而不爲中國軍隊得未曾有之純德國式戰法云。

▲中國軍隊作戰堅勇出乎意外

據日軍司令部之發言人報稱：中國軍隊抵禦之堅勇，出乎意料之外，日軍自言其混成旅與第九師團頗受損失。惟八英里長度之陣線上，日軍傳已前進約一英里。日軍第七營與其右翼所遇中國軍隊，抵抗之猛，更較以前爲烈，故日軍傷亡尤衆。嘗有中國軍隊一百，因後路截斷而被圍，匿於村落間，日軍以爲必且投降。不意圍兵從事於肉搏，將日軍困持竟日，所有通至跑馬場之各路，均爲匿藏之兵用步槍機關槍掃射日軍行過，多有死者，故步軍惟有跋涉田野而過。一路常見日兵死屍，日軍卒以損失太甚而不前，更用過山砲轟擊云。

▲華軍士氣旺盛令人望而生畏

日本報知新聞十七日號外載聯合社電云，坂井少尉指揮下之將校步哨兵，乘十五日黑夜，由我吳淞最左翼線（日軍陣地）出發，在東家宅附近詳細偵察敵陣狀況，就敵軍（我軍）之猛烈發射情形，仔細觀察，實爲可驚。至十六日未明，偵察完畢，歸隊報告云，在饅頭山有一等兵莊野屋實，（日兵）彈貫胸腹，已無可救。是時記者亦在最前線詳細偵察，眼見敵之有力大隊渡吳淞河，聯絡其他部隊，以距離西方約距二千米突之楊宅爲中心，前後左右，皆建築強固之陣地，並於各陣線，架設百連發之機關槍，且由右側陣地至對岸東家宅吳淞河浜之砲台，作長蛇形。敵兵充滿陣地，士氣旺盛，予（日記者）望而生畏，魂胆俱裂云。

▲華軍大胆勇敢使日軍驚呆不堪

日文報時事新報十二日云：日來敵方（指我方）便衣隊仍甚活躍，不持武器彈藥之義勇軍，竟敢與我（指日軍）陸戰本部距離不及一站之處出沒挑戰，其大胆勇敢之行動，我軍（日軍）亦驚呆不堪。

▲蔡廷楷爲中國不可多得之將材

日文報大阪朝日新聞云：此次上海事變，中國之新英雄蔡廷楷，實爲不可多得之將才。蔡現任第十九路軍軍長，年未四十。蔡本爲陳銘樞部下，現率領六十師六十一師及七十八師，在上海附近與我軍（日軍）交戰。蔡之軍隊，在南方爲最可怕之常勝軍，其必勝日本軍之心甚強。目下中國人幾崇拜若軍神，因皆樂聞其每日戰勝日本軍之事。總之中國軍中，有此奇特勇敢之軍隊，能與我軍（日軍）頑強對抗，而不畏我軍（日軍）之猛烈轟擊者，實所罕聞。最可怪者，當本月三日，眞茹十九路軍司令部時，召開軍事會議，有力主停戰，中止攻擊，而蔡竟非常憤慨，獨唱非戰不可之說云。

又日本名古屋新聞載稱：「敵之七十八師爲中國兵最勇敢的部隊」，我軍（日軍）因未諳市街戰爭，損害甚大。査敵軍（我軍）七十八師，原爲中國軍中最勇敢之部隊，且敵將蔡廷楷，對於我軍（日軍）嘗以拚命的頑強抵抗，以致我國連日攻擊，卒難奏效云。

▲中國軍隊之精勇致勝實難

日本時事新報稱：我政府(日政府)軍部以及國民對於中國軍之實力，以及市街戰之情形，似尙嫌無切實之認識，或者尙存有明治念七八戰役之記憶，及滿洲野戰之經驗，以爲上海敵軍可以指日掃蕩。至我軍(日軍)之精銳，固不待言，然十九路軍決非龍旗辮髮之軍隊可比。江西掃共之役，有戰事實地之經驗，有鐵軍之稱，且尤有須注意者，卽爲中國國民思想之覺悟，以青年男女爲尤甚，對於軍隊物質上及精神上之援助，此乃明顯之事實也。對於敵人，(中國)我國(日本)政府軍部及國民以一九二七年來南京路等事件之印象，於敵之實力評價不免過小。而我(日)陸戰隊對於市街戰毫無經驗，欲其致勝難矣。且記者深疑我當局太輕視十九路軍之實力，然此或爲我不遜之想像，且或無輕視之理，且須重視。以國際都市戰之關係，亦不得充分進展，其戰備如此解釋，或較妥當。要之事實上之結果，頗予吾人以輕視之想像，是否如此亦不遑多言也。

四、日寇焚殺淫掠之慘酷暴行

自上海戰禍發生，日兵及日僑在上海之焚刼屠殺，實震駭世界人士之耳目。月餘以來，無論中文外文報紙所載，皆日寇殺人放火奸淫擄掠之慘酷暴行，如飛機之肆意炸焚民房，日兵日僑之恣意捕殺華人，貫胸剖腹，剜眼割乳，截足斷手之慘事，紀不勝紀，凡此種種震駭聽聞之殘暴蠻行，早已澈底暴露其所謂現代文明國家之猙獰面目，英國某黨領袖斥暴日爲國際強盜，實爲最確當之評語，蓋暴日在滬不斷以猛烈砲火向我進攻之不足，又肆行焚殺淫刼之暴行，戮及手無寸鐵之婦孺，蹂躪國際公法，背棄人道正義，莫此爲甚。下所紀述，特不過已知暴行之一小部份，亦足窺見日寇殘酷慘暴之一斑矣。

一、日寇狂屠濫殺慘無人道

▲粤人被害最爲慘毒

十九路軍多係粤人，日軍之觀念中，即最怕廣東人。日前有日便衣隊八名，在西武昌路拘獲華人六名，至該路中仁智里口，有四名忽轉身將日便衣隊拖倒，其餘二人，則轉身逃走。當時日便衣隊即開槍擊斃一人，其餘五人仍被拘住，拉至本願寺巷中一屋內，其中有日人二十餘人，當即用皮鞭將該六人鞭打十餘下，然後開始詰問。六人中四人係粵人，日人詢粵籍之四人云：「你們廣東人有什麼利害？」其一答曰：「我們廣東人誓死不辱」，並高呼中華民國萬歲，國民政府萬歲不已。至晚間，日人將四粵人，用刀在背上劃寫「支那廣東」字樣，流血遍地，然後用刀向其腹刺入殺死。其餘一名則用刀亂殺而死。殺死後日人即裝入蔴袋，投擲黃浦江中，爲魚之食，此事係某記者由目擊人之面告。

▲廣東大戲院之大屠殺

大陸報云：北四川路廣東大戲院內，連日迭演慘劇，主演者爲日本高級軍官。其招引觀客之方法，則遣派兵士及大批浪人，四出羅致。故廣東大戲院內，日日客滿，其中大多數爲粵人之穿西服者，以及童子軍，工人，婦女兒童等，共計六百人之衆。此六百人，卽日軍所認爲槍擊日人之便衣隊。拘至院內後，每人均予一記號，令其坐於正廳，婦女則坐中排。每日下午演劇結果，約有十數人犧牲，刑場卽在北四川路日本小學內。惟爲免除延緩起見，由日兵先將受刑人擊昏。再院內並有嚴厲規則，各人每日僅吃飯二次，如欲飲茶，則高舉右手，卽可上台喝茶。有海甯路某印刷所職員吳君，亦被擄去，拘禁於戲院之內，迭被日軍毆打，身受重傷，眼鏡亦爲擊破。幸吳君爲四川人，後由高麗醫生，爲之證照，始行轉送日領署，並由日領送至工部局，然後釋放。又訊：有廣東大戲院被捕逃出之李國富（二十歲，住南市廣福寺街二十弄五號，在虹口同仁醫院門前被捕，）丁桂榮（年二十二歲，業銅匠）二人至中國新聞社聲稱，彼等於本月十五號被捕，先拘至日本小學日軍司令部拷問，打手指印後，由日軍押送至北四川路橫浜橋附近廣東大戲院內。有紙牌一塊，上書華人拘禁處，華人之被拘在該處者甚多，與我等同室者共百餘人，時遭日軍痛毆，頭破血流者數十人，地上鮮血淋漓。每日上午九時發冷飯團每人一個，至下午四時又發一次。其中觀瞻較好穿西裝之漂亮華人均在隔室中勒斃，尤以廣東人爲多。據先被拘之同胞言，總計我上流人物之在該院被慘殺者，至少在一二百人以上。又謂被我等目擊者，已有數十人。

又有左某者，於本月十日下午三時許，在虹口嘉興橋附近，被日兵捕去，送至附近之東洋御是會館，（卽司令部）嚴刑拷打，令供我軍情形。該隊長未予吐實，以商人應之，旋捆綁送至北四川路橫浜橋東洋影戲館看押，於本月二十三日脫險。其經過情形，追述於后：該處被押華人五百餘人，每日兩餐，每日只給小飯糰一枚，溫茶一杯。上午九時爲第一餐，下午三時爲第二餐。被看押華人，每日須學習東洋操，跳舞，比武。但比武時，先以八個字令答，——「中國青年，輕氣無力」，並問上海是英國人美國人，還是日本人最好。比武時，先華人與華人角力，後華人與日人角力。對於廣東及北方人，最爲虐待，江浙人較好，通日語者卽帶往司令部，不知予何處置。對於婦女稍有姿色者，卽被官長帶去，多數婦女每晚帶出，早晨仍送原處看押，每令婦女將衣服脫去，使着紅綠色運動衣，迫令在地上旋滾，或遭姦汚。尤以婦女怕羞恥者，卽被割乳剜眼，或用刺刀刺其下身。看押所祇有日兵四人，被擄者夜間就地睡覺，不予被氈，無論日夜，概不許說話。

▲婦女慘被割去乳頭

納稅華人會據由三元宮日機關內逃出之黃包車夫王阿發報告：三元宮內，押有我國男女同胞約三數百人，被日兵將其中年輕婦女之衣服脫去，身上僅存小衣，然後將其雙手反縛於欖上或柱上，至年老之婦人，均被反縛於地，男子亦如是。最慘者，厥爲多數輕年女同胞，被日兵割去乳頭，或用小刀刺傷，其慘號悲泣之聲，不忍卒聞。日兵暴行如此，匪惟毫無人道，抑且禽獸之不如也。

▲八九歲之小孩亦難倖免

甬人蒯增福，年三十二歲，住居虹口廣東街，自閘北方面發生戰事後，未及逃出，祇得蜷伏屋內，至本月二日下午四時許，突被日兵破門而入，押至日本小學校內，直至六日始得工部局派員前往救出，眞所謂虎口餘生。據云：余（蒯自稱），自被日兵拘至日小學校時，同胞之被押在內者，約有三四十人，迨至傍晚，陸續被拘者共有一百餘人。先由日兵逐一將余等手足綑縛，並用白布約長三寸，條上書號碼，扣於各人胸前，余第四十一號，被押一宵，至翌晨押登卡車，解送至匯山碼頭，將各人拋擲於預停之大鐵駁船上。斯時被難同胞，均倒臥船中，監視之日兵，時用槍柄刺刀亂擊亂戳，任意兇害，於是血流淋漓者有之，遍體鱗傷奄奄垂斃者有之。並有年約八九之小孩，啼哭大呼父母者，悽慘之狀，匪筆墨所能形容。至四日上午，又被日兵押同登岸，日兵聲言概須鎗斃。當時被難同胞均知死在眉睫，有十數人卽乘間投入黃浦。詎余被日兵拖上岸時，胸前所扣之號碼布條，忽然遺失，並不押上汽車，余已魂不附體，呆立岸畔，見各日兵紛將胸有白布條者，押上汽車運去鎗決。（地址未知，惟余因無白條，並不押去，約逾半小時許，時被難同胞均已裝去）忽然另有二日兵仍將余押回船中，又陸續被拘至船中者，約有六七十人，其時余已知覺全失，痛苦飢餓，毫無所覺，直至六日下午，始由工部局派員到船救起，車送捕房。

▲新聞記者亦遭荼毒

記者蔣俊廉因有事至百老滙路探友，行至外虹橋畔，突被日便衣隊攔住搜查，當在袋內搜出上項通行證，遂指爲軍事密探，卽將雙手反縛，押送裏虹橋某馬車行內日兵小隊部，未幾卽轉解至蓬路三元宮日本司令部內。惟進門後，立將雙目朦蔽，經數日人略訊年歲籍貫住址後，將身上所佩訪員公會第十七號證章一枚及銀洋什物，一概沒收。至當晚七時許，押登運貨汽車，解送黃浦碼頭，約共有十餘人，均　在鐵殿船上。斯時偷覩被難同胞，已有百數十人，雙手反縛，蜷伏艙中，均血染全身，勢將垂斃。船上派有武裝陸戰隊四名，日夜往來梭巡，嚴密監視，並向同胞任意兇毆，刺刀鐵棍，雙管齊下。至四日被日兵押上碼頭斬決或鎗斃者，約四五十人。天昏地暗，悽慘萬狀。余至此欲哭無淚，欲訴無門，惟不忍受倭奴之慘殺，決計投河自盡。至五日午，倭奴將余頭上所紮之布解去，提往岸上行刑。自念死期已至，遂跟上碼頭，以小便爲由，縱身河中。詎覓死不得，仍被撈起上岸訊問，簽以四十五號表記，押囘船中，是時飢寒疼痛，集聚於身，萬分難受，惟有任其擺佈而已。檢點艙中被難同胞，祇剩八十五人。至六日下午又將此中二十人提去慘殺，至晚七時許，始得工部局預備隊將被難同胞六十五人，悉數救出。

▲我虹口浴客被拘送日本僞作俘虜

虹口日軍向虹口浴室，大捕浴客。其時交通斷絕，路人皆暫以該浴室，爲臨時寄宿之所。詎至半夜，忽來大批日兵，將浴客用蔴繩捆縛，驅至虹口日兵司令部。其中有一華捕，因落差不能返家，亦至該浴室洗澡，致同被日兵捕去。現據該捕聲稱，日兵始將伊等用汽車載至司令部外口，見有大批日裝死人，裝在蔴袋內，運往日輪。旋有日兵，又令其改換日本裝，令飲黃色迷混藥酒一杯，幸該捕機警，暗中吐去一半，故尚有知覺。其時適遇西捕頭路經該處，遂大聲呼該西捕援救，與日人交涉，方得釋放。據其語人云，被拘之華人，各飲以藥水一杯，卽昏迷不省，當由便衣隊一一納蔴袋中，用卡車裝去，艦運回日，揚言爲俘虜，以欺騙其國人云。

▲同胞住宅無一倖免

又訊：據吳淞紀家宅方面逃出之工友沈盈生君，談：彼被日兵捕去後，卽被將衣褲脫去，裸體綁在柱上，亙二日夜之久。解放後被派充夫役。尚有許多青年婦女，多被捕去服役，偶不如意，或以步槍擊斃，或以刺刀殺死。遇敵軍獸慾暴發時，卽強行非禮。有一婦女曾被日兵六人輪姦，卽老年婦人五六十歲者亦不能免。種種不法行爲，幾不能盡述云。如同胞中稍有抵抗者，則慘遭殺戮。凡同胞居住日兵軍事區域者，均須搜查，如認爲有軍事嫌疑者，卽在各該住宅大門畫有白圈，派兵看守，除將宅內銀錢物品等沒收外，復將該宅同胞，無論男女老少，悉處死刑，亦慘酷矣。

▲大批商民慘被殺害

有人在滙山碼頭，親見日人領隊，押解商民四十餘，以白布紮沒雙目，在秦皇島路滙山碼頭驅趕上一鐵製駁船，稍有違反，即以刺刀戳刺。並見有幼童十餘人，跪地哀求，日人置之不理，並以刺刀亂戳，其狀甚慘。

又訊：楊樹浦申新麵粉第九廠對面三江茶樓，有茶客甚多，忽來日軍卡車六輛，駛至茶樓門前，將茶客三四十人，裝車向西而去。聞皆慘遭殺害云。

二、日寇蹂躪淞滬沿路之慘狀

▲江灣鄉民慘遭焚戮之一斑

江灣復旦大學南首張家行地方某日午後五時許，有日軍闖入該處居民家中，逼令屋主將所豢猪隻烹食，迨烹食後，復開槍向居民轟射，擊斃張養養，張惠祥母子，張慶湖，張士全，懷小荳腐，及一三歲嬰兒，均當場殞命，惟有七十餘歲之張金章一人，僅足部受傷，但無法脫離險境。據自張家行逃難來滬者所述如此，並謂槍殺居民後，復縱火燬屋，該處居民，約有二三百戶之多，房屋盡成焦土云。（又訊）江灣鎮現爲戰事重心，全鎮民房十九被敵軍轟毀無餘，該鎮自二十日起，屢燒屢熄，但自前日起，迄未熄滅，昨日仍在火光熊熊中，而日機投彈，則繼續不已，全鎮大小民房，均付一炬矣。又據自江灣葉家花園逃避來滬之鄉民云：日兵在江灣一帶，每抵一村落，必將村人禁閉，盡佔其餘房屋，婦則強令洗飪姦淫。當其全隊遷行時，則必將該房屋焚毀無遺，惟稻草則滿載而去。江灣北鄉南北陶家灣，見科宅，湯朱家橋，東西周老橋，馬橋宅，陸家牆，前武巷宅等處均被日兵用汽油稻草縱火焚燒，未逃出之鄉民，不許出門，活活焚死，亦云慘矣。

▲江灣一帶盡成焦土屍體縱橫

記者某曾於二十三日晨，隨同西報記者，至江灣一帶視察，目睹日軍屠殺我同胞慘狀，歸而與記者詳述所遇，謂江灣民衆，幾於無一倖免，日軍殘暴可見一斑。友人之言曰：二十三日晨十時三十分，余隨同二西報記者，赴江灣日軍陣地視察，余任汽車司機職，另一華友，則爲余之車副手，車抵江灣時，見附近民房，業被日軍焚燬一空，且有五六處尙在延燒者，烈焰騰空，爲狀至慘，道旁屍體，縱橫排列，均爲我哀哀無告之江灣民衆，男婦老幼，莫不具備，有屍體被劈爲半截者，有頭部分裂，腦漿溢流者，慘狀不忍卒睹。女子多服布裙，伏屍道旁，就余所見，已在二百具以上，想見日軍之殘忍，無辜良民，均遭荼毒，余之心房爲之震動不已。余前日（二十二日）往江灣時，尙無如此景象，想日軍下此毒手，屠殺民衆，定係前晚（二十二日）慘敗，惱羞成怒所致。（中略）據西報記者實地調查所得，司令部左右之民房，全被焚燒，民衆不及逃避者殺者殺，槍斃者槍斃，已無一生存。現大部份日軍仍在鐵道之東，僅一小部份越鐵路，已被我軍包圍，江灣跑馬廳尙在日軍手中，置野戰砲多尊。余在車中，遙望有獨輪小車二百餘輛，滿載軍火，奔馳道上，車夫均爲我苦同胞，衣服背部畫一白圈，手臂纏一白布，亦有特殊暗號。余卽詢以被日軍捕去經過，車夫還詢，你是中國人麽，余唯唯，車夫卽熱淚奪眶而出，謂我們做工也是死，不做也是死，簡直是人間地獄，白日僅給一頓麵包，晚間則數十人拘留一宿，手臂均互相鎖住，以防逃脫。備用時，極爲客氣，且派兵保護，但不給一錢，不用時，或人浮於事時，卽一槍了事，可怖之極云云。

▲虹口一帶屠殺極慘

虹口無辜華人遭日人屠殺，十餘日來，不知凡幾。近雖經各國領事仗義執言，略減兇燄。惟日本便衣隊仍肆荼毒，未稍斂跡。據虹口某機關函告，謂虹口小菜場附近，一般小本經紀之日人，皆身懷軍器，編爲便衣隊。凡華人與有睚眦者，輒被殘殺。且彼輩熟悉鄰近華人家庭景況，姦淫劫掠，任所欲爲，無力抵抗之華人，上天無路，入地無門，恐化外洪荒，亦無此殘酷遭遇也。閔行路捕房之前，日有華人慘遭便衣隊刺死，某晚三角小菜場有一工人被殺，某日午刻，有一中國孩童亦被殺於該處，屍身當被用蔴袋盛裹攜去，此皆爲報告者所親眼目睹。伊曾聞一日人無意間吐露消息，連日屠殺中國婦孺男女，屍皆運回，鍊製化學戰品之原料，非僅爲移屍滅跡而已也。彼殺人不眨眼之惡魔，因不穿軍服，日本當局可諉稱並無其事而不負責，便衣隊遂肆無忌憚，絕不因領團嘖有煩言而稍存人性也。又據虹口區域目覩者云，武裝日人恣意殘殺，毫無忌憚，中國男婦孩童死者纍纍，其屍皆爲陸戰兵巡隊載去，於黑夜中處置之，如黃浦江能言者，大約必能述其慘狀也。

▲蘊藻浜一帶日兵焚掠之慘狀

據蘊藻浜逃來難民云，日兵在初犯該處時，尚未有若何殘忍舉動，截至七日後，即一變其常態，漸露猙獰面目。李子村於七日午夜，忽來日兵十餘人，荷槍入村，實行搶刼，首當其衝者爲一章姓家，除搜括外，另戳傷傭婦一人。八日晨又到大批日兵，全村均遭刦掠一空，並焚去房屋二十七幢，死小孩五，婦人二，擄去男子三十餘。李子材之東焦木頭莊，午后亦被波及。日兵在九日午后，變將吳家壠小牛等處，抄刼一立，雖微如雞蛋年糕等物，亦爲若輩所垂青。搶刼之物，滿裝七貨車，向楊樹浦方面駛去。當搶刼時，稍有阻梗，即遭慘殺。被殺者，不下百餘人，當日兵進佔蘊藻浜車站，向黑橋方面偸襲時，沿途一帶村內居民，均爲日兵所逐出，見有衣冠楚楚者，即予槍殺，或以刺刀在其週身亂戳，或拘禁糧米棧內，令作苦工，女者則任意調笑，並令其爲之造飯，稍一猶豫，橫暴頓加，孩提等均爲其刀下犧牲品，哭聲震驚四野，而日兵尚尤以爲未足，將民房全部縱火焚燒，哭聲與槍聲，砲火與火光混爲一團。

▲殷行鎭日兵蹂躪之慘狀

殷行鎭大街祥永百貨商店主人劉君，由水電廠附近，乘民船逃滬，據云：自一月二十八日兵實行進攻閘北時，般行鎮尙偏安一隅，自本月十日後，卽陷入恐怖狀態中，大批日軍，終日在各處紛擾，初則毆人索食，繼則殺刦姦淫，無所不爲，一般青年婦女，被捉去燒飯洗衣，稍不如意，卽非打卽拷，或步槍擊斃，或用刀殺死。有時滬軍獸性暴發時，一婦六人姦淫之。另有一老年婦人，年五十有二，不幸亦不能免，至後以槍擊死。所有村中鷄鴨猪羊，被搜一空，房屋能者卽住宿，不能住宿者用以火焚燬，衣物能用者取去，不能用亦毀壞之，尙有多數年青婦女，強姦不遂，宛轉死於刺刀之下，近數日各居民之口糧，已被日兵搶刦一空，壯年男子，被日兵拘去，強迫作工，終日不得一飽，其苦狀無殊地獄云。

▲吳淞附近裸體女屍遍地皆是

吳淞站西之般家行與唐家宅暨侯家木橋及陶家灣等處，於徑(二十五日)旁晚時日軍潰敗之際，大施搜抄屠殺，被殺者數約二百餘名，陳屍遍地，血肉狼藉，慘不忍睹。詎該潰敗之日兵，心猶未足，復至般行與紅家橋一帶，於宥(二十六日)晨天將黎明時縱火焚燒，并將殺戮之屍體投拋火中，慘酷之狀，空前未有。如搜得婦女，則輪流姦淫，結果亦被殺死，又廟行鎮遭日軍蹂躪，凡未及逃出之村中年少婦女，均被強姦，事後且加殺戮，以致裸體女屍觸目皆是。

▲張華浜黑橋之屠殺慘狀

自日軍佔據張華浜黑橋等處後，一味屠殺鄉民，並搜括銀錢。鄉民無錢供給者，即遭屠殺。某宅有婦人姚氏，年逾花甲，業女巫（俗稱仙人）日人見其房屋新而且整，特向其索錢，經該婦拒絕，日人謂如此好屋，何至無錢，遂用刀劈面砍來，兩面皮均被砍落，倒地斃命。該日軍又將房屋搗毀而去。他如姚家頭宅鐵路工廠冷作頭目姚見見，及鄉人姚華華之妻，又姚亦亭之一子一媳等，均因無錢供給，致遭槍殺。其他不知姓名者不知凡幾，其手段之殘忍，達於極點。

三、紀不勝紀之日寇焚殺淫掠慘狀

▲虹口旅館之屠殺

北四川路虹口旅社附近，世（三十一日）午發現槍聲，日軍當將該旅社包圍，旅客四百餘人，悉著捆縛，拖出門外，或死於刀，或死於槍，僅少數能操外國語者，得免難，該處屍首枕藉，血流殷地，慘酷無人道，難民遭日軍慘殺者，時有所聞，尙無確計。

▲青雲路之血痕

閘北淸雲路，當日寇進攻時，男子盡被日便衣隊用刺刀截傷，女子則多被淩辱，事後又用刀刺死，當時許多婦女，被日人剝去衣服，綁在柱上，用刺刀剖胸腹割乳頭而死情形慘極。

日兵性野殘忍粗暴，均未受過文明教育，故對於非戰鬥人員任意殘殺，遇婦女姦淫後、竟開膛剖腹以爲取樂，行動無異生番。虹口一帶無辜人民，自開戰起至最近止，據各方調查，被此種慘無人道之日兵殘殺者有四百餘人。

▲男女教員之遇害

唐山路士林小學教員二人，爲日兵槍殺，一死一傷。先是男教員某，歸校叩門，日兵五名，卽上前盤詰，某答此校係我所開，我係校長，日兵卽令解衣檢查，乃外衣方解，日兵卽用刺刀，向胸前猛戳數刀，立時倒斃，繼卽奪門入內，見女教員某，問此校係何人所開，女答係法人所開。該日兵謂，男女言語．顯然矛盾，迫令解除衣服，至裸體時，意欲強姦，女見狀駭極大呼，日兵於惱怒之餘，隨用刺刀，先將乳頭割下，又在肩頭腋下，猛刺數刀，幸經西捕聞聲趕至，日兵始去，當將該女教員車送紅會醫院醫治，目下尚未脫離危險時間云。

▲無辜行人之被殺

虹口嘉興路橋某晨有一報販携帶中國報紙行經其間，無端被刺三刀，立時慘斃。又一童子，亦過其地，經日兵檢出小洋刀一把，卽以該刀刺其要害，童子叫號而死，刀未拔出。吳淞路順康紙店之學徒羅雲如，被擊一彈，穿過胸背，住新民路來安店之十三歲童子陳德興，因逃難欲過北河頭顱被門軋傷甚重。同仁醫院附近，今晨有一華人被日人刺死，又一老婦被日人砍去一足。

▲持志中學之慘劇

江灣路一帶日軍，侵入持志學院中學部，當衝入時，立將該院門警刺刀慘殺，侵入該院內部，將該院男女傭役十餘人，驅逐一隅，立時用槍擊斃，無一倖免，繼續侵入該院四樓大宿舍，三樓飯所教室禮堂等處，縱火焚燒，致該院所有大批圖書儀器及房屋，全部被焚。

▲粵籍同胞之慘禍

此次戰事發生後日人以十九路軍多係粵籍，對於粵籍同胞，忌恨甚深，故該處居民，凡隸粵籍及稍有資產者，無一倖免，被難者不下三百餘人云。另據某君談，彼之鄰居，有三青年亦粵人，恐係持志大學學生，前日清晨，亦爲日兵捕去，截至彼乘紅會救護車來滬時，未見釋囘，恐係遭受不測云。

至於日軍，見了穿中山裝的，十個有九個，非餉以槍彈不可。自從他們被廣東兵士幾次痛擊，受了巨創以後，見了廣東口音的人，也就隨意殺戮。

▲黃浦碼頭之慘殺

據目擊者談，昨日下午，黃浦碼頭岸上，有華人三十餘人，被日兵捉往靠岸之軍艦中，稍一抵抗，即遭日兵用刺刀猛戳，當時負傷者甚多，其中並有孩童數人。

又小沙渡日華紗廠前，於一日傍晚時，有小工十三人，正在聚集言談之際，忽被日陸戰隊趕上，用槍刺亂戳，並開槍轟擊，均倒地斃命，無一倖免，且將屍身拖去。

▲某園中之我婦孺陳屍

滬上歸客談，此次日軍在滬行爲，極爲慘酷，在國際公法上，凡係國際戰爭，對無抵抗之平民，不得加以傷害，乃日軍在北四川路閘北一帶，遇我方人民，無論其爲婦孺，均被殘害，幷有某外人目擊日軍在某私人園中，陳列我婦孺尸身，其慘酷行爲，實爲世界所未聞。

▲避難婦女之慘禍

據新由閘北姚家宅川公路逃出難民姚崔氏語云。其夫姚根生，本地人業水門汀工，三日下午三時，日軍用大砲轟擊，頃刻房屋起火延燒，姚崔氏隻身携兩男孩向北逃，適被日兵瞥見，開槍中婦右足，彈自前膝下打進，由足灣穿出，頓時血流如注，痛不能動。其七歲男孩，隨此衝散，祇忍痛手懷嬰孩再逃至寶興路火燒場旁，露宿五晝夜，粒米未進。今日(八日)下午三時始由中國紅十字會救護車送西藏該時疫醫院療治。又據逃出之某婦人談，彼在樓上，曾親見弄口之日兵五人，將年約二十七八歲之婦人，用刀戳斃。一日兵先用槍柄，將婦人猛擊數下，該婦人卽失聲倒地，另外兩日兵，則用利刀，將婦人頭部胸部，連戳十餘刀，婦人立時斃命。彼見之一日未能進食云。彼又謂有房客三人，無端被日兵捕去，始猶望其生還，現多日無音信，料已遭槍殺無疑。

▲碼頭華工之橫禍

日軍因連日進攻失敗，憤無可洩，乃將戰區內華人，任意毆打殺戮，又因運輸軍用品之故，對於楊樹浦一帶碼頭華工，尤爲虐待。並據調查公大紗廠內，現被監禁我方工人，約百餘名，中有因愛國而拒絕日軍使命，致被毆傷者，約二十餘人。此項受傷工人，大都被棄於該廠後而貨棧內，既不予醫治，又不按時給飲食，任其慘痛呼號而斃，殘忍情狀，非筆墨可形容。

▲孟家宅婦女之慘禍

日獸兵於進攻孟家宅時，對於附近之中年婦女，先行輪姦，然後以刀斷其四肢，或用刀割傷各部，聽其在地上輾轉哀號，其慘狀有非筆墨所能形容者。

▲女學生之厄運

據被救回之傷兵談：卅(三十一)日大三花園之東，有日便衣隊四五十人，拘中國女生三人輪姦，已死二名，後被我軍及義勇軍包圍，將便衣隊全體繳械，救出一女生，送醫院醫治。其他閘北各地華人，被日軍慘殺者不可勝計，某婦被割去兩乳，尙未氣絕。一六十餘歲老人，背負一孩，被日軍用刺刀由後刺三刀，兩人貫穿而死，慘不忍睹，刻紅十字會救護隊，已分赴災區一帶救護。

▲華德路之慘殺

華德路高郎橋西有日軍四人，日便衣隊四人，專搜行人物件，當時有男女各一人經過此處，男人抱小孩一個，女子手提皮包一個，被日軍全身上下搜查後，再查皮包內有餅乾，女人云此餅乾不犯法？日兵不懂滬語，便衣隊耳語日兵後，日兵卽出刀向女子胸前刺二刀卽死，女尸抛高郎橋河中，男子見狀，卽抱孩大哭而去。

▲虹口一帶之人世地獄

虹口一帶日人，暴行無所不至，渠曾目擊在滙山碼頭附近有華婦三人，經過該處，被日哨兵瞥見，喝令停止，以檢查爲名，遍身摸索，并令自動褫去小衣。三人中其先行二人，加以拒絕，均遭槍斃。其後至一人只得從命，卽被曳至僻處，輪流姦斃，爲狀至慘。又虹口一帶，各里放哨日兵，挨戶搜索，見有燈光，即破戶而入，搜括一空，男子槍斃，女子強姦，無一倖免，故虹口一帶，已成人間地獄云。連日日本便衣隊，在蘇州河以北虹口一帶大肆搶掠，居民多被拘捕槍殺，並用重金僱用中韓流氓，在虹口區一帶以汽油及硫磺等易燃品澆於各居民之門窗等處，再行縱火焚燒，而日軍陸戰隊則在各出入路口滿置機關槍防守，如過救火災民逃出，則一律掃殺，無一倖免，眞可謂殘忍已極

▲楊樹浦一帶之慘殺

楊樹浦黃浦碼頭有日陸戰隊登岸，大連灣路與平望路之間，發現日便衣隊，行人被慘殺，不可勝計，遇害後，即被舁送登輪運往他處，以圖滅跡云。

▲焚燒民房禁止撲救

日本便衣隊六人，各持火油油紙等引火物，潛至靶子路赫司克路十七號張姓民房，縱火焚燒，先以火油潑於大門上，繼即縱火，各日便衣隊，並將油紙燃着，向該屋四週容易着火之處，施以焚燒，一時烈焰飛騰，火光燭天。該屋設民，早已遷避一空，故未

傷人。救火會聞訊，立即開出救火車，駛往撲救，經該日本便衣隊開槍阻止，故該處火勢，延燒至十時許，尚未稍熄，損失若干無從調查。

又其美路東郊，錢郭村附近，突來日武裝浪人二十餘，携帶火油四大箱，及硝磺引火物一大包，四散縱火，一時赤焰冲天，鄉民從夢中驚醒，紛紛由火場中逃散，鳴鑼求救，附近華軍聞警趕至，當場擊斃日浪人三名，餘均逃逸，事後經兵民竭力施救，當焚民房十七幢，並斃小孩二口，老嫗一人。

▲成羣結隊挨戶搜刦

橫浜路寶樂安路之間，多粵籍居民，自發生戰禍後，大都倉皇逃遁，無暇携帶衣雜。近數日日浪人於作戰之餘，成羣結隊，入各弄肆意搜索，羅掘一空，且有公然於居民宅中養飯果腹者。粵人李某，昨由寶樂安路五十三號冒險逃出，身御之灰鼠皮袍一件，珠呢大衣一件，皮夾一隻，內儲鈔洋八十餘元，一併爲其刦去，但未遇不測，實爲萬幸。

▲東洋花園血跡遍地

據目擊者談，日軍進攻以來，閘北方面粵胞組織便衣隊，時予日軍以重大打擊，故日軍甚仇視中山裝者，每拘中山裝人認為粵籍，拘入東洋花園，即行殺戮，尸即裝入洋麵袋中，而日軍之死者亦裝入袋中，加以標幟，運匯山碼頭後，日屍則載入輪中，華人尸屍則抛入江底，東洋花園以內，血跡遍地，可見日軍之慘酷矣。

又訊：有市民二十餘人，陸續行經滬西勞勃生路，被該處日兵與日本便衣隊攔阻，一一擄入日華紗廠，非刑毒打之後，始將殺害，為圖毀尸滅跡計，復將尸體擲於附近蘇州河內，移時各尸浮於水面者，次第發現十三具之多，另有幼孩一口，亦於前日午後，在滬西普陀路面朝路旁竹籬笆立而溲溺，突一日兵經過，放槍射之，砰然一聲，孩斃於地，該日兵亦將孩尸投於左近浜中，此種慘酷舉動，凡處暴力範圍之內，時有發生。

▲狂屠濫殺屍積如邱

商會據服務於日人今由虹口逃出之華人報告，「日人今日在匯山碼頭內屠戮華人百餘名，斷首，每兩級作一袋，將運回日，證明勝利，被殺者多係工人。」

又據：被拘釋出之小販云，「曾見該日司令部內共押有華人一百四五十名，大都已被日兵刃洞胸腹而死，將尸裝入蔴袋車運而去。

大美晚報云，記者往江灣跑馬廳視察，但見屍橫道路，血流成渠，慘不忍睹。內有婦人幼孩無數，華婦彈自背入，身上之棉袍已爲日軍用刀刺穿，而幼孩則滿身彈痕鮮血斑斑，此外尙有身着農民服裝之男子，屍首堆積如小丘

四、外報關於日寇暴行之紀載

▲大美晚報所載外人之目擊談

大美晚報云：德國皮克夫婦，英人克利恩，又愛理斯夫婦，與其兩童，皆寓虹口花園對面林肯里，陷於戰區中五日，歷盡驚險，至星期二日始行逃出。據謂：日人突攻閘北，致令彼等無機遷避，雖曾請諸日當局，而毫無效果，屢圖逃出，非爲便衣日人暴衆所阻，卽爲日人以槍刺逐回。星期二日因隣宅起火，彼等遂決意於死裏求生，急取可攜之物，冒烟奔出。行至日人防線，舉手而行，是時不知生命能否可保也。幸遇一日友乃得援脫險。皮克曾由其本國領事囑其勿以一切情形告知報館，故不肯洩露其窗中窺見之慘狀，克里恩尙未晤其領事，星期三晨，曾述其五日中所見慘事一二，聞之令人心酸。

克里恩曰，滿街死屍縱橫，餓犬爭噬，犬集甚多，故不能見屍，吾人開槍驚之，但犬仍不散。吾人見黑影蛇行入一室縱火，室中華人由烟中奔出，卽遭擊斃，死屍橫地，有男，有女，有孩童。對街有一華人商店主婦，抱一嬰孩，正欲離店，卽遭擊倒，次日覘之猶緊抱其孩，臥地呻吟，遂由吾人之華僕趨出，舁入一室，而照料之。吾人行時，母子尚生，華人欲圖移屍去者，輒爲日人用來福槍與機關槍轟擊，致死屍當街，任令羣犬聚噬。日人非常殘惡，遇見華人，或棍擊，或槍戳，或彈殺，卽孩童亦不能倖免。某外人曰：余認識行暴日人中，有上海義勇隊日本隊隊員數人，彼等服務於銀行商行，往日余曾與之有商業接洽，彼等亦識余、見余携行李踉蹌避開危險區域，向余作種種非笑。諸外人寓虹口多年，華人從未與之稍起齟齬，當日變起時，外人甚感糧食缺乏，隣居華人，多冒險送米肉等食品救濟吾人，且送煤炭以供取暖之用，其盛意殊可感也。七外人離家之時，爲附近諸屋濃烟所包，故彼等皆信所有產業，今已悉付一炬矣。

▲大美晚報主筆戰地歸來——之語

大美晚報主筆薩格萊君，星期一（二十二）自江灣前線觀戰，目擊日軍慘無人道之暴行，茲譯其原文如下：予今日視察江灣跑馬場，歸而不能無動乎中，以前所見賽馬盛況，中外仕女，熙來攘往，在日光明媚下作競馬之戲，今晨所見，一片慘毒而已。予入場處，陳屍纍纍，皆予所目擊。其慘死者，日軍司令部官報，常謂爲伏兵或間諜，是耶否耶，予不欲置辯，但其中有婦女焉有孩童焉，婦女彈從背射入，所着棉衣，亦爲軍刀所洞穿，孩童滿身彈痕，鄉農裝束者亦積屍於地，地爲血染。若輩服裝，不類軍人，婦女孩童，更無論矣。意者此卽官方所認爲伏兵耶？司令部及日使館中人，常告我人說，日本海陸軍非對平民作戰，亦非對中國政府或政府軍隊作戰，僅與廣東之十九路軍作戰而已，是則此輩無辜良民，當爲十九路軍所喬裝者。惟死者已矣，今安從起而爲之對證耶。屋宇被焚，比比皆是，更爲予所目覩。日軍縱火，手術精妙，無出其右，看臺下焚餘之殘體在焉，予步上看臺，見步兵一隊，準備向江灣鎮肉搏亦駐足與予同觀慘劇。其時農舍正在焚燒，火光熊熊，成爲被虜之火裏逃生者之佈景。一軍官率一農裝者離羣，向日光下站立，但見軍刀一閃，刺入人體，深及刀柄，而其人倒地矣。如是者一人復一人，更有身長而可愛之童子，日軍解脫其縛，強按兩屍間面俯地，日軍官六手槍齊發，自背而下，彈痕纍纍，槍聲息，彈子罄，轉側地上之人，旋亦不動。另一人繼遭同樣命運，予不忍更觀，遂行。該報著又有社評，痛論此事，其言曰，上海之事，日本名爲「防衛」，若然，則爲暴行防衛，爲日本製造戰爭，若然，則眞正防衛，似須家破人亡也。

▲字林西報關於日人橫暴之紀載

字林西報云：（三十日）美兵在防區內，拘獲日武裝平民十四名，據彼等供稱、乃奉本國當局之命而入該區。下午八時十五分，海防路美兵遇武裝日人兩隊，向華界開槍，槍彈由美兵頭上飛過，美兵乃上前拘獲九人。八時二十五分，美兵防區內戈登路一百零二號日本兵營前，日人槍斃華兩人，八時四十五分，美兵復拘日人四名，日人曾佔據勞勃生路與檳榔路轉角之分捕房，後爲英兵逐出，虹口之日後備兵，昨夜由海甯路佈防至蘇州河，晚間七時，虹口全部全爲日人管理，工部局巡隊五隊，以外人印人日人合組者，奉總局命令，由各街撤退，自外白渡橋至河南路各橋端，均有日後備兵把守，十時將近外白渡橋北蘇州河轉角，有一華人爲日巡邏隊所阻，該華人向南越橋而奔，日人追之，開槍將其人擊倒，復將其拘送日軍俱樂部，其原因未悉，晚間虹口大部份處於黑暗中，日海軍巡隊在各街開槍，將街心之電燈擊落，其不能擊落者。用棍碎之，據謂，欲使伏於該區之中國便衣兵，失其光明，不能工作云。昨日上午十二時三十分，有中國汽車夫一人，在百老匯路附近，爲日人擊斃。昨日日陸戰隊輔以日後備隊與童子軍，在虹口區搜查行人，有多數華人，因答話不能使日人滿意，被拘送各陸戰隊防所，今是否仍拘該處，未悉，因日當局不允告知也。日後備隊最爲蠻橫，任意將其所持武器，向行人作加害之勢。百老滙路臥一中國男子之屍，滿身有刀與槍刺之傷。上海商團日本隊隊員一人，昨日午後，用槍刺刺傷一無辜之華人，後復爲其同伴捆綁入一貨車。

▲大陸報關於日人橫行之紀載

大陸報云，聞有華人約一百五十人，被日人認爲便衣兵者，均爲日人槍斃。昨日侵晨日人將彼等屍身，用數貨車載去滅跡，此外臨時槍斃者，尚不知凡幾。天潼路附近西華德路之亨利洋貨店，昨夜九時爲日兵搗毀，並拘去店夥兩人。昨日下午十二時後，有日兵入吳淞路附近天潼路之某食肆據謂，搜查中國便衣兵，店中之人雖未能抗拒，仍爲轟斃店夥兩人，其屍為日人用小車載去。在此數分鐘前，有中國苦力二人，在吳淞路為日兵喝令止步，二人立即服從，但日兵舉槍作欲刺勢，二人驚而急逃，為日兵開五槍擊死其屍亦以小車載去。虹口旅館昨日為日兵搗毀，並窮搜各室，拘去三十人，當場槍斃六人，其屍亦經用車載去。昨晨有人在吳淞路距虹口捕房不遠處，見一日兵拖殺死之二華人屍身而行。昨日下午有苦力一人，在吳淞路為日兵用槍刺戳中腹部，當晚死於醫院。大陸報代表曾於昨日正午後在天潼路與吳淞路附近親見日人拘獲苦力狀之華人百餘人，解至日本俱樂部，恐生命將不保也。某外人員亦在吳淞路觀見日兵轟斃賣餅之華人一名。

大陸報云：寓寶山路之英婦賴斯蘭夫人，星期六為日巡捕隊拘解司令部，指為華兵偵探，被禁五日，始經釋出，倉皇入狄思威爾路捕房報告一切。據稱：一月二十八日之夜戰事發生時，渠圖由家逃出，為日兵所阻，星期二晨，與其華僕兩人，同遭逮捕指為偵探，華僕面頰已被刺字，存亡未悉。又謂：渠所見慘狀，不忍再述，中國紅十字會看護婦三人，在閘北香山路與鴻興路服務之際，為日兵用手擲炸彈擊傷，內有一人傷勢甚重，恐無生望。崑山路東吳大學法律學校之僕人一，正倚門而立時，忽來一日兵，無端以槍刺向其猛戮，其人登時倒地，而槍刺深陷，不易拔出，日兵乃以足踏屍而拔之，繼復連戳數次。當時有運貨汽車一輛，載上海義勇隊日隊員經過門外，視若罔覩。

五、日寇違背國際公法暴行之種種

▲日飛機轟炸我災民

國府救濟水災委員會副委長英人辛博森，以日機於二月五日六日七日三日叠在閘北臨城路之災民收容所擲炸彈，結果死五十餘人，並有婦孺多人，已向日總領村井提出嚴重抗議，並謂：日軍此舉，非特慘無人道，抑且在軍略上絕非需要。該抗議書已分送領袖領事，及市長查照。同時路透及哈瓦斯兩通訊社亦均有記載，分發各國及國聯。聞臨城路災民原有一萬零三百餘人，經日機擲彈後，均四散逃亡，不知流落何處矣。

又訊：中國水災救濟委員會總幹事辛博森，爲上海日軍飛機彈炸災民收容所致國聯行政院之抗議，已由國聯秘書長特拉蒙，將原文分致各會員國。其文如下：

余以人道名義，對於日機彈炸災民一節，提出抗議，日機於二月五日彈炸災民收容所，是處災民約八千人，死婦孺各一名，傷四人，醫院內病人受驚致死者四人，翌日日機復炸該收容所，是時祇有災民數百人，大多數年老及患病者，均遷醫院，該所二次被炸後，死四十八人，遂將全體災民遷移，翌日日機復炸該所，此種行動，慘無人道，且於軍事上毫無用處云云。

又訊：中國水災救濟會總幹事辛博生因日本飛機轟炸災民收容所一事，曾以一函致該會主席宋子文，其文如左：閘北災民收容所截至一月二十六日為止，共有災民一萬〇三百九十九人，職員四十九人，一月二十九日，日軍第一次砲擊閘北之後，災民逃走者二千人，留而未去者在八千人以上，食宿照常，二月五日收容所被日本飛機轟擊，炸死婦孺各一名，受傷者四人，尚有患病正在醫治之災民若干，驚駭致死，大部份災民業已逃逸，其遺留收容所者為數不過數百，大都為患病或老弱不能逃走者。次日日本飛機又轟炸收容所，事後察出災民尸骸四十八具，其中大半為患病正在醫治者，其生存者，遷往他處。二月七日，日機又來投彈，收容所內災民至是遂完全搬出當照料人員方擬離去時，日本飛機忽又飛回，重擲一彈，將收容所左近之房屋炸毀，鄙人曾向日本總領事提出抗議書，謂此種舉動似無必要，且決不合於人道。鄙人並謂居住收容所之人，均係水災區域流離失所之災民，向此等地方施以攻擊，在軍事上實無任何利益，其惟一結果，僅使五十多名完全無辜之人犧牲生命而已。此函曾以一份送達領事團領袖，請其轉致其餘各領。另以一份送達上海市長。

▲槍擊紅會救護人員

中國紅十字會第二救護隊隊長薛振翼，率領隊員十人開出救護車，至火線救濟傷兵難民等，出發時，分二路進行，一路向梵王渡中山路至青雲路前線，當救得槍傷兵民四十餘人，卽送海格路紅十字總醫院，一路至閘北寶山路商務印書館附近一帶。甫近防線，遽遭日兵射擊，雖高懸紅十字旗，日軍竟不之顧，計受傷者，有司機王敦富腿部，隊員王志芳左膀，紀文衞頭部，危險異常，當卽送至海格路醫院。現聞紅會方面，以日軍如此不顧國際公法，已電告日內瓦世界紅十字總會，請轉告各友邦主持公道。

又訊：本埠萬國紅十字會救護隊隊員計文蔚王敦甫，及女護士王芝芳等，在香山路鴻興路一帶，救護傷兵，突被日兵用手溜彈攻擊，計隊員及王女士，均傷腿部，王敦甫傷頭腦，恐有性命之虞，現均在海格路紅十字醫院治療云。

又訊：有紅十字會第七隊隊員劉寅斗，至閘北戰區救護傷兵，不料被日軍所射擊，子彈由腸胃穿過，當場經送寶隆醫院診治，聞傷勢甚重，恐有性命之虞。

▲慘殺傷兵災民

紅十字會救傷隊，前往眞茹大場江灣等處救護傷兵，及被難災民，當工作進行中，忽有大隊日兵駛至開槍，向紅十字會隊員射擊，所有救護車內傷兵災民四百餘人，均遭屠殺，無一生還。

▲使用達姆彈及毒氣作戰

在吳淞受傷將士，均受有達姆彈之槍傷，入口雖小，出口極大，治愈甚難，痛苦非非常。海牙和會會議決議禁用此彈，日人竟違公意而用之，可謂野蠻已極。又紅萬字會第三分院，由前線救護歸來之傷兵，中有二人爲日軍達姆彈所傷，記者親往該院，見傷者彈之入口甚小，出口則皮肉破裂，大如碗口，現黯黑色，週身發熱，痛苦異常，現已經醫院檢定證明，確係達姆彈傷。該院及傷兵均歡迎中外記者前往攝影，以作暴日殘酷違法鐵證。

又訊：日軍用達姆彈向我軍攻擊，雖由日使館方面否認，然事實彰著，不容掩飾，已有紅十字會醫院德籍醫師貝姆博士備函證明，日軍確曾用達姆彈向我軍民轟擊，聲稱渠在院已目睹有我軍一名及我女同胞一人受達姆彈傷，貝姆博士在歐洲大戰時曾在戰地服務，故對於各種槍砲彈傷均極有研究。

又訊：據紅十字會報告，已證明日軍用達姆彈之事實，現各醫院醫士已決將取出之彈保存，並將受傷兵士創口拍照，登記姓名，受傷地點，事實，以便報告於世界，同時各救護隊已準備，如日軍用毒氣攻擊，當將致死屍體運回解剖作證。

日軍在吳淞方面已運到毒瓦斯彈甚多，警備司令部表示用毒瓦斯作軍器，已爲世界文明各國所不許，若使日軍果作此項慘無人道之事，則受其害者，將不僅爲無辜華民，租界各國僑民，亦將隨時有生命危險，擬向領團提出要求請竭力制止。

五、淞滬慘被蹂躪之損失一瞥

此次我軍在滬以自衛而戰，雖屢挫日寇，同胞生命財產之被暴敵蹂躪者，爲數實至鉅且大。日寇日日以猛烈砲火爲無目的之轟擊，遣派大批飛機，爲大規模之轟炸，更嗾使日僑便衣隊到處焚殺搶掠，人烟稠密之閘北，已淪爲焦土，江灣吳淞一帶平民房屋之被燬者，達十萬戶之多，重要文化機關，如商務印書館總廠，及東方圖書館，暨持志，同濟，水產，商船，中公，暨南，法政，復旦，勞大等十餘學校，幾悉夷爲平地，住校學生，大都被捕及刺殺。以多年之時間，多量之金錢，與無限精力慘淡經營而成者，而日寇則以數日夜之砲火，一舉全行轟毀焚滅之矣，至我居民之被暴軍殘殺者，尤不知幾許，無論婦孺，同罹慘戮，凡此非戰鬥人員之生命財產，卽在戰爭時期，亦應受戰時公法之保護，今兩國已未正式實戰，而日寇竟向我毫無武裝之住戶居民，肆意焚殺刦掠，行爲蠻暴，世所罕見，二十世紀而猶有此種國際之強盜，豈惟慘被蹂躪之吾人所不能忍，抑亦世界文明之絕大汚點也，下所列述之慘被蹂躪損失，特不過已知之一小部份耳！

一、閘北江灣一片焦土

▲閘北戰後已成一片瓦礫之場

滬北自上月二十八日夜，日兵向我軍進攻以來，我方出於自衛的抵抗，交戰已達二旬，閘北吳淞，已化爲刼灰，損失之巨，殊難以數字計算。僅繁盛之滬北一隅，此次爲敵方砲機轟炸，公私損失，至少當在一億萬元以上。而未被毒害之居民，今則皆成無家可歸之人矣，茲據某報記者之調査略誌以後，惟所記者尙遠在植田總攻之前，今則其損失當更不止此矣。

大統路尸體遍地　記者與友人兩名，從滬西兜抄至閘北，此行目的，明知所居之永興路，在寶山路第一條火線中，不易到家，亦明知所住華興里，已經全弄遭匪人刦掠，家內物件，决無存留，但爲欲一覩眞相，故不惜冒險一往，並非前去搬物也。我等曾在拂曉動身，迨至上午七時許，已到達滬北大統路，直到大統路底，街頭絕少行人。將至共和新路時，見沿路兩旁尸體纍纍，以婦女與小孩爲多，均爲慘無人道之日飛機炸彈與大砲所擊斃者，因無法收殮，咸陳尸道上，用蘆蓆障蔽之。最使人深刻不忘者，有一尸體，已被野犬食去其頭顱與手臂之一部，滿地殷紅，我人幾疑身入修羅場矣。

途中不見一兵士　我等到某路，已身臨戰線區域，舉目所見，二十日以前之繁盛街市，今盡變爲坍牆倒壁之火燒場矣。該處未見一行人，最使人目爲奇特，但聞極淸晰之槍聲，似發於前面附近，而不見一個兵卒。我等正驚駭間，突有忠勇衞國的武裝同志四五人出現，以槍作勢，我等高舉雙手，述明歸家探親的原因。武裝同志，很誠實的勸我們不必蹈大危險，以生命爲兒戲，我等言必欲前去，遂由武裝同志一人，引導我們向較安全之某路，繞北向東面行。我們謹愼地抄行途中，經過一處，見有武裝同志數名，在一被砲火轟毀之殘屋內，很鎭靜的喫紙烟閱報紙。

燼餘房屋之奇觀　我們歷盡不少恐慌，始得冒萬險而達到目的地之永興路附近，在華興里之西，爲光裕里及某里之房屋，原來有十數條弄堂，居戶數千。在戰事發生以後，該處卽遭失火，據守弄人告記者謂，此地之火燒，純爲江北人所放火焚毀者，若輩乘機槍刦，蓋一望而知非炸毀也。我人略加觀看，見第一弄燒去，第二弄完好，第三弄燒去，第四弄又完整，五弄又燒去，其未燒者，亦皆門戶洞開，什物盡被刦一空。

華興里已被炸毀，永興路附近各弄里，盡爲砲機轟炸，獨華興里二百幢屋，巍然存留。記者此次第三度歸去，已大非前數日之景狀矣。弄內爲火線之衝要地，初尙有守衞武裝同志，而分駐在東段，今則鐵門多啓，在第四弄一帶之房屋，在前天又爲日飛機擲炸彈，將房屋全數轟炸而倒。入弄一望，已變成一片瓦礫地。記者至此，心中感觸萬狀，我民何辜，遭此荼毒。迴視東鴻興坊香山路香馨里鴻吉里一帶，多變爲頹垣亂磚之荒地矣。聞弄內有一孕婦，且遭轟炸，壓入在倒屋中，尸體迄未取出。

寶山路十室十空　此次戰事突起，寶山路一帶居民，多數祇逃得空身，一切衣物錢財，盡皆棄留屋內，以爲一二日中，或可前往携取，初不料暴日之不顧人道，日夕以飛機大砲，對此繁盛之區，加以轟炸也。記者前兩次歸家，室內之物，尚完全無損，無如砲火激烈，無法携取出外，及至此歸去，則已大異。在寶山路附近一帶未毀之民房，前後門均遭打破，室內細軟物搶竊一空，僅留木器什物，戶戶如此，所謂十室十空者也。

記者乘中日軍事當局協商停戰辦法時機，冒險繞道往閘北作實地視察。甫出寶山路，但見閘北難民扶老携幼，肩箱担籠，爭向租界奔逃，絡繹不絕，總計於過去三十六時內，處於中日雙方軍隊激戰及日飛機擲彈中，閘北逃難者，不下數萬人，奔逃租界後均無安置處所，咸露宿行人道上，形容枯槁，窘狀畢現。記者旅往寶山路一帶觀察，商務印書館已被日軍焚毀一空，東方圖書館亦遭波及。據聞自二十九日晨十時起火，延燒至午夜餘燼尚未息，其損失當在千五百萬元以上。靑雲路世界大戲院及會文路湖州會館亦均遭焚如。北站僅焚毀房屋數大間及車箱三輛，餘無損失。惟沿途暴露之死屍因無人埋葬，臭氣四溢，聞者酸鼻。閘北一帶之精華俱已付之一炬，滿目瘡痍有非筆墨所能盡述者。

記者又驅車轉往公興路，車輛不能再進，下車步行，所經之處，瓦礫舖地，彈痕纍纍，市房無一完整，里弄多下鍵，弄內尤零亂不堪入目，蓋經炸彈砲彈轟毀後之情狀也。記者中興路，見路上行人寥若晨星，車輛絕跡，各商店皆相率閉戶，門可羅雀。鴻興路一帶房屋，均已轟燬，瓦礫滿地，僅存廢墟，滿目瘡痍之象，令人不禁悽然淚下。再進至中華新路，兩旁房屋，有被火焚燬者，有被砲彈轟毀者，其完固者寥寥無幾。復進至寶通路，折入天通庵路，該處房屋，被砲火破壞殆盡，自寶通路天通庵路口，起迄寶興路口止，中間協隆里三豐里浙江里等處之房屋，十分之九被砲火所燬，已成一片焦土。

▲砲火灰燼中之北火車站

由新民路龍頭房繞至北站，沿鐵路而行，祇見紛亂之電線，橫亙於地，玻屑瓦礫，佈滿途中。前進爲龍頭房，四壁蕭然，充滿陰慘氣象，屋頂牆垣，似未洞穿。其東爲旱橋，仍巍然環拱於交錯鐵道之上。更東則映入眼簾，無非破碎紛亂之慘狀，刺觸腦鼻者不外硝烟焦木之惡臭。略一駐足，即聞辟拍之怪響，連續數秒鐘，子彈簌簌飛過，而近處之鉛皮棚上，亦驟起一陣怪聲，令人不寒而慄。在鐵道廣場之間，復見鐵篷車客車各數列，已遭炸彈之破壞，失去原狀。旱橋南堍之棧房無一獨存，惟鉛皮焦木堆積如丘，而燼餘之火燄，尚未全熄。跋涉至此，體受火灼，目爲昏迷。過此則見車站新建之兩層矮洋房，已去其頂，壁亦穿漏。車站之大廈，僅存骨架，惟站門口之遮棚，尚存舊觀，而京滬滬杭甬等字樣，猶鮮明如昔，其旁之舊淞滬車站。外形似仍完整，內容亦零落不堪。

▲閘北江灣路附近之刼灰

閘北江灣路附近之莊家角，何家宅，張家宅，范家頭，劉家橋，蔡家宅，葛家嘴及同濟路上海銀行寄宿舍等處，戶口繁盛，自被日兵蹂躪後，房屋盡付一炬，居民均遭逮捕，繫禁于江灣路林肯坊日軍營部內，婦孺老幼，亦不能免，日軍指爲間諜，悉予慘殺。

▲虹口刼後之淒涼滿目

虹口火線區東虬江路湯恩路吳淞路東嘉興路等處一帶，各商店均閉戶，門可張羅，市况殊爲蕭條。該地適爲日軍與我軍交戰處。該地有少數居民，於二十八夜逃避他處。虹口公園附近之西式弄堂房屋，多被日軍焚燬，藉謀平地作戰。查該處房產。多係外人所構造，上海一切商業，均已停頓，失業情形，尤趨惡劣，蓋自閘北一帶之工廠被燬後，失業工人，忽增數萬人云。

▲江灣全鎮精華悉付一炬

江灣方面，自二十二日被日飛機擲彈燃燒以來，大火二日，損失至重，火勢延燒多日始告熄滅。茲將調查所得，誌之如下，（一）自江灣鎮之浜橋東蔡宅房屋起火至陳宅房屋止，（二）自程宅起火，直至安萬橋止，（三）面南，西自張龍生起火，萬姓止，復自姜宅起至東柵，安萬橋一帶，（四）北弄一帶燒至西鎮止，（五）自新浜橋以西，雖未焚燬，而彈火所及，無不東穿西漏。綜計商舖居戶，被燬約數百間，財產貨物之一切損失，一時難以估計。所有江灣全埠精華之市廛住戶，已悉成灰燼，誠空前之浩刼也。

▲閘北及北四川路之損失調查

據美國調查家報告，謂上海經日軍破壞，閘北區域工廠三百七十七家，損失七千三百萬元，失業者八萬六千人，虹口工廠三百三十家，損失一千八百萬元，失業者一萬五千人，連同其他各項損失，總計約損失一萬七千萬元之多。（此項統計遺漏甚多，實際上損失並不止此數，至少在此數一倍以上。）至于北四川路一帶商店居民，以工部局默許日軍在該地佔據作戰，至商民所遭生命財產之損失，至極繁重，現在日軍仍未撤退，該路我國商店居民所遭蹂躪損失，據該路商民所成立之損害調查委員會登記，第一次登記公佈：共計失踪者七人，損失銀二十二萬二千兩，洋十一萬四千○九十二元。第二次登記公佈：共計失踪二人，槍殺一人，傷亡一人，被擄五人，洋二十八萬六千六百七十二元，銀九萬八千兩。第三次登記公佈：共計失踪一人，被擄四人，傷亡二人，洋十六萬六千六百十一元，第四次登記公佈：共計傷亡一人，慘殺二人，失踪二人，洋二十二萬一千五百三十二元，銀三萬八千六百五十兩，現在仍未調查登記完竣，總其損失，當極鉅大。

▲市社會局首次調查損失統計

市社會局會同市商會及會計師公會，調查此次戰事損害，決先舉行初步調查，曾由該局等登報通告，被災各工商業各團體各住戶，從速填寄調查表，俾於最短期間，獲知確數。茲據該局負責人員聲稱，截至二月底，共收到報告表三千五百四十二份，統計損害額數，四千一百三十六萬餘元，尚有大多數被災公司廠號，如商務印書館兩路管理局永安紗廠法政大學等，以及避難各處者，均未報到，將來全數列入，統計不下數萬萬之鉅。

二、吳淞各地之慘狀

▲吳淞鎮市房全燬

二十日日艦開砲轟擊吳淞時，外馬路一樂天茶社，首當其衝，着砲後，遂即延燒，加之日機拋擲硫磺彈，並且東南風猛烈，因此一發竟不可收拾矣。自一樂天向西延燒華昌米行，永泰生煤炭行。公記竹行，火油行。木行等，直至西首油車碼頭，裹街荳市路，則同升臘燭店，某京貨店，麵店，春和館，菜館，荳腐店，張家麵店，糖坊，吳正友米店，及顧明華老虎灶，小麻子，小茶館，迤西直燒至西安路三益路口，共燒兩晝夜之久，火勢之盛，殊覺少有。以致外馬路西半段及荳市路一帶房屋，悉成灰燼，慘酷空前罕有。此次一燒，吳淞全鎮已去其九矣，恐完好者尙不足一成之數耳。

▲吳淞附近戰痕遍地

記者文（十二）晨藉停戰機會，於九時起程，往吳淞視察，由舢舨廠新橋沿滬泰長途汽車路，經瀏河楊行區等處，十時許抵吳淞砲台灣路，該路多處受敵彈炸，成巨災，水產商船兩校，僅存下層一二教室，損失以水產爲巨。兩校原有三無線電台，現僅存其一。吳淞車站，已成瓦礫場，吳淞地方甚爲平靖，惟路上行人，寥若晨星，鎮上房屋，泰半已成灰燼，而鄉村中之平民住屋，亦慘遭日機轟炸，故完善者甚少。記者復驅車往吳淞砲台灣視察，當於九時半出發，經舢板廠新橋，由中山路沿滬太長途汽車路直駛，途中見搬箱運物者，絡繹不絕，爭先恐後，交通時爲阻斷，想見當時危急中逃出時，物件多半未有携出也。其中尤以大場一帶，倍見擁擠。順道復於瀏河楊行區等處，一視我軍防禦工程，如是一再停留，始於十時許抵吳淞砲台灣路，因該處馬路，多被敵軍成巨穴，車輛已不能前進矣。

三、文化機關亦遭摧燬

▲商務印書館及東方圖書館

此次日寇砲轟上海，閘北首當其衝，我閘北商務印書館爲我國最大之文化事業，東方圖書館亦爲我國之重要文化機關，所印行及儲藏之珍貴書藉，爲數至夥，足與世界著名文庫相匹敵。今于日寇砲火及飛機狂轟之下，機器房屋紙張及珍貴書藉，均付一炬，至于附近之工人住宅，悉召焚如，職工及其家屬，流離失所，無家可歸，竟達數萬人，此誠我國文化與社會之重大損失與浩刼也，該廠因總廠全燬，資產損失殆盡，刻已宣告停業，據該館負責者云：該館總廠及東方圖書館，向設閘北寶山路，爲公司全部精華及大部份資產所在地，此次被日機炸燬一空，損失之鉅，匪言可罄。且東方圖書館所藏善本及本國各地方志全套，亦同歸於盡，尤非金錢所能計其損失。其損失之約數，計商務印書館全部財產原價約三千三百餘萬元，其中在閘北約占二千餘萬元，現公司總務處第一第二第三第四各印刷所及書藉儀器紙張各貨棧又各種特別建築，於一月二十九日上午被日軍飛機投彈炸裂起火，延燒一日夜，房屋機器貨物完全付之一炬，事前並未有保兵險，損失至少已在一千五百萬元左右。至于東方圖書館之損失，據商務印書館編譯所同人爲東方圖書館被暴日炸燬宣言云：商務印書館，及東方圖書館爲遠東有數之文化機關，當意破壞，竟爲日機擲彈之主要標的，而首供其犧牲。按文化機關，即在戰爭時代，亦應受戰時公法之特別保護，今中國並未宣戰，而東方圖書館等即已遭襲擊，化爲灰燼。夫東方圖書館已有三十五載之歷史，其收藏之富，在遠東尤爲罕見，圖書總額，在六十萬册以上，其中中國書籍，尤爲珍祕難得，有中國最古之南北宋版本圖書百餘種，有木刻之重要名著繕本二萬餘册，所藏中國省府縣志，爲中國最大之史地書庫。至元清明之精刻書本，重要者更難屈指以數。又歐文書籍，歷年亦置備甚多，足與著名之馬利遜文庫相匹敵，此包羅重要文獻珍貴無比之寶藏，今乃無故被燬於日機狂暴轟炸之下，此種人類文化之損失，甯有恢復之可能。嗚呼，我國人，我友邦，我愛護人類文化之世界諸學術團體，對於日人此類罪惡行爲，其能默爾而息歟；茍正義猶存，公理未泯，我知必將羣起詰責而加以嚴厲之制裁，否則世界文化，恐將爲此種無理性無人道强暴之日本，摧殘無餘。同人等悲痛之餘，一方當要求政府責令賠償，一方面當就棉薄所及力圖恢復，茲將事實經過，貢諸國人，及世界各友邦人士之前，惟希鑒察。

▲中華學藝社

北四川路底中華學藝社，爲國內著名學藝團體之，該社社員，大半爲留日歸國之士，自九一八事件發生後，該社社員等對於救國工作，進行甚力，日人恨之刺骨。此次日旣犯滬，其海軍第二司令部係設於該社對面，聞於一月二十九日，日海軍司令部曾遣海軍及浪人多人，破門入內，搜索搗毀，旋加貼日本海軍司令部封條於大門而去。二月二十二日，我軍進攻北四川路底，日軍大敗，於退却時縱火將該社焚燬。查該社所藏專門圖書甚多，約值二十餘萬元，社員寄存專門圖書，約值十萬元，此外所存社員交來付印之著作稿件數十種。又該社祕書社會教育專家馬宗榮氏，十數年來所搜集之社會教育專門書籍千餘册，均成灰燼，誠我國文化上之又一大損失矣。

▲上海法學院

江灣路上海法學院，係由褚輔成，沈鈞儒兩氏經營，於十九年自建教室暨學生宿舍，教室可容一千八百餘人，而宿舍亦可容一千餘人。是年冬，經教育部批准立案，並於去秋加建大禮堂。其中所有房屋建築金，總計四十餘萬之鉅。事變發生，該校被燬，茲據確訊，該校確於二月三日下午四時，被日兵由該校邊門攔進，施用軋司林先燒教室，繼燒大禮堂及宿舍，延至次日下午五時，始行全部焚燬。聞該校當局除另行設法外，已將經過情形，據實呈報教部核示。其原呈謂，屬院江灣路院址，以地處虹口公園日軍司令部附近，當開戰之始，已聞被燬消息。初以消息斷絕，無從前往查勘。茲據新由戰區逃出之校役報告，禮堂，教室，宿舍，確於二月三四兩日，被日人放火燒燬，全部校產，約計損失洋四十三萬五千餘元。查屬院自創辦以來，迄今六載，本無一牖之士，一椽之瓦，租屋招生，勉力維持，旋經各校董發起募款，於十八年購買地畝，十九年建築教室宿舍，二十年增造大禮堂一所，規模初具，不期落成未幾，並為賊寇所燬，深可痛傷。此後復業匪易，而一千三百餘青年學生，求學失所，國本培養需要，尤見迫切。為此應特將屬院所有全部財產被焚經過情形，財產損失種數，呈請鈞部鑒核，並懇准予轉呈行政院，令飭外交部，即日對日提出嚴重交涉，要求賠償，以維學業，而保國權云。

▲吳淞各大學均被砲燬

據詳細調查，吳淞方面，共有七大學，被燬於日兵砲火之下，共有學生四千餘人，大半失蹤，杳無下落，損失最大者爲同濟商船水產中國各大學，全部損失之總數，一時尚難統計。惟此後三數年內，恐不能恢復原狀。我國文化機關，遽被日軍蹂躪如此，誠可謂創深痛巨也。茲錄調查所得如次：

同濟大學在吳淞鎭二里，共有學生六百二十餘人，電汽間，生理學院，材料試驗室，中學部教授室及全部宿舍正在建築中之中學教室等，盡被日砲轟燬無餘。學生至白克路同和里該校醫正科報到者，僅有二百餘人，尚有四百餘人不知下落，全校六十餘工人，失蹤者亦有三十餘人。此校本係德人創辦，經我國收回，以醫科爲主，大部醫藥儀器等，由德人捐助，現時醫科教務長德人拘德，工科教務長德人史婁納，中學部教務長德人歐特曼等，已連電祖國，請求德政府向日本提出抗議，保留賠償。

商船學校在吳淞砲台灣，共有學生三百五十人，係國府交通部創辦，課程注重商船駕駛，河海測量，機器修理等，意在造就我國航海之專門人才，今被日兵用大砲全部轟燬，除斷垣焦壁而外，一無所存，學生之失蹤者，亦在半數以上。

水產學校在吳淞砲台灣，與商船學校相接近，共有學生三百餘人，課程係注重捕撈水產，以及水產物之化學製造等，意在培植我國採撈海產之專門人才。日本在三數年來，屢屢向我國沿海偷捕海產，迭經政府嚴重交涉，故對於我國之水產學校，異常嫉視。在日兵登陸侵入砲台灣之初，卽首先搜捕該校學生，並用大砲轟燬該校全部，目前已一無所存，學生失蹤者甚多，死活存亡，一時亦無從調查。

又查吳淞被燬于日軍砲火下之七大學計同濟大學電汽間，生理學院，材料試驗室，中學部教授室，及全部宿舍與正在建築中之中學教室等，盡被日砲轟燬無餘，學生逃出者僅二百餘人，餘均不知下落。商船學校被日兵用大砲全部轟燬，除斷垣焦壁外，一無所存，學生失蹤者，亦在半數以上。水產學校在日兵登陸侵入砲台之初，卽首先搜捕該校學生並用大砲轟燬該校全部，目前已一無所存，學生失蹤者甚多。中國公學全部校舍十之六被日兵砲燬，學生逃出大半，餘不知下落，損失總數不在同濟大學下。以上數校受創最大，損失最重。中央大學醫學院門窗已被日兵槍彈打成蜂窩一般學生事前已離校，幸未遇難。勞勵大學農學院日飛機前往擲彈數次，校舍被燬一部分，因離戰區稍遠，損失尚不大。勞勵大學工學院，全校已被燬，學生失蹤在半數以上。此數校全部損失之總數，一時尙難統計，惟此後雖于三數年內，恐亦不能恢復原狀。我國文化機關遭日軍之蹂躪如此，誠可謂創深痛巨也。

▲持志大學及中學

水電路持志大學及江灣路持志附中，於先後被日兵縱火焚燬。日軍於十一日下午五時，以機關槍隊衝入持志學院大學部，先用機關槍向門警掃射，旋卽縱火焚燒，四樓可容千人之宿舍，二樓教室飯堂圖書館標本室，均付之一炬，損失極大。該校同學會特電日內瓦我國首席代表顏惠慶博士，向國聯提出嚴重抗議。原文如下：（銜略）敝校中學部及大學部，於三日及十日後爲日兵縱火，全部被焚，兩處損失，不下百萬，文化機關，慘遭摧殘，特電請向國聯提出嚴重抗議，持志同學會叩，又該會卽將通電國內外文化機關及各界請求援助。

▲滬北中學

虬江路五七二號滬北中學，住居北四川路鐵路之間，爲火線之衝，戰事爆發後，卽爲日軍佔據，將事務主任馮鶴年及校工永康，拘押司令部多日，乘隙逃回，狼狽不堪。

又一校工庭釆，日兵搗入，匿入夾弄，穴洞相窺，目覩日軍出入甚忙，將圖書儀器等，陸續搗燬，飢寒驚厥，歷三晝夜之久，迨後延燒拚命爬出，躲入隣屋，轉輾避匿，無從逃出，幸得隣屋內遺有年糕等食物，得以不死。虬江路六三〇號該校小學部校舍及女子部校舍，亦全被焚燬，綜計全校財產圖書儀器損失，極爲鉅大。

▲蔡元培等宣佈日寇摧殘文化暴行

中央研究院院長蔡元培等，因日軍在上海焚毀商務印書館，及其他文化機關，特與王世杰，鄒　魯，劉光華，蔣夢麟，梅貽琦等，聯名致電日內瓦國際聯盟文化合作會，請速設法制止日軍之行爲，茲覓得電文如下：日內瓦國聯會文化合作委員會公鑒，日本陸戰隊，及飛機二十餘架，轟在上海之閘北江灣等區域，橫施暴行，並故意摧毀文化機關，卽如中國最大出版事業，商務書館，東方圖書館，暨南大學等，被焚毀殆盡，同人等謹代表中央研究院，中央大學中山大學，北京大學，武漢大學，淸華大學等，懇請貴會轉請國際聯合會，行政院，迅速採取有效方法，制止日軍此類破壞文化事業，及人類進步之殘暴行爲，蔡元培，劉光華，鄒　魯，蔣夢麟，王世杰，梅貽琦同叩。

六、世界輿論一致掊擊暴日

日寇此次挾其應有盡有之殺人武器，企圖攻佔我淞滬，奪取我東南富庶之市場，其用心早已世界人士所共見，乃日寇猶大張其詞爲保僑，爲制止抗日，藉以掩盡世界人士之耳目，亦徒見其心勞日拙而已！蓋日寇在我淞滬一意孤行，于所謂公理正義世界和平國際信義等，悍然無所顧惜，早已爲世界公正之人士所唾斥，觀于一月二十八日滬戰以來，世界各國輿論，不約而同羣起向暴日抨擊，主張對暴日予以懲創，共同對日經濟制裁，已成爲輿論之中心，英國人士且多主張會同美國，立即共同嚴懲日本，以維護世界之公理與和平者。可見正義公道，自在人心，決非暴日所能朦蔽，雖共同對日懲裁，能否即行實現，尚在不可知之中，然世界人士對日寇橫暴之憤慨與攻擊，則爲千眞萬確之事實，是則日寇早已成爲人類深惡痛恨之惡魔，吾人之奮力抗禦暴日，正爲伸張公理正義而奮鬥，公理正議一日未泯滅，日寇暴力決一天不能獲逞，茲特將世界申斥日寇之輿論，彙錄其要者于下：

一、英國各報之輿論

▲英美應與國聯抵抗國際匪刼行爲

倫敦三十日孟却斯特報社論稱：日本於國聯行政院集會期中，悍然不顧彈炸閘北，并以機槍向人民射擊，此種暴行之侮蔑國聯，無以復加。該報稱：上海事件誠難認爲戰爭，稱之曰屠殺，似較爲接近。國聯固非十分努力，使日方顧及違反國聯意旨之危險，然國聯雖素容忍求全，日方最近之舉動，未免太過。該報續云：上海與東省情形截然不同，上海與參加行政院之列強，尤其是英國均有密切關係，無論若何政策如不容納極端反對武力之美國之態度，則難有成功之希望，故吾人應與美國及國聯行政院內，對此國際匪刼行爲，願爲消極抵抗之行爲，採取一致行動云。

▲日海軍轟炸閘北之野蠻舉動已令外國輿論起一變化

倫敦泰晤士報稱：若能有一強有力之人，約束上海之軍隊，則正式中日戰爭，仍可避免。該報又稱各國輿論，原對日政府表同情，但日前日海軍命令鹽澤命令轟炸閘北之野蠻舉動，已令外國輿論起一變化。故目前最重要之問題，即須令日政府之文人派重握大權云云。該報建議上海方面之外國戰艦，及軍隊似應有統一之組織，一旦有警，卽可迅速出動云云。

▲日方砲轟閘北南京殊令人迷惑不解

倫敦二日每日電訊社稱：凡素友日者，對於日方彈炸閘北砲擊南京均覺迷惑不解。未知是種行動，勢將引起若何結果？日本係一強國，應保持文明國家之榮譽，且日本將來國家經濟、與對華貿易關係密切，前星期五中國當局對於日方爲保僑民權益各點，均已屈從，試問是項正當權益，是否因日方嗣後之舉動，更加鞏固？列強此時對於中日兩國聯會員之軍事衝突，殊覺驚駭，出任調解不妨一試。至於歐人之生命權益，無論如何，必傾全力保全之。

▲日本無端轟擊足爲對華作戰明證

倫敦孟却斯德指導報社論，謂日本無端轟擊南京，足爲其對華作戰之明證。又謂日本現圖強迫中國宣戰，則至少可稍卸去侵略之譴責云。彙聞報謂日本目下與世界輿論爲抗，今非將此節更令顯明，則日本仍將暢所欲爲而受譴。泰晤士報謂上海集合約束的大軍，實為挽回中日正式戰爭最佳之希望。惟日本海軍之意志，如能更可信任，則此希望可大見鞏固。上星期鹽澤少將之命飛機作野蠻的轟擊，大損外人之情感。外人固自始表同情於日政府也。今絕對必要者，東京政府之文治份子應恢復控制其本國軍隊之權。

▲列強應即會同美國立即行動以制日本

倫敦人士今日批評遠東消息，現覺中國一致團結抵抗日本暴行，某方面豫料將有一種最後辦法，而由英國發起。又有人主張列強會同美國立即行動，以制日本。朝野各方面，現皆亟欲研究最近公報。英相麥唐納刻在別墅，但樞密院長包爾溫日在相邸，而外交海陸三部人員皆不稍離職守。在滬商人兵士等之親友，今日清晨有若干人集於政府公署之外，以期探聽上海英人有無危險消息。近來頗多關於接濟遠東軍火，但未證實之謠言，任諾爾畫報謂法國現接有日本定購大批軍械之成單云。至於英國刻以大宗彈藥供給中日之說，則已有人駁之，蓋一月份英國彈藥運往世界各處之貿易統計，已表示今年一月比較去年同月已減少十分之五也。

▲日人在滬蠻行表示其無文化程度

倫敦泰晤士報社論：謂外相西門所報告之遠東政策，定爲英國輿論所贊同。今公共所要求者，僅在以必要的毅力，實行此政策耳，美國反對日本過分行爲之輿情，現較英人爲甚。日本現須知其在華海陸軍代表之行爲，已漸使全世界輿情反對其國，日本今已喪失其前所享受之許多擁護矣，日人在上海之種種不規則行動，已表示其遠不合於文化之高程度。從前世人對於新日本，稱爲有文化高程度，今則對於日本，漸失同情，此乃與最後解決不能無影響者。上海解決較諸滿洲，尤須爲國際性質之解決。除日本外，各國在上海絕大貿易中心點之上海，咸有極大的固有利益，斷不能消極，而聽日本以暴力造成一種特惠局勢也云。

▲日政府不能制其軍隊世界定將使之負責

倫敦每日電聞社論，謂國聯得日軍拋擲炸彈轟擊上海之消息，爲之驚愕不已。凡日本之友未有不感覺文明國之名譽受此打擊者云。泰晤士報社論謂：日本政治家如不能制止其海陸兵之氣焰，則世界輿論定將使之負責。又謂目前要着在積極利用上海暫時停戰之時機。過去兩日之事件，已證明國際行爲，須較國聯行動更爲迅速之重要。中日間一段關係之大問題。終必爲國聯事件，因中日兩國皆係國聯會員也。但若能使國際利益不受目前之危險，則對於遠東和平至有關係之各國政府，又何嘗不應於國聯努力而外，再致其聯合力量歟云。自由黨彙聞報表示意見，以爲如欲恢復上海秩序，必須由國聯爲之。因國聯乃國際公法之最後公斷人也云。工黨每日驛報稱，國際強盜行爲而蒙容忍，則將來結果，必使各國連日本在內，悉受莫可補救之危害云。

▲日軍人派除迷信武力外一無所知

倫敦新聞紀錄報載社論，痛斥日本在上海之行爲。該報引用希臘名言，謂凡上帝欲毀滅者，其行動必狂。現時日本之政局，已證明軍人派，確在指揮一切，彼等態度傲慢，除迷信武力外，一無所知。日本海陸軍官佐，咸認彼等所爲者爲不誤，但使上海形勢若是嚴重，日方並無所得也云云。

▲國聯應採相當手段制裁日本維持和平

倫敦工黨每日驛報社論，贊助工黨領袖藍斯堡對日經濟抵制之建議，倫敦報界對於日本在上海及南京之行動，繼續嚴厲批評。每日民聲報謂國聯，會當出於果决行動，以維持和平，日本若再蔑視國聯會自當採取其他手段。晨報評中日事件曰，四國對日干涉恐將為日本所拒受，謂日人或將因此激怒。然日本利用租界為作戰根據地轟攻閘北，實非善策。日本無異作冷血之舉，好戰之國每不易管束云。

▲戰事之禍首為日方其暴行為人道不容

神戶英文日本紀事報社論云，美國務卿史丁遜致日本之通牒，中有一極堪歡迎之語云，抛擲炸彈於無防禦之市鎮，雖在戰時亦為一嚴重之舉動。當日方接到此牒時，北方之錦州等處已受轟炸之禍，而上海則於此牒接到後，立受此同樣之轟炸。上海人口稠密，遠甚於平瀋線各市，故飛機擲彈之毀壞性更大，所造之恐怖亦更鉅。在一九一四年前，世界之軍事家未有離開軍事價值，僅為造成恐怖而抛擲炸彈者。迨大戰後，軍事道德墮落，遂以抛擲炸彈濫殺無辜為能事。據日方報告：上海軍隊約有萬人，而上海平民則有數百萬。由此可見炸彈所能致之軍事上效果極少，在日人當然謂調彈必擲於軍事地位，然投彈而必命中，雖最良之投彈者亦無把握。彼雖以軍事地位為目標，而被擲擊者究竟是否軍事地位，恆不能確知。如商務印書館之被轟毁即是一例。彼日人則竟諉稱為誤會爲軍事地位。要知對於如上海之市區而拋擲炸彈，其最受害者厥爲婦孺，以及苦力小商人勞動者等。彼等之家一經炸毀，卽生計斷絕。當此冬季之中，困苦可想。吾人見東報，中對於已離上海之日僑六千人，及將離上海之日僑萬人表示同情，而對於數千萬流離顚沛之華人難民，則無一言之憐憫。截至一星期前爲止，（譯者按此論文係載於二月十日報端）據滬報計算，日人所致成之破壞，已値五千萬元，縱於生命之喪失無所措意之輩，對於物質上之如此壞毀，亦應一加顧念。在並無戰爭之今日（此係日人之說）如斯恣意破壞，若有戰爭，更將若何。日本不乏以人道主義爲職業之流，今對華人竟無一同情之表示，幾令人詫異不信。據上海某寓公來函稱，危機日形增甚，有數十萬華人破家失業，生計斷絕陷於窮境。華兵到滬者日多，力圖對日軍抵抗。夫從事戰爭者係日本人，公共租界一方爲日軍作戰根據地，一方爲華人避難所，此皆明白之事實，則華人對一般外人之感情決難良好。蓋華人祇見一方中國地方成爲破壞區域，一方外人利益集中之地則保護周至，則除斷言一般外人與日人有約予以便利外，更有何種解釋哉。如此大足引起一般排外心理，此乃時局之極大危險也。中國於內亂中曾有兵士搶刦之事，然如此次上海之大破壞，貧民受殃最甚者，則殊少見。而據吾之意，此項爆發，鹽澤司令實為其導火線。日僧之被毆與民國日報之紀載，儘有方法可以取得滿意，而竟以武力從事，請問此禍如何收拾耶。

▲國際匪刼行為不應容忍

倫敦泰晤士報社論稱：如日政府要人不能制止其海陸軍隊之逾分努力，則全球輿論將認日政府要人應負其責。該報認為目前之要務，為盡量利用暫時休戰之局面，最近數日間之發展，證明各國應從速採取國際行動，不能效國聯之遲鈍。至於中日間之邦交問題，最後固可由國聯處置之，然於目前危急之外，通力合作，無庸疑慮也。每日電訊報稱：日人彈炸上海，實予國聯以一重大打擊。凡素以友誼視日人者，無不感覺此種行動，影響及文明國家之榮譽。新聞紀錄日報稱：恢復秩序應由國聯設法辦理，蓋國聯為國際公法上最高之判斷者也。每日先鋒報稱：國際間之匪刼行為，如加容忍，則各國將蒙其害，即日本亦在其內。每日郵報稱：英國應採之標語，為脫離漩渦。

▲日本在中國之暴行殊令人憤懣

倫敦英下院工黨領袖藍斯堡今日向報界發言，謂英工黨鑒於日本在中國之暴行，甚爲憤懣，各國政府宜採行列強所可協定之辦法，以肅清中國境內莫可忍耐的與非法的事態。日本侮弄國聯，並視條約爲廢紙，無論商業上或金錢上犧牲幾何，世界各國必須有舉動。此種舉動，未必竟成戰爭，因日本既知文明世界不能容許此種非法行爲，繼續不已，而無抗議，定不敢犧牲其全部商業之前途也云。

二、美國及其他各國輿論

▲日本在滬行動與地位着着錯失

紐約電，美國各報，對於日軍無故轟毀閘北，無不大動公憤。即前此對於日本侵略滿洲之政策作偏袒之論調者，亦因日軍此次對於並無軍事準備之閘北民衆，橫施砲轟，而一變其昔之主張。紐約公論報 HERALD-TAIBUNE 向頗袒日，其今日之社論有云：「從國際方面觀察之日本在滬行動與地位，已一步不如一步，既誤於前，復誤於後，着着錯失，形勢日益險惡。彼東京當局，不自承過失，責令其海軍司令鹽澤，從速挽救此危險之時局，不尊重他人之權利，而竟嘵嘵置辯，自謂所有舉動，止爲履行其『保護』

租界應盡之本分。」

▲日人在滬殘酷行爲爲歐西所不敢爲

紐約晚報對於日本轟殺閘北馴良居民，尤極憤慨。其社評云：「在中國外交史上中國固嘗屢受外侮之兇橫殘暴，如日軍今日所表顯者，實無前例可見。日本以制止反日運動爲藉口，竟密佈飛機，向繁盛市區濫擲炸彈，大肆焚毁，使無數和平之民衆，同陷空前之慘刦，此種殘酷行爲，歐西各國所未敢施諸中國也。」

▲九國公約國儘可抗制日本非法橫行

紐約時報云：「就日政府所持方針言之，吾人雖欲以國際間之責任相爲勸告，亦殊徒然。」該報關於九國公約又曰：「簽約國在條約之下，儘可向日政府要求滿意之解釋，儘可反抗其在華之橫行不法，同時又可召集國際會議，以解决此極重大之國際問題。世界各國對日最後之判斷若何，胥視其對吾人莊嚴合理之表示取何態度定之矣。」

▲日軍利用租界攻擊華軍實爲過行

紐約電，東京傳來日本不反對國聯理事會調查滬案之消息，美國各報大爲寬慰。惟講壇導報稱，芳澤所發上海日人行動實爲時事所迫之言論，不能洗刷鹽澤少將用公共租界爲攻擊華軍策源地之過行。

▲日政府更易司令不啻表示認過(？)

紐約泰晤士報載稱：日本駐滬海軍司令更動之舉，足證日本自知謬誤，並準備將時局予以結束。美國海軍作戰事務局局長潑拉脫提督，以爲日本駐滬海軍司令調動之事，足使時局感受良好影響。但上海多數中日國人，持有槍械而運動不當，仍屬危險所在云。

▲日軍轟炸上海爲世界輿論所不容

柏林電：中央黨機關報日耳曼報，謂日本猛烈攻擊上海，實因中國人反對日本侵佔東三省舉行抵制日貨而起。自一九〇八年以來，華人屢以抵制貨物之法抵抗外國，常奏功效，惟其效果之嚴重，從未有如此次中日爭端之甚者。此日本所以採取爲世界輿論所不容之手段以對付之也。

▲日乘歐美經濟變動實施其侵略計劃

柏林電，各報關於遠東事變之評論如下：中央黨機關報日耳曼報要求國聯會迅速調處，以冀挽回和平之最後幸運。又謂遠東事變，明白表現，軍備過強所構成之危險，因如此則強者可以其力量而壓制弱者也。佛郎克爭日報，謂日本加於中國之軍事行動，實爲一種嚴密計劃。方今歐洲及美國正爲政治及經濟變動所困，不能以有效方法，加以干涉，日本政府乃乘此時機，以實施其計劃云。國家主義派機關報德意志滙報，謂德國與各國一致行動，要求中日兩國政府，停止敵對行爲，其爲和平作犧牲實大云云。

▲日方殘暴政策實欲破壞和平

巴黎電，法國報界對中國國內現狀評論極多，對於日軍之殘暴行爲，極爲排斥，且謂日方之政策，竟不愼重，毫無顧忌，實欲破壞和平，然中國迄未組成有力政府，實爲憾事云。

▲和平解決滬案爲目前最大急務

日本時事新報稱：（上略）平和爲目前最大急務，中國人因兵亂而困頓，若以其爲所應受則未免偏見。上海爲國際市場，對於我國（日本）亦有重大價值。由各國民之共存其榮而繁盛，亦爲我國工商業及貿易之培養要素也。邦人之居留區域爲虹口一帶，及北四川路方面，若燒失而成荒野，則工商業與貿易均將毫無根據矣。故必須從速停止兵亂，從一日間到一時間，從一時間到一分間，愈快愈妙，此乃爲人道計，資本主義計，社會主義計，不得不如此也。

▲日本不宜而戰應負賠償全責

大陸報載瑞士法學家潘瑞博士對日本侵滬之意見，略謂：凡隸屬一個國家之機關，違反國際公法而向他人進攻者，則該國必擔負進攻之責任，且無論該進攻機關之是否受有高級訓令，其責任應由該國擔負，亦爲一世所公認之原則。至目前事件，一九〇七年海牙第四次和平會議，第三條盟約內已明白宣佈。在此種含有一國責任之機關中，不僅包括主管國際關係者，卽武裝軍隊（正式海陸軍）亦包括在內。如中國東吳法律學院之被損壞，日本巳侵犯國際公法，故應擔負恢復東吳法律學院未損害以前之原狀。卽學生教員之因日軍干涉而受損失，亦應由日人負責賠償。此事將來必由美日用外交法方解決。至於虹口等處中國平民之被殺害，必由中日解決，日本旣堅謂未向中國宣戰，故海牙第四次和平會盟約第三條，特別適用於日本在中國土地內之戰爭行爲。

日本學生一定明白本國在上海及其他各處種種高壓手段之結果，必有各種解釋此種不宣而戰之理由，此種戰爭，決不能永不解決，故至少可以予吾人以若干答覆或解釋。鄙意日本必係基於下列各種理由：

（一）日本欲消滅彼受苦最深之有組織抵制，且信其總機關在上海。

（二）日本在飽澤哀的美敦書之後，卽繼之以軍事動作，意在採取一種強悍之政策，無論對於日本本國若何有害，仍必貫徹此種政策，蓋卽要面子與要威信之老調。

（三）日本欲襲取閘北，虹口，吳淞，預備佔領之後，卽可要挾南京政府，使開一第二次華盛頓會議，或遠東圓桌會議，或國聯特別會議，或竟與中國直接交涉。

（四）日本知西方各國，因中國抵制日貨而得利，故將上海商業破壞以驅走外國之競爭，並欲在此被燬之地域建設一日本商業專利區。

（五）日本欲因攻擊上海，希望將列強注意滿洲目光移至上海，以爲彼解決中日爭端之餘地。

（十六）日本於吳淞虹口之間，闢一日租界，不僅欲因此得一鞏固之商業地位，並欲作軍事根據地，先管理揚子江口，然後管理揚子江流域。

除以上所述外，日本尚有其他動機，其在上海眞正之目的。不久必將暴露，但日本不幸在千人萬眼之中，作一月餘之不宣而戰，故事實之在外國觀察家眼光中，比國際調查團猶爲清晰，更無庸日本之自辯也。縱使最後日本成功，然其汚點將永遠不能磨滅。日本目下政治上，經濟上，哲學上，種種系統之紊亂，將來必有紛擾。中國此次作戰，於國家前途至有關係，中國嘗欲修訂不平等條約，故此問題，必更爲各國鄭重考慮。因中國此次已表示眞能奮鬬。總之，上海事件，中國必生出若干好結果也云云。

三、上海各外報輿論

▲租界應將武裝日人驅逐

上海大美晚報社論云：日本軍隊與携槍之徒，不僅失去其在上海保衛計劃中之效用，且已喪失其留居公共租界之權利。是以我輩今日關懷日本地位之心，已無異於日人之關懷我輩權利財產與生命矣。日本在名義上之地位，既與中國友誼未絕，又與他國協同保衞租界，但在事實上，則日本正與中國作戰，且以極不正當之道，利用公共租界中立區域，爲其作戰根據地。日人不僅以此種行爲妨害他日公共租界之地位，且以我輩所認爲極端不合之方法，自租界當道手中篡取警察權，而擴張其行使區域。至於他人當初所未嘗料想之地位，並濫用此權力作種種行爲，如縱火及屠害所拘之人等，是以公共租界當道，應立卽當衆表示，與此種過分舉動，絕無關係，並有以昭示公衆，使知他國及其僑民，絕未預聞任何侵犯中國之戰事，更應重行申明公共租界之中立地位，其他係外人安全居住之所，不能爲作戰根據地。當此中立性質既被蹂躪之時，欲圖恢復，應立卽要求下列諸端：（一）所有日本武裝隊伍，撤至租界以外，至少亦應將除保衞租界所必要者外，悉數撤去，租界巡捕復得行使職權。（二）解除日本便衣隊之武裝，若輩已自行證明爲一種凶頑殘暴不負責任之團體。（三）一切日本武裝隊伍，不得再在租界境內登陸。日人鑄此大錯，其可慘之紀錄，已無術消泯。我輩今日所能爲者，唯有使公衆明瞭日本係孤行己意，至不參加戰事之日本人民，當然可以留居租界之內，與中國人民同受租界當道及各國軍隊之保護。但彼武裝日人曾辜負所託，而利用租界爲作戰根據地者，吾人唯有以二字對之曰「滾蛋」而已。

▲罪不在中國而在強鄰之日本

上海大美晚報昨日社論云：凡持槍尋釁者，恆得其所欲。中國之嚴詞拒絕，實日本所自肇者也。特日本軍閥威嚴之代價，須吾人大衆負之，斯爲不可解耳。誠然，吾人今日已俱在日本侵略的自衞「保障」之下。日本參謀長田代之言曰：「租界之危機，居民之不安，至今已臻其極，故實不能再任時機之遲誤。」惟有一點，爲田代及日本一般發言人所無法宣告世人者，卽現在形勢下之危機及不安，其罪不在中國，而在日本也。吾人平日常覺中國內亂足以危及吾人之本身，日本竟思利用吾人此種思想上之習慣，奈事實過於明顯何。（一）日本在滿洲侵略行爲，實爲此次上海形勢緊張之造因。（二）日本之誤認虹口一帶爲日本之領土，實爲現在一切衝突事件之發源地。（三）因日本提出要求之後，上海工部局始宣佈戒嚴令。（四）日軍判決錯誤，走入中國境界，實爲眞正戰爭之起點。（五）日本在華界天空擲彈，以及種種暴厲行爲，非但在華界，並波及租界上之華人，遂造成日本不可赦免之處境。（六）及至現在，因日本陸戰隊開始之失利，致日本不得不調集大隊人馬，遂使中國遭遇非禮無狀之要挾，並不合規程之行動。知以上種種之造因，然後日本尋釁之原因可知矣。

▲日軍爲破壞租界警權爲強盜行爲

大美晚報云：時至今日，工部局亟宜公開要求日本武裝隊伍，在公共租界內拘捕之平民，解至正當組織之法庭審問，不能由日軍事法庭處理。凡日本陸軍或海軍當局下令處決之平民，直可謂之謀殺，在法律上，在道德上，俱不能再有他種名詞可以相稱。日本軍隊對於中國人民，或其他外國人民，應與任何普通人民一例待遇，不能有更多之權利，可以稍予審問，即行判罰。目下亟應將此種地位使之完全明瞭。今日人堅稱，並非與中國開戰，但祇有在戰事進行之際，軍事法庭始在法律上與道德上可有極少限度之權力，控制平民之生命與行爲。若係駐防軍隊，不論爲日本，或他國軍隊，則拘捕平民後，應即解往相當法庭特別審理，不能由軍事法庭逕予審問。今惟有日本軍隊自爲法律，一方力稱並非作戰，而同時又施行戒嚴法規，即以軍事法庭審理平民。日軍此種蠻橫行爲，僅此一端，已足以要求其完全退出租界，而將目下日人巡邏區域內之管理權，返諸工部局，況尚有其他無量數理由，可以要求其退出乎。若謂工部局之實力，不逮日軍，故不能力爭，使平民受合法待遇，是亦詖遁之辭。倘工部局之要求竟被拒絕，則日本軍人與軍官犯有擅自處刑之罪，必須認爲强盜行爲，而受强盜之待遇，世未有自尊之人，僅以衆寡之不侔，願如馴羊然，忍受强盜之暴行者。今租界內之警務官吏，皆饒有胆勇，忠於職守之輩，故深信工部局將可得充分實力爲後盾，實施該局所頒行之法令，此項法令，乃爲其所保衛之人民而頒發者也。

▲上海慘禍全由日人造成

大美晚報云：日本政府藉其駐美大使之口，知照美國政府，謂日本添兵前往上海，乃因上海之安全，有待於礙及上海之中國軍隊，須驅逐出境至大砲限度之外云云。日本揚言於外，每謂日軍乃爲上海人之安全而戰，但日本如此再三申說，他人亦惟有再三否認之。我人否認日軍乃爲上海人而戰，吾人否認上海之安全有待於日本之再派軍隊，且亦不認有待於日軍。吾人否認上海受何危險，有之惟中日間之開火。上海戶限之外，成爲戰場，乃日人在此釀成。吾人否認再派日兵有何用處，有之惟日本欲對中國交戰，而得勝利之結果耳。今之慘禍，吾人敢斥爲日人之所造成。因日人欲用強力奪取中國之關北土地，以迫使中國政府屈從日本關於滿洲之要求，及因滿洲之事而生之抵貨運動也。使上海居於不安全之境地者，吾人敢斥爲日人用租界爲開戰根據地所致。且日人於中國無辜人民，濫殺虐遇，使其不受租界當局之保護，因此中國要求欲派軍隊入境。上海處此兩難地位，吾人亦斥言爲日人所致。日本用兵力侵略中國，慘毒殘暴，層見疊出，觸目皆是，上海外人絕不與聞其事，日本對無事之村鎮，放炸彈，殺戮無辜之鄉民，諸如此類，皆與上海人防範上海之事，無一相關。日本所云危險，並無其事，吾人所云危險，則確然有之，日本種瓜得瓜，在外人不可不重言聲明，使中外盡知日本乃獨斷獨行，與人無涉也。

▲日本因滬事已爲全世界輿論所不齒

英文泰晤士報社評，對日本暴行，表示悼惜，其要旨如下：日本因滬事爲全世界輿論所不齒，舉凡銀行，與工商業界，對之均深惡痛疾。彼等並摧毀各國共同應付華事之陣線。世界各國，無一如日本今日之孤立。英人對此問題最佳之保障方法，或則保持租界，遵守嚴格之防衛政策，或則擴充其界線。但吾人顧慮國內情勢，對日本之中立區建議，殊難贊同。中國民氣方張，採取武裝抵抗之政策，吾人只須保守租界，而俟中國在內地組成一眞正有效率之政府。吾人不信除華人外，有任何人能恢復中國之和平與秩序。並信中國不能不仰賴外國資本與專家之協助，以資發展。中立區計畫，不但非一種解決方法，且不能視作調解手段。如欲干涉，必不能以此爲限度，何況縱令能強迫中國人民屈服，亦無所裨益耶。

▲日人在滬暴行不啻對全世界文化之總基礎加以攻擊

英美籍基督教傳教士一百零五人，爲滬事聯合宣言云：近因日軍在滬採取直接軍事行動之結果，人民室家被毀者，盈千累萬，所受損失與痛苦，無可名狀。同人等處基督教傳教士之立場，睹此情形，不勝悲憤。溯自事變發生以來，普通民衆喪失生命者，不知凡幾，此種蠻橫舉動，旣屬肆意摧殘，歐戰以還，全世界殫精竭力以謀建設之新國際道德標準，卽不啻對全世界一切國家及人類文化之總基礎加以攻擊。一月二十八日午夜，日本武裝兵士，僅予中國市長以數分鐘之警告，對於一般市民，且倂此數分鐘之警告而無之，卽以飛機大砲之協助，進佔純係中國領土，且爲居民輻輳之繁盛市區，在內從事破壞，迄今已十二日，尙不知何時停止。砲火所經，無辜人民之廬舍，悉此荒墟，男婦老幼，轉徙流離，公共處所及大工廠多被破壞，以致數十萬民衆，頓失其謀生之路。全國教育界所託命之商務印書館及所藏多量無價之典籍，亦悉付一炬。日方軍隊，濫用其在租界中之優越地位爲作戰根據，將英美及其他與公共租界有關係之國家，咸置於無可如何之地位。日人管轄之地域，連公共租界之一部在內，均成恐怖世界，無辜人民，無端受其逮捕與虐待者，不止千百。稍涉嫌疑，卽可不經審判，立遭殺戮。同人等素識之中，亦有慘遭其害者。查日本與其對方國家，不特未曾宣戰，抑且未絕國交，而竟在對方將全部爭端提交國際處理之後，出此種種，尤可注意。當此日本仍繼續向衝突地點增派武力之際，同人等謹以此次事件，訴諸普世同道，請本良心主張，對於窮兵黷武者之瘋狂及暴戾行爲，加以反對，並各聯合本國與全世界愛護和平之人民，連愛護和平之日本人民在內，起而敦促各國政府，鄭重聲明與日本武力政策從未發生關係，並採必要手段，制止武力鬥爭，以冀雙方能以正當手續，謀求和平解決。一九三二年二月十二日旅滬英美籍基督教傳教士一百零五人簽名宣言。

七、戰後滬案交涉之經過

自去歲東北事件發生以來，暴日處心積慮，謀永據我遼吉黑熱天府膏腴之地，侵及淞滬，原爲其預定之一種策略，俾擾我畿甸，亂我金融，使我必就其範圍而後止。更且假口滬案，進一步而主張召集圓桌會議，商訂上海安全及撤廢軍事設施等項，並宣傳所謂：一，創設自由港，二，擴充租界，三，設立緩衝區等問題，欲以聳動各友邦，爲之附和，以蹂躪我主權，侵佔我領土。設計之狡，用心之毒，無以復加。滬戰既起，我國仍本歷來尊重國聯之意旨，除一面奮起實行自衛抵抗而外，同時更運用外交手腕，冀予暴日以國際力量之制裁。抵抗自衛，不中止外交之進行，運用外交，不放棄自衛之手段，相輔以行，相持數月。此數月中，日方態度，狡黠異常，時而唯唯，時而否否，翻覆變幻，莫可究詰，而於戰陣之間，日肆其大砲坦克飛機之威力如故也。幸我政府鎮靜因應，我國軍沈着抵抗，國際聯盟，對於滬案，亦始終深切注意，竭力調停，二月二十九日，先由行政院長彭古氏提請停止上海戰爭，恢復上海和平；三月三日，復召集特別大會，四日，十一日，關於滬案，先後有確切明顯之決議，此後更特組十九人之特別委員會負責處理滬案。在國聯各次集會中，一般小國，對我主持公道，尤表同情，而日方仍悍然不顧，因以搆成國聯自有歷史以來嚮未遭逢之極度困難局面。最後始由駐華英使藍溥森氏之一意斡旋，上海形勢，漸呈緩和，國聯全體大會乃於四月三十日通過十四條具體解決滬案之決議，而中日停戰協定，亦卽根據決議，於五月五日，簽訂於上海，規定雙方卽日停止軍事行動，恢復一二八以前之狀態，至其他有關政治之各點，則我代表仍不變嚮來主旨，拒絕討論，留與東北事件同時解決，而此轟動全世界之滬案，始暫告一結束。我國堅持正義，對日方無理要挾之條件，拒不接受，因得於不喪權不辱國之原則之下，獲此較爲滿意之結果；而吾人於國聯之努力，藍氏之熱忱，固亦不能不深致謝意也。暴日以淞滬一役，爲我十九路軍第五軍迎頭痛擊，傷亡無算，損失不貲，國內經濟，亦以戰事發生之故，大受影響，受創旣深，野心稍戢，故已一改其兇橫刁頑之故態，如約撤兵。刻淞滬各區，我方接管完竣，已恢復一二八戰前狀況矣。茲將戰後滬案交涉情形，協訂簽定經過，日軍撤退狀況，概述於下：

一、滬案發生後我方對各國之照會

▲外交部對滬事發表宣言

自一月二十八晚日本以武力進攻我上海閘北等處暴行發生後，我國府外交部於二十九日向世界各國發表宣言如次：

自上年九月十八日，日本開始佔領瀋陽，日益擴張其暴行，積極實施其武力侵略政策。今則國際商務集中之上海，竟被日軍侵入矣！本月二十八日下午一時四十五分，上海吳市長對於日領一月二十日之牒文，已經予以日領認為滿意之答復，乃是夜十二時，日本第一遣外艦隊司令官，忽通告市政府要求中國軍隊撤退，由日軍佔領佈防，同時即以武裝軍隊向中國軍隊首先用機關槍施以襲擊。二十九日繼續進攻不已，並以飛機二十餘架不停止，而且無區別轟炸居民稠密區域之閘北，該處已遭大火，居民死傷極多。當地中國行政交通文化機關及主要商店，多遭炸毀。截至現在仍繼續其敵對行為，上海正在猛烈砲火之下。中國當局處此情形，為執行中國主權上應有之權利，不得不採取自衛手段；並對於日本武裝軍隊之攻擊，當繼續嚴予抵抗。

日本侵佔上海，顯係再行違背國際公約，凱洛克非戰公約，九國條約，以及國際決議案之暴舉。而且轟炸砲擊人煙稠密之商埠，尤爲人道所不容。各國人民生命財產，亦受重大危害，各國商務將有因是而全歸停頓之虞，此種責任應完全由日本担負。上海爲中國經濟商業中心，而且地接首都，攻上海卽係對於首都加以直接危害與威脅，日本現正擴大軍事侵略行動，中國各地隨時均有重大危機發生，應請以上簽約國家採取有效行動，履行其條約上神聖之義務。勿使人道公理公法條約，竟爲日本蹂躪破壞無遺！

▲外交部爲滬事照會九國公約各國

日兵在滬暴行以來，迭經外部電令國聯代表團，正式通告國聯，現日兵攻擊上海，威脅首都，已再緊急電令該代表團，正式通告國聯，并於一月三十日照會九國公約簽字國駐華公使，要求本其在國際公約上之神聖責任，速採有効手段，嚴正制止日本在中國領土內之一切軍事行動，以及違反該公約之一切其他行爲，俾該公約之尊嚴與遠東和平，均得維持。原文如下：

爲照會事，查自上年九月十八日，日本無端侵佔瀋陽後，卽繼續在東三省及中國其他各重要地方，積極實施其武力侵略政策，今且侵及國際商務集中之上海矣。本月二十八日下午一時四十五分，上海吳市長對於日領一月二十日之來文，業經予以駐滬日本總領事認爲滿意之答復，乃是夜十二時，日本第一遣外艦隊司令官，忽通告市政府，要求中國軍隊撤退，由日軍佔領佈防，同時卽以武裝軍隊，衝入閘北，向中國軍隊首先用機關槍施以襲擊。二十九日繼續進攻不已，幷以飛機二十餘架不停止而且無區別轟炸居民稠密區域之閘北。該處已遭大火，居民死傷極多，當地交通機關及暨南大學商務印書館各文化機關，與主要商店，多被炸毀，現仍繼續其敵對行爲，實屬違反國際公法，凱洛格非戰公約及國際聯盟，幷蔑視國聯行政院迭次決議，而對於華盛頓九國公約，尤屬直接侵犯。因此不獨各國人民生命財產，均受重大危害，卽人道與文明基礎，亦受威脅，其責任應由日本完全担負。中國政府爲遵守國聯迭次決議，對於日本種種侵略行爲，極端隱忍，詎意日本悍然不顧，竟令日軍攻擊上海，威脅首都，其故意擴大事變之軍事行動，中國當局，忍無可忍，不得不採取相當手段，以實行其國家正當防衛權。上海爲中國之國際商業中心，現既在嚴重局面之下，中國重要各地，亦隨時均有重大危險發生。日本違反華府會議九國公約，危害中國主權與獨立暨領土與行政之完整，貴國政府爲該公約之首創者（簽約國），相應緊急照請貴公使，迅電貴國政府，本其在該公約上之神聖責任，速採有效之手段，嚴正制止日本在中國領土內之一切軍事行動，以及違反該公約之一切其他行爲，俾該公約之尊嚴，與遠東和平，均得維持。並希查照，立予辦理見復爲荷。須至照會者。

▲羅外長力闢日方無理提議謬論

自日軍進攻上海後，日本海軍大臣大角，近倡上海應照天津成例，由國際協定，於若干里內中國不能駐兵，以免除將來糾紛之說。日本外交當局復有上海漢口天津廣州青島五埠，周圍十五至二十英里，中國不得駐兵。東三省中國不得駐兵，或僅住小部份軍隊，專司警察職務之提議。外交部長羅文幹氏，特發表重要宣言，力闢謬說。美國方面亦決定拒絕此項提議，因其性質等於瓜分中國，破壞門戶開放政策，與美國歷來之對華方針不合也。玆將羅外長宣言原文錄後：

上海爲中外和平通商之重埠，自開埠以來，數十年間，中外當局，均能相安，上海得有今日之發展，卽其實證。此次事變，純由日兵利用租界，攻擊中國軍隊所造成，其責任當由日本負之。中國軍隊守衞中國領土，係最正當之合法行爲，斷無因日兵違犯條約，無理侵略之軍事行動，反使中國放棄領土以內之生存自衞權之理，此實破壞迭次經國際條約保證之中國行政權之完整。至和平區域，純係臨時隔離兩軍衝突之設置，事後立卽取消，設日本在上海更得一表面通商之軍事根據地，扼京滬交通之咽喉，則以後上海更不能安全，此不特有礙各國之商務，及其一切在華利益，而且爲破壞遠東和平之一主要爆發點，此層應爲各國政府人民所共同認識清楚者。

至於路透社所傳日本外交界，對於上海漢口天津廣州青島五埠自十五至二十英里以內，中國不得駐兵，與東三省不能駐兵或僅駐小部份軍隊，專司警察職務之說，更屬駭人聽聞。在上海一隅，尙屬不可，理由旣如上述，何況他埠與東三省，是直剝奪中國全部之生存自衞權，及獨立國一切法律上應享之權利與保障，任壞地最接近侵略最便利之一國之宰割，世間任何戰敗國，均不能簽訂此項苛酷自殺之條件，况中國幷未對任何國宣戰，關於東三省問題，且有國聯迭次議決案之保障，以證明公理是非之所在乎？總之，日本破壞非戰公約國聯盟約及華盛頓九國條約，肆以武力侵略中國領土，而無辭以自解，乃欲以國際利益聳動各國，不知其用心與結果全與國際利益相反。吾深信國際間正義猶存，各友邦均能認明是非利害，及其條約上之責任，決不爲此別有用意違背事實之宣傳之所動。至於中國政府之穩定，係中國內政問題，中國人民自能決定。至所謂中國商民歡迎此項主張，吾知愛國商民，必聞而義憤塡膺，乃日本外交當局反稱此主張爲『道德的計劃，』吾不知以強凌弱而反誣弱者爲侵犯強者，幷不任其有生存之保障，國際間有此道德典範否耶？吾欲世界認識今日之中國，已非一九〇一年之中國，國民政府斷不能簽訂三十一年前時代落伍之條約，此余敢負責代表聲明者也。

二、我方對日寇利用租界作戰之抗議

外交部爲日本海陸空軍憑藉上海公共租界爲進攻我閘北各地之根據地，殊屬違法悖理，特先後數度向租界關係國之英美公使，提出嚴重抗議，請勿再令日兵繼續利用租界作戰，以違反國際公約及人道罪惡。玆將各照會原文錄後：

▲外部第一次照會英美公使

爲照會事，據上海市政府三日電稱：日軍攻擊中國軍隊，仍以租界爲根據地，連日日軍武裝通過租界，開赴滬西，及其他地方，增重我軍之顧慮，已向公共租界工部局提出抗議等語。查公共租界方面，聽任日本憑藉該租界作軍事行動之根據地，業經本部於一月三十一日照請迅電貴國駐滬領事，及軍事長官勿再任日軍利用租界地位，攻擊中國管轄之區域在案。乃據上述三日報告，該公共租界當局仍任日軍武裝通過租界，開赴滬西等地，增重中國軍之顧慮，殊屬不合，相應再行照請貴公使迅即查照一月三十一日去照，嚴予辦理，并見復爲荷，須至照會者。二月五日。

▲外部第二次照會英美公使

爲照會事，關於上海公共租界方面，聽任日本利用該租界爲軍事根據地事，業經本部於一月三十一日二月五日及六日，照請制止，并聲明租界因此發生事故，中國方面不負責任。二月十日准復稱，本國政府亦訓令駐東京大使，促請日政府令行上海日本軍事長官，不再利用公共租界爲根據地，攻擊中國管轄區域。并謂來照內容，係本國政府及關係國政府之所共同關心，而繼續考慮者，本公使敢爲保證等因。乃據報告日軍一萬數千名，于十四日晨在公共租界內各碼頭上岸；另有大批日軍，於十五日可到。足證日本政府蔑視貴國政府之忠告，而公共租界方面，仍以該租界庇護日軍，任其以租界爲根據地，攻擊中國軍隊，中國政府，茲特再鄭重聲明，如因上海日軍繼續攻擊中國管轄區域，中國軍隊實行正當防衛，致租界內發生生命財產之損失時，中國政府不負任何責任。相應提出嚴重抗議，照請貴公使卽本貴國政府関心此事之旨趣，查照上述本部迭次去照，從速嚴予制止日軍以該租界爲根據地，攻擊中國軍隊，幷禁止日軍在該租界碼頭上岸，免滋糾紛；幷盼見復爲荷，須至照會者。二月十四日。

▲外部第三次照會英美法意公使

爲照會事，頃據報告，關於傳稱，中國軍隊砲擊公共租界內各地點一事，貴國駐滬總領事，連同其他各國領館長官，向本國地方當局，提出抗議。查中國政府，對於公共租界內居民之安全，因此所受之危險，雖誠爲惋惜，但無論所稱之砲擊，來自日方，抑或來自本國方面，本部長有不能不鄭重聲明者，卽此種狀態，本國殊難負責，本國政府，業經迭次指明日本軍隊完全不顧公共租界特殊之地位，而以該租界爲根據地點，俾軍隊得以登陸，而向本國管轄地帶內之本國無辜市民及軍隊，肆行不當之攻擊。本國政府，對於此種侵略行爲，旣不得不予抵抗，以維護國家之榮譽與生命，則因此種抵抗對於公共租界所發生之一切損害，其責任應由其半賴公共租界爲其侵略行爲發動地點之方面負之。此節業經本國當局，向有關係國通告在案。中國政府，現據報告，近數日來，又有日本軍隊，開抵上海，並再有多數援軍，正自日本開拔。本部長茲特請貴公使（代辦），立卽採取必要步驟，防止日軍在公共租界登陸，並利用該租界爲軍事行動之根據地點。本部長並請貴公使（代辦）用最有效之方法，使公共租界現在之狀態，不致仍然存在。誠以公共租界附近流血之爭鬥，該項狀態，使之然也。所熱切希望者，卽公共租界當局，勿再使日軍繼續利用該租界以犯違反國際公法及人道之罪惡也。相應照會貴公使（代辦），查照辦理爲荷，須至照會者。二月二十五日。

▲滬市府向租界工部局提抗議

上海市政府爲日軍利用租界作戰，特向上海公共租界工部局提抗議云：逕啓者，查關於日本海軍，利用租界區域，爲攻擊華軍之根據地一節，迭經本市長向貴局提出嚴重抗議，並促請制止在案。現據確報，昨日有大隊日軍抵埠，係在租界登岸，登岸後即散佈租界各處，爲攻擊華軍之準備，而危害本市之治安，乃貴局尤復加以優容，殊難索解。相應重提抗議，請煩切實考慮，採取有效方法，嚴加制止，實級公誼。再據報一二日內復有大批日軍來滬，並希注意，勿得任其在租界登陸，以維持貴局嚴守中立之宣言，免重貽本國人民之誤會爲荷。此致上海公共租界工部局總董麥克諾登。

▲滬市府函各國總領事制止日在租界作戰

上海市政府爲日兵利用租界作戰，特函上海各國總領事云：逕啓者：查關於租界當局容許或不制止日本軍隊利用租界區域爲攻擊中國軍隊之根據地一節，本市長節經向公共租界工部局提出嚴重抗議，並聲明所有因此而發生之一切責任，應全由租界當局負担在案，惟租界當局雖明知日本軍隊之上述行爲，足以破壞租界中立及危害本國人民之生命財產，迄今尙未採取任何有效辦法，加以制止。本市長不得不請貴總領事及其他各國總領事，嚴飭該工部局，即予採取有効辦法，以制止日本軍隊之上述行爲。同時鄭重聲明，如本國軍隊為自衛起見，對於利用租界為根據地之日本軍隊，施以攻擊時，各國僑民之生命財產，受有損害情事，本國政府，概不負任何責任。除分函外，相應函達，請煩查照為荷。

三、我方對日寇殘殺市民之抗議

自日兵利用公共租界向我軍進攻以來，日兵在租界內及中國地帶，任意非法逮捕監禁殘殺我人民。此種暴行，殊屬違法悖理。我外交部及滬市府曾迭向日方及租界當局提出嚴重抗議，請其迅止暴行並懲辦兇犯，茲錄抗議原文於下：

▲外部向日本公使抗議

為照會事，據上海市政府電稱：日海軍陸戰隊在公共租界一部暨越界築路地段以及閘北其他地點，將中國市民橫加逮捕，擅處私刑，或加殺戮，據報至今受非法監禁者尚有數百人等語。查日本海軍陸戰隊，擅捕中國市民，加以殺戮，或處私刑，現被禁者尚有數百人之多，不獨蔑視國際公法，抑且違反人道，相應提出嚴重抗議，照請貴公使迅令日艦司令將非法逮捕市民釋放，并懲處傷害該市民等之凶犯，並希查照從速辦理見復爲荷，須至照會者。

▲滬市府函日總領事抗議

逕啓者：查自一月二十八日日本海軍陸戰隊，向我駐軍開釁以來，連日在公共租界之一部，暨越界築路地段，以及閘北其他地點，有中國市民橫遭逮捕，不經審判手續，被處私刑或加殺戮情形，據報至今受非法監禁者尙有數百人。似此違反人道，及國際公法，本市長不得不提出嚴重抗議。用特函達，請卽飭知貴國海軍司令官，迅予釋放，並對此項橫施私刑及殺戮之兇犯，迅卽依法嚴加懲處。以後對於此項情事，務請負責加以取締，並希見覆爲荷。此致日本國駐劄上海總領事村井倉松。

四、日寇總攻之哀的美敦書

自滬戰發生以來，英美兩國公使曾來滬努力和平運動，因日方態度倔強，始終未獲結果。二月十八日上午，英公使藍浦森，曾邀集中日雙方軍事長官，討論避免戰事問題，日方竟向我方無理要求撤退二十公里，當經我方嚴詞拒絕，談判遂告停頓。二月十八日晚，日方以援軍大至，在滬日軍司令植田，及日領事村井，遂分致哀的美敦書于我十九路軍及上海市政府，措詞強硬，要求苛酷，讀之令人髮指。茲將日方哀的美敦書原文及我方堅拒其無理要求之覆文，分錄于下：

▲日軍司令致十九路軍通牒

本日司令植田謙吉致蔡軍長通牒。本職基於欲以和平友好之手段，達到任務之熱烈希望，茲對於貴軍通告左開各件：

一、貴軍應即從速中止戰鬥行爲，於二月二十日午前七時以前，將現據之第一線撤退完了。於二月二十日午後五時以前，從黃浦江西岸，由租界西北端，連結曹家渡鎮，周家橋鎮，及蒲淞鎮之線起算，黃浦江東岸由連結爛泥渡，及張家橋鎮之線起算，各從租界境界線，向北二十基羅米突之地域，（包含獅子林砲台）內撤退完了，且在該地域內撤去砲台，及其他之軍事設施，並不新設之。

二。日本軍於貴軍開始撤退後，不行射擊轟炸，及追擊動作，但用飛機之偵察，不在此限。又貴軍撤退後，日本軍僅祇保持虹口附近之工部局道路地域。（包含虹口公園之周圍）

三、貴軍第一線撤退完了後，日本軍爲確認其實行起見，派遣有護衛兵之調查員，於撤退地域。該項調查員携帶日本國旗，以資識別。

四、貴軍對在該撤退地域外，上海附近之日本人生命財產，應完全保護之，此項保證如不完全，日方當採適當之手段。

五、關於在上海附近（包含撤退區域）外國人之保護，容另商議。

六、關於禁止排日運動，一月二十八日吳市長對於村井總領事之約諾應嚴重實行。關於此項，當另由帝國之外務官憲，對貴國上海行政長官，有所交涉。

如以上各項不能實行時，日本軍將對貴軍，不得已採自由行動，其結果所生一切責任，應由貴軍負之。昭和七年，二月十八日午後九時，大日本帝國司令官植田謙吉

第十九路軍蔡廷楷閣下。

▲日領事致上海市政府通牒

日滬領事村井致上海市府通牒，逕啓者：自一月二十八日晚，貴國第十九路軍及便衣隊向日本陸戰隊攻擊以來，閘北方面，中日兩軍成對抗之形勢。二十九日晚雙方雖有停止戰鬥行爲之成約，但貴國軍隊仍背約向我方射擊，或加轟擊，使我方不得不予以應

戰，且以貴國軍隊實行其有計劃的挑戰，於是吳淞及江灣方面，亦發生軍事行動。在此時間，貴方一方面，散布關於第十九路軍勝利等無稽之虛報，一方面對於我方公正之行動，加以種種誹謗，其結果第十九路軍對於防衞租界保護居留民，而絕無他意之我軍，加以新的攻擊。便衣隊出沒於各處，依然不停止。其惡劣兇暴之行動，在留滬日本人固無論矣，卽上海租界亦受到非常之威脅。本總領事認爲在此之時，從速解决由兩國軍隊衝突而起之事態，乃極爲必要，故希望依照左列條件，從速終止戰鬥行爲，切望貴國軍隊，接受該項條件，同時予以切實之履行。如貴國軍隊不接受該項條件，日本軍隊將有自由行動之事實。（一）中國軍隊須於二月二十日午前七時以前將第一線撤退完了。於二月念日午後五時以前從黃浦江左岸，由公共租界西北端，連結曹家渡鎭周家橋鎭，及蒲淞鎭之綫起算之。租界北部境界線以北，及接連黃浦江右岸爛泥渡及張家樓鎭之線以北，完全撤退至距租界線二十基羅米突以外之地域。（包括獅子林砲台）卽將該地域內之砲台及其他軍事設施撤去，並不得重行建築在上海附近。而不屬於上述撤退地域內一帶之日本人生命財產，須由中國方面，完全保護。如上項保護有未完全之情形，日本方面，得執行適當之手段。便衣隊中國方面，應一概有效禁止之。(二)日本軍在確認中國軍隊業已撤退之後，僅祇保持虹口附近之工部局道路地域。(包括虹口公園之周圍)日本自中國開始撤退以後停止射擊轟擊及追擊之行動，但飛機之偵察不在此限。(三)中國軍第一線撤退完了後，日本軍爲確認其實行起見，得派遣有護衞兵之調查員於撤退地域。(四)關於保護上海附近(包括撤兵地域)之外人，另行商議之。再關於第十九路軍，此次採取此種行動之經過，業於二月十五日本總領事致貴市長函中言及，認爲畢竟由於貴市長對於一月二十八日答復一月二十日本總領事要求所稱即時解散抗日會，及禁止其他排日運動之諾言，未有切實實行之誠意與能力而發生，是以本總領事應重新向貴市長要求從速而且完全實行上述貴市長之諾言。本總領事以極大之關心，監視貴市長對於本案之實行。如貴市長不能實行，我方不得不採取適當手段時，由此所發生一切責任，應由貴方負擔，合併聲明。相應函達，即煩查照。此致上海市長吳。

▲外交部駁覆日方無理通牒

外部對日本植田司令最後通牒，已向日使提出嚴重抗議，原文如下：據上海蔡軍長廷楷電稱，十八日下午八時四十五分，接到日軍司令植田謙吉來電，請中國軍隊從速終止戰鬥行爲，於二十日午前七時以前將現據之第一線撤退完了，並於是日午後五時以前，從黃浦江東西岸，指定地面各離租界線二十啓羅米突之城內撤退完了，又在撤退區域內之砲台，及其他軍事設施，予以撤去，並不新設，並開列其他條款，要求實行，否則將採行自由行動等語。又據吳市長鐵城電稱，駐滬日本總領事村井倉松，亦有同樣公函致該市長。查自上年九月十八日，日本軍隊在瀋陽無端開釁以來，節節以武力進逼，侵占東北各地。迨本年一月二十八日，日本軍隊，又突然向上海閘北地方進攻。二旬之間，日本大隊，陸海空軍在閘北吳淞各地肆意攻擊，中國駐軍，爲自衞計，不得不加以抵抗。乃在滬之貴國軍司令及總領事，竟復分向蔡軍長及吳市長提出種種不可能之要求，實屬無理已極。倘日本軍隊再行進攻，中國軍隊仍必竭力抵抗，所有因此發生之一切結果，應由貴國政府負其全責。相應提出嚴重抗議，照會貴公使，即希查照爲荷。

▲外交部駁斥日方通牒之宣言

日本在滬軍隊，利用各種戰爭利器，繼續向閘北吳淞地帶轟擊，歷時兩旬之久，致中國無數無辜人民之生命財產，蒙受鉅大之損失，猶以爲未足，復於十八下午八時四十五分，由其司令植田致送最後通牒於我國十九路軍長蔡廷楷，要求中國軍隊應於本月二十日下午之前，自其現在防線，向公共租界東西兩方各完全撤退，至念啓羅米達以外，並要求將撤退區域以內所有之一切砲台，其他軍事設施均一律永久卸除，同時並由日駐滬總領事村井以同樣通牒送至我國上海市長吳鐵城氏。查日本政府恆宣言維持中日和平，而在國聯盟約第十條之下，又曾極允尊重並保存國聯各會員之領土完整政治獨立。最近國聯行政院且曾致請求書於日本，忠告其對中國採取和緩之行動。乃竟提出如此出人意外之過當的要求，不但對中國國民予以重大威脅，且實係對國聯之權威及非戰公約及九國協約等國際協定之尊嚴，予以直接之挑戰。此種要求，實危及中國主權及國格，中國地方當局，無論其具有避免流血之誠意，要絕對不能接受日本軍隊，憑籍其多數之援兵及最新之武器，殆將重新從事大規模與更橫暴之攻擊。彼對於一切和平之呼籲，均充耳不聞，惟一决心卽在作戰。中國滬駐軍爲保衛中國土地計，迫不獲已，亦惟有從事自衛奮鬥到底而已。二月十九日。

▲十九路軍駁覆日軍通牒

十九路軍長蔡廷楷駁覆日司令植田之原函云：逕復者，頃接貴司令二月十八日午後九時來函，備悉一切，本軍爲中華民國國民政府所統轄之軍隊，所有一切行動，悉遵國國政府之命令。來函所開各節，業經呈報國民政府核奪辦理，由外交部逕行答復貴國公使，本軍長未便答復。此致大日本軍司令植田謙吉，中華民國第十九路軍軍長蔡廷楷，二十一年二月十九日午後七時。

▲滬市政府駁覆日領通牒

市政府駁復日領函云：逕復者，昨晚九時，接准貴總領事來函所開各節，業經閱悉，查來函所述，上海方面嚴重之形勢，均係貴國軍隊違反公約公法，任意進攻吾國領土，慘殺吾國人民所造成，其一切責任，應由貴國方面負擔一節，迭經函達在案。此次貴總領事所請轉達本國軍隊要求實行各項條款，本市長未便轉達。查來函所指各節，均爲足以影響中日兩國一般關係之問題，應由兩國外交代表處理，故本市長業已呈報本國政府核奪。由外交部逕行答復貴國駐華公使矣。惟應聲明者：貴國軍隊現仍實行挑釁，攻擊轟炸，無所不爲，以致本國國民之憤慨，日見增加。在此情形之下，所謂抗日運動，自難消滅，因此而發之一切責任，貴國自應完全負擔。相應函復，即煩查照。此致駐劄上海日本總領事村井倉松。

五、日寇轟炸我鐵路之涌牒

此次日軍犯境，屢次總攻均歸失敗，於是迭調援軍來滬。最近以我軍固守抵抗，計不得逞，竟藉口我國利用鐵路爲軍事運輸，於二十九日，由日本駐滬總領事村井，致函市政府，聲明將破壞蘇州與上海嘉興間之鐵路線，其橫暴殊無倫比。市政府接函後，立即嚴詞駁覆，并重行聲明，因此所發生之一切責任，應歸日方負擔。同時將此事通告駐滬各國總領事，併佈告週知，玆錄各文件如下：

▲日領無理之通知函

逕啓者：據各方面之確報，貴國軍憲，近日以來，陸續由各地增派援軍，集中此間，而此種援軍，多係利用鐵道而運來者，此種舉動，足以使事態日益擴大。如貴國軍隊仍繼續增援，日本爲自衞上不得已之措置，將於三月二日以後，對於自嘉興及蘇州至上海之間，供貴國軍隊使用之鐵道線路，及軍用列車，將有破壞之企圖。因此爲預防一般住民之危害起見，我方自當設法通知各方，并望貴市長亦立卽通知上海附近住民注意。相應函達，卽煩查照辦理爲荷。

▲滬市府痛加駁覆

逕覆者，頃准二月二十九日來函，閱悉一切，查自一月二十八夜以來，貴國軍隊，繼續侵犯我國疆土，屠殺我國人民，其違反公法公約，蔑視人道之種種慘暴行爲，節經本市長向貴總領事，提出嚴重抗議在案。本國軍隊之一切行動，皆不出於自衛範圍，而事態之所以日益擴大者，皆由於貴國累派援軍，增加戰禍所致。倘貴國軍隊，仍復攻擊我國軍隊，則我國軍隊自不得不採取相當自衛方法，而因此發生之一切責任，仍應由貴國負之，准函前由，相應復請查照爲荷。

▲滬市府致滬各總領函

逕啓者：頃准日本國駐劄上海總領事來函，略稱（見前）等因，查自一月二十八日夜以來，日本軍隊繼續侵犯我國疆土，屠殺我國人民，其違反公法公約，蔑視人道之種種慘暴行爲，節經本市長提出嚴重抗議，并函達貴總領事知照在案。本國軍隊之一切行動，皆不出於自衛範圍，而事態之所以日益擴大者，皆由於日本屢派援軍，冀達到其侵略之目的所致。本市長細繹日領來函意旨，無非為掩蓋其轟炸一班人民之藉口，茲為顧及貴國僑民生命財產之安全計，相應函達請煩查照幷轉飭貴國僑民知照為荷。

六、日方對停戰之無理要求

二月二十八日，因英公使藍浦森之竭力調停戰事，中日雙方代表曾在駐滬英旗艦甘特號上開非正式會議，議決五項停戰基本條件。日代表表示可以接受，我國外交部亦于三月二日在滬發表宣言表示接受，其文如下：

茲鑒於日本援軍續到二師，幷在瀏河及吳淞復行總攻，特為重要之事實聲明如左：查中日代表因海軍提督克萊爵士之斡旋，曾在甘特軍艦會商立卽停止敵對之基本條件，當經獲得諒解如下：（一）雙方同時撤退。（二）不得提議永久卸除吳淞或獅子林砲台問題。（三）雙方之撤退由中日委員會會同中立國視察團監視之。（四）撤退區域照舊由中國官吏治理，幷由中國警察維持治安。（五）中國軍隊退至眞茹，日本軍隊退至公共租界及越界築路地段。俟雙方上述撤退完竣後，中國軍隊退至南翔，日本軍隊退回艦上。（此最後一點交由將來續開之會議討論之）又議定如中日政府贊同此項假定之諒解，則雙方正式外交及軍事代表，當舉行一正式會議，以完成此項辦法。二月二十九日中國代表通知克萊提督，中國政府業經贊同，並請其轉達日本當局，倘日本政府亦同樣贊同，則正式代表可以立卽正式會議。但關於東京政府之決定，日方迄今尙無答覆。而在此期間，日本海陸空軍，復向中國軍隊全線總攻。且日本總領事並經通告中國市長，日軍決意炸燬京滬滬杭兩路。此項和平之努力，在中國方面，至爲懇切，倘使仍歸失敗，則其責任當由日本再度負之。

二日晚，日方推翻前案，反向我方提出最嚴厲之所謂停止敵對基本條件：（一）中國軍隊，依照現在據守之第二防線，向後再撤退二十啓羅米突，（卽二十公里）保證對日軍不再反抗。（二）日軍於現在佔領之各區域，須先將中國殘餘軍隊及中國便衣隊完全徹底肅淸，俟日本軍隊認爲安全時，再行撤退。（三）中國軍隊，照依上述第一條所退之區域，得由其他中立國派軍隊駐守，以免雙方再有衝突。（四）對上海區域，應確定永久之和平辦法，北四川路一帶，擴充爲公共租界，離上海四週二十啓羅密突以內，不許再駐華軍。（五）此次滬事，日本及其他各方面所受之損失，一概應由中國政府負賠償之責任。（六）在中日雙方停戰談判未成立以前，日軍仍保持軍事之自由行動，對華軍有進攻之權。（七）東省事件，仍由中日雙方另案直接辦理云云。此種辱我國家，損害我國權領土之無理要求實無異瘋人之狂囈也。

七、滬市各公團對日寇暴行之抗議

自暴日侵滬以來，日兵及日僑每藉公共租界爲護符，利用租界爲向我軍進攻之根據，並在租界內肆意殘殺華人，種種暴行，匪言可喻。滬上三百萬民衆憤激異常，每日均以各公團名義，向公共租界工部局提出抗議，請其維持租界中立性質之地位，嚴行制止日兵利用租界作戰及虐殺華人種種之殘酷行爲。茲將上海各公團向租界工部局抗議文函，擇其比較重要者，附錄數件於下：

▲滬市商會致租界工部局函

逕啓者：此次日軍在閘北挑起戰釁，以公共租界爲作戰根據地，貴局不加阻止，致釀上海自通商以來未有之慘劇，實堪浩歎。查公共租界既非一國所得專轄，故其責任爲連帶的，日本固有侵犯中立之責任，而各國亦有決視其侵犯而不予制止之責任。前見貴局復吳市長函，謂爲應由日本獨負其責任。此種論點。在法理上絕對未能予以同意者也。敝會茲所欲論列者，卽爲貴局在界外所築之馬路，如江灣路等，竟任日軍大隊聚集，設立司令部。其中如該路之靶子場，地勢高聳，尤可利用爲砲兵陣地，以圖延長戰禍，其貽害於中外商業者，决非淺鮮。敝會以爲國際軍隊現已陸續到齊，實力雄厚，貴局欲維持其向來之尊嚴與地位，以恢復爲日軍蹂躪之權力，此其時矣。應請將凡係貴局界外築路地方，如江灣路狄思威路地方，一律由貴國商請新近開到滬上之國際軍隊，暫爲分別接防，以資保障和平，此卽各友邦所以派遣軍隊來滬之本旨也云云。

▲滬租界納稅華人會致工部局函

逕啓者：日本軍隊，對於國際公約，已視同廢紙，早於去年九月十八日侵佔我國遼甯吉林兩省各地以後，在在可以證明。爲防患杜絕起見，於日人在界內迭次暴動，本會曾連續不絕警告貴局並表示在貴局於事實上未能充分維持治安之際，本會有法協助。詎料貴局對於此種警告，視爲無足輕重，且聲明界內治安，絕對不成問題，而今如何。貴局當知所悔矣。日本陸戰隊破壞貴局中立地位，將界內虹口一帶，作爲軍事之策源地，進攻我國閘北駐軍，業經我國董事抗議在案。本會爲領土主權計，爲居民利益計，對貴局提出抗議：（一）爲何不嚴守中立，執行維持中立之必要辦法：如（甲）解除界內日本軍民之武裝，（乙）制止日本軍隊之戰爭行動，例如日本在歐嘉路等處之開掘壕溝，勞勃生路等處日本在界內紗廠等內之屯駐軍隊，（丙）不許日本軍登陸。（二）爲何自無維持安全之能力，不就近請由中國當局派兵協助。在本會觀察最近之以前及現在，祇有此法，足以掃除破壞上海世界商場之危險。蓋陸戰上日本軍事行動，如能完全制止，其空海之軍事行動，盡利害相關者之力量，必能制止。（三）現在界內全體居民之生命財產，均在日本軍隊破壞之中，殺人放火，日有數起，此皆由於不尊重本會意見，姑息養奸而起。（四）曾有一次董事會未經通知華董出席，而日董則否，顯見有所偏袒，自行不守中立，更使日本狐假虎威。事機危迫，稍縱卽逝，上海之安全，上海之繁華，上海之生命財產，皆係於此一剎那間。貴局如與我國政府與人民，爲維持世界和平與繁榮與國際公法公約之効力起見，巳下積極奮鬥到底之决心，而我上海全體居民，尤巳予死中求生之志願，惟有採用種種正當辦法，以維本界內之保全，並以完整我國之主權。相應函達，希煩查照，卽予施行，並見復爲荷，此致工部局總辦。

▲滬市三百萬市民致工部局函

敬啓者：上海工部局爲世界各國住民共同組織之團體，如會員國中，有一國國民有破壞工部局安甯秩序之行動時，則工部局當行使其職權，或以道德之方法，或以勢力的方法，矯正此種不守秩序破壞社會之行爲，絕不能推諉，更不能袖手旁觀。今次暴日利用公共租界爲其軍隊之根據地，連日進攻華方，均由租界出發，敗後仍遁入租界，使中國軍隊不能自由掃蕩其暴力，市內秩序，亦無法恢復。中外居民之損失，固無論矣，而工部局團體之組織秩序，亦根本破壞無遺。我滬上三百萬居民直接間接所受之損害尤大。茲由本會八十餘團體代表上海居民三百萬人，特向貴處提出最後之抗議如下：（一）公共租界所駐軍隊，應限於中立國，其態度祇能防護界內治安，不能向界外施行攻擊，所有軍事行動之日軍，應卽日掃數驅出。（二）以後日兵來華，決不能容許其再在楊樹浦方面之租界內登陸，敗退後亦不能退避於租界。以上兩項，務望卽日實行，幷請迅覆爲荷。此致貴工部局貴領事團公鑒。上海各團體救國聯合會代表上海市商會銀行公會總工會各大學教育聯合會納稅華人會律師公會國民救國會上海地方維持會學生聯合會憲政促成會民治協會婦女大同盟等八十餘團體暨三百萬居民同啓。

▲滬市商會致租界工部局函

逕啓者：頃據敝會監察委員聞蘭亭君來會報告，據逃出之難民報稱，滙山碼頭一帶，日兵仍在繼續大批殺戮華人，請再致函工部局，切實設法阻止等情。查日軍對於非戰鬥員之平民，肆行殺戮實爲國際戰爭法規所不許，而此種殺戮慘劇，又多發現於貴局治理區域以內。貴局對於住居界內之市民，凡有足以妨礙其生命財產之安全者，應不問其是何國籍，以最大之努力，爲切實之保護，此實貴局無可避之職責。此次日軍在上海向中國挑戰以後，界內華人，被日軍所拘捕虐殺，或生死不明者，迄今已不計其數，而日軍此種暴行，尚續演不已，貴局除組織委員會，將被日軍凌虐垂斃之華人百數十人，予以救止外，對於日軍續演之暴行，迄今尚未得切實防止之方法，此殊足令界內市民，疉憤不能自已者也。貴局應知界內市民，以華人爲最多，此次所取慘禍，亦於華人爲最鉅，而我國軍隊，又因避免與日軍衝突，以致糜爛地方之故，並未開入租界，執行自衛，則界內華人之如何不被日兵肆行殺戮，貴局實不能不負惟一之責任也。相應函請貴局務須立卽採取嚴峻而有效之行動，俾日軍得中止其虐殺行動，實爲至企云云。

▲滬租界納稅華人會致工部局函

逕啓者：據惇敍銀行經理函稱，昨日下午十二點半左右，敝人正與行中同事辦公，突然之間，駐於天潼路乍浦路轉角之日軍，及便衣隊等向吾行屋開槍十數次，彈來如雨，敝人不知其故，特率行員離開暫避，並查知日軍開槍之故，係因四樓上同居之華茶公司職工擲茶葉着於日人項上之故。敝人待槍聲靜後，再至行中將各處門戶庫房重新鎖閉，並安排留行管理人司，於下午一點十分左右帶領行員七八人由旁門出外，當被日軍阻止。經鄙人向便衣日人用英語交涉，當由彼方偕同一日本下級軍官，向我等全身檢查，約歷二十分之久，內中有本行會計主任蔡良觀君頭帶絨帽，彼方認爲擲物之人，同時並有一居同屋中之琅禮公司職員郁君，彼將此二人帶去，屬我等離開。敝人雖經交涉，日人不理。因在其強權之下，祇得聽其將該二人帶去，我等各自逃出，在外四出設法。今晨同事蔡良觀君面告，謂彼二人由日軍帶至乍浦路蓬路口一小學校內，見該處已有千數百人均被日軍提來，內有被吊打者，雙手反縛者，高懸被毆者，坐地縛手者，形形色色，慘不忍睹。彼二人經種種之檢查，詢問各種口供，雙手反縛，自下午二時起，忽立忽坐轉換地位。至晚間九時左右，始得日軍之允許，彼二人偕同其餘被虜之人，約二三百人，由日軍帶出至天潼路口，再經一度之檢查，方允分路逃出。蔡君當至吉陞棧投宿，於今早至敝人寓處詳細報告，又謂其餘未被放出之數百人，生死未卜。當時並目見有四人被日軍拽出槍斃，內有一人係兄弟二人同時被捕，一人被放一人被斃，亦云慘矣。又當敝人等離行後，於二點半左右，由日軍至行，將留守本行人員，均行驅逐，樓上寄寓人口，亦不許住居，各人祇得逃走。敝人至今，尙不知各人所在何處，行中門戶有否，被日人打破，物件有否損失，均不得而知。又聞武昌路，三元宮內，亦有我華民千餘名，被其拘禁，生死未知云云？查吾人在租界上納重額之稅，乃竟欲得工部局之正當普通保護，尙不可能，致生命財產，在在可危，此非市民始料之所及。請貴會從速與工部局嚴重交涉，將虹口一帶區域，恢復從前警備情形，巡捕仍復原有崗位，禁止日便衣軍日浪人日軍任意捕捉無辜市民，並向日軍當局，嚴行交涉，釋放被捕市民，追查被斃市民人數及其犯罪行爲，實爲公便。臨書草草，不勝迫切待命之至。又據閔炳記函稱，敝學徒徐俊明，又字田生，江蘇南滙人，年二二歲，不幸於一月三十日上午因公出外，行經吳淞路有恆路之間突過日本便衣軍數人，無故竟將拘去，迄今未見放回，聞現禁日本俱樂部。但敝人乃善良之商人，而敝學徒亦甚規正，今突遭無辜之災，爲此具函懇求伏望竭力設法各等情到會。查日本軍隊以公共租界爲對我國作戰之軍事行動根據地，業已抗議在案。本會現須請貴局更爲注意者，一九一四至一九一八年之歐洲大戰，非由當時日耳曼帝國破壞比利時局外中立而起乎？非協約國爲維持中立條約之神聖而參戰乎？非爲正義人道與民治主義而戰勝乎？現在日本軍事之行動已使洋涇浜章程之尊嚴，破壞無餘，而種種殘忍行爲，更非正義人道所許，乃貴局熟視無覩，不特將費唐法官個人所認爲界內無上之安全，根本上成爲謊語，且直爲一種最恥辱之事件。據函前情，相應函請貴局查照迅卽執行中立辦法，幷恢復納稅居民之一切安全保障爲荷。

▲滬戰區難民救濟會致工部局函

上海戰區難民臨時救濟會常務委員許世英朱慶瀾致上海公共租界工部局董事長函云

：敬啓者，敝會爲尊重人道主義起見，謹將虹口負納稅義務的中國居民所身受不堪言狀地獄式的痛苦，向閣下言之：在虹口之居民，在正理上應當享受行動自由，交際自由，一如在蘇州河以南無異。當初佈防，將虹口及其他區域，劃歸日人者，因爲日人住居該處者較多，不過吾華人，絕不應因此而喪失，凡文明國人民皆應享受而不能絲毫爲人侵犯之權利者也。目前虹口居民所受之絕大痛苦，雖天神亦不免爲之下淚。一面砲聲隆隆，不絕於耳；一面目擊附近同胞被日軍疑爲有便衣隊之嫌，任意拘捕槍殺，一面又有火災之危險。故萬分恐怖，家破人亡者有之，財產失而不能復得者有之。虹口華人所犯何罪，而受日本便衣隊及日本兵士之蹂躪。今華人失踪之案，迭出不已，加以在日人管理之區，恐怖行爲，層出不已，使全球對於租界之中立，認爲莫大笑柄。本會總幹事李組紳，與貴局總辦瓊司，自本星期一起，即開始討論此事，要求必須從根本解決，俾各方面皆能顧到。設如遲延一小時，便能加增該處中國居民身體及精神上之痛苦。駐滬外僑，爲保護自己生命財產，調遣兵艦及軍隊來華，敝會既得悉虹口發現如此空前危險情形，當然受良心之驅使。請貴局用種種方法，將此種恐怖之狀況，根本完全消滅。敝會與貴局能有合作之處，無不惟力是視也。切盼卽日示覆爲荷。

八、各友邦調停戰事之努力

▲駐滬英美領事之調停

自滬戰發生後，駐滬英總領事白南，與美總領事克銀漢，極力奔波，調停中日戰事。一月三十一日，上午十時請中日兩國駐上海軍事長官在英總領館會商，當時英美總領事亦曾列席，協同協定停戰辦法。正午休會，下午繼續在英領署開會，討論約三小時，所得結果，僅爲雙方仍須停戰。華方允退至距原防二千米突地界，然須英美軍隊在中日防線間之地段駐防，英總司令聲稱：如英美軍隊，未能管轄，現日軍所佔領之北四川路一帶，如此辦法，於軍事上難得實行云。然日方拒絕交出北四川路一帶之防務，華方旋復提議，撤退砲位，惟以日方不用飛機擲彈爲條件，日方復加拒絕。以故和會未獲結果。二月一日續開和會，由英總領事主席，美總領事及中日兩方軍事長官均參加討論，會議時曾提及中日防線間，設立中立區，以中立各國之軍隊接防辦法。雖無具體結果，但經彼此約定雙方停戰三日，在此停戰期間，雙方均須停止攻擊，俾日領請示政府，俟得回訓後，再行協商，我方軍事當局，爲尊重雙方信約起見，當日卽下令前線防軍，停止攻擊。停戰之約，本須至二月三日下午五時許，始滿三日之期，但日軍方面並不守信，竟于二日下午一時，頻頻以大砲復向北四川路及閘北吳淞等處轟擊，我軍雖憤恨日方之無理，但有長官之命令，始終未曾還擊。滬市政府卽於二日下午向英美日三領事提出正式抗議，茲錄向日領提出之抗議原文於次：

逕啓者，查關於貴國海軍侵攻閘北一節，前經向貴總領事提出抗議在案，旋經英總領事暨美總領事，爲維持和平避免戰禍起見，邀集貴我兩方當局，及各國防軍司令，於一月三十一日在英總領事官舍會議。當經英國防軍司令建議，避免兩軍衝突辦法，并約定由貴總領事，請示貴國政府，以三日爲期，如貴國政府，不能同意，再由本府請示我國政府。在此請示期內，仍各不相侵。以上各節，均有紀錄可稽。乃自該日會議後，貴國軍隊，屢向我本國軍隊襲擊。迨至今日下午二時五十分，本府忽接到貴總領事署電話通知，謂貴國政府，對於上述建議辦法，不能同意等語，殊爲詫異。且在本府未接到貴總領事署通知前一小時，貴國軍隊，已向我方駐在閘北之軍隊復行攻擊，且用飛機任意炸轟該處。查貴國既違背信約，且不顧上海市內我國人民與各國僑民生命財產之安全，重行開釁，所有一切責任，當全由貴國政府負之。除函達英總領事，美總領事，暨各國領事聲明外，相應提出抗議，請煩查照爲荷，此致日本國駐劄上海總領事村井倉松。

二月十八日上午九時，我淞滬警備司令部參謀長張襄，應英公使藍溥森之約，在英總領事官舍，與日軍參謀長田代，及日副領事白井會晤，磋商和平辦法，英藍使並未列席。日方態度强硬，威脅的要求我方將吳淞閘北軍隊撤退二十基羅米突。我方軍事當局，當以此次中日戰事，完全釁自彼開，我方爲酷愛和平起見，接納英使討論消弭戰事問題之請，乃彼反向我提出無理要求，業經嚴詞拒絕。雙方談判，遂告破裂。當時，日方並有提出哀的美頓書之口頭宣言。

▲英美政府之調停

滬戰發生後，英美等國曾於二月五日照會中日兩國政府，提議停止中日衝突事件，我國政府已覆文表示可以接受，惟日政府則表示反對，故終無結果，玆將各該照會原文錄後：

▲英美等國致我國照會文

爲照會事，案奉本國政府電訓，轉致貴國政府，關於列國提議停止衝突之通告如下：一，雙方根據下開條件，立刻停止各種暴力行爲。二，兩國間此後不再有動員或準備任何敵對行爲。三，在滬中日作戰人員退出彼此接觸之地點。四，設立中立區域，分離雙方作戰人員，以保護公共租界。該項區域，由中立國軍警駐防，各種辦法由領事團擬定。五，兩國一經接受該項條件後，不能提出或保留，即根據非戰公約及十二月九日國聯決議案之精神，在中立國視察者或參與者協助之下，迅速進行商議，以解決一切懸案之爭議，相應照請貴部長查照辦理爲荷。

▲我外交部覆英美照會文

爲照復事，接准貴公使照會，將貴國政府對於解決現在事變之各項提議，通知中國國民政府，國民政府因勤於懇切願望，嚴格遵行，誓以保障世界和平暨國家主權獨立，及土地行政完整之國際協定義務，對於貴國政府所通知之提議，特行接受。

再者，各友邦對於遠東時局，既具有極大之關係，不僅爲和平之一般利益計，且爲各友邦所共同簽字上述國際協定之尊嚴計，中國國民政府熱望各友邦與其以觀察者之資格，不若以參與者之資格，參加將來之商議。至提議中第四節所用「中立區域」及「中立者」字樣，國民政府所欲指出者，卽該項字樣，殊不適用於現時中國方面之情勢，故提議分別改爲「和平區域」，及「第三國」等字樣，相應照覆，查照爲荷。

▲日政府對英美照會之表示

日本政府對於英美照會，表示第一項，可以接受，惟須以中國方面同時亦停止戰爭爲條件。關於第二項，除非華方確有誠意，日本不允停止軍事上之準備。第三項，規定日軍之撤退，然於日僑較多等處，若非華軍退至相當地點，日軍不能撤退。關於第四項，日政府贊成設立中立區，惟或將更進一步，提議於租界邊境劃定區域永遠不容華軍入內，聞此係擬照庚子條約之辦法，至於第五項，日本於任何情勢之下，不願第三者參加關於滿洲爭端之中日談判云。

九、國聯處理滬案之經過

▲我國申請國聯制裁暴日

滬戰發生後，我國出席國聯行政院代表團，于一月三十一日將滬案向國聯祕書處報告，並送達中國政府之來電，報告日軍轟擊閘北詳細情形，日軍妨阻公共租界救火隊撲滅火災，以及日軍在東北進攻哈爾濱情形。中國代表團並否認中國將對日宣戰，謂：中國當局正在希望國聯根據盟約第十五條，有所表示，

二月八日，國聯行政院公佈上海領事調查團第一次報告書，該書對於上海事變及事變原因，甚少補充說明。該報告書，係從客觀方面，敍述事實，並無任何結論。但聲明隨後將有數項報告，繼續遞送。中國代表顏惠慶，在報告書公佈以前，曾照會國聯會祕書處，要求行政院召集緊急會議，係以最近十日以來，上海發生之事變為理由。該照會謂因日本海陸軍，於進行侵略時，作有種種殘忍之事，爰乃堅請國聯會切速行動，並要求將上海調查團報告書，予以公佈。

二月九日國聯行政會從事於上海時局之討論，歷數小時，但未有議案通過，議長法人彭古總括此次辯論，謂全部事件似爲可悲的誤會之結果。行政會在目前辦事階級中，必須繼續注視，而待續報云。

二月十一日中國代表團依法請求國聯召集全體大會，決定援用盟約第十五條，以謀解決中日糾紛。根據第十五條之規定，中國有請求召集大會權。現中國代表已正式照會國聯祕書處。查盟約第十五條與第十六條頗有連帶關係，第十六條規定，係以經濟裁制及金融商業絕交辦法，對付破壞和平之會員國云。

▲國聯決議召集大會並申告日本

二月十九日國聯行政院，開會討論中國代表團所提出召集國聯大會以處理遠東時局，及上海事件之申請。會場中表示極大之注意，我國代表團首席代表顏惠慶與日本代表團首席代表佐籐，辯論甚烈。此會之結果，除代理議長彭古爾卽請日代表團用最速之方法，向日本政府請求對中日事件再予考慮保持和平外，復通過下列之決議案：

（一）中國代表根據國聯盟約第十五條第九節之規定，要求召集國聯全體大會討論，中日糾紛，行政院已予考慮。

（二）現已根據盟約第十五條第九節之規定，將中日糾紛，交大會討論，行政院已決定全體大會，應在三月三日舉行。

（三）關於中日糾紛之報告，現已有搜集之方法，惟仍應請爭持之雙方，審愼的根據盟約第十五條第二節規定，將雙方之理由及一切相關事件，隨時報告祕書長，俾交大會參考。此項决議案，雖已通過，但在大會前行政院仍有根據盟約進行保障和平工作之責任，不受决議案之任何影響云。

同時國聯行政院爲維持國際盟約之尊嚴計，又以申請書勸告日本政府，其全文如下：

兩國間之友好關係，僅能以合作與互敬安固之。永久之解决，非霸力所能造成，不問其爲軍力抑僅經濟力也。此行政會議長已於一月二十九日代表同僚所致雙方之申請書中言之矣。目前之爭案遷延愈久，則兩民族之罅隙將愈闊大，而解决將愈困難，勢將釀成巨禍，不特兩國直接受其殃，且將波及世界。行政院十二理事，今覺不得不迫切申請日政府承認目前爭案中所加於其身之忍耐自制的極特殊之責任。蓋日本既爲國聯會員，又爲行政院之常任理事也。上月中遠東發展之局勢，將由得雙方同意所派定之委員團透澈考察之。但自委員團成立後，上海事變遽爾發生，且方興未艾。比事增重全世界民衆之憂慮，危及各國人民之生命與利益，加增全世界在目前爭案中所遭空前之困難，且將以新的重大障礙物置於軍縮大會進行之途中。行政院十二理事絕未漠視日本所提述之種種苦楚，在此數月之中，曾予以長久會員國應享之充分信任，蓋以其常能謹循履行列國團體中一份子之一切義務與責任故也。惟日本不能按照國聯會章之規定，充分利用和平解决方法，此同人所不得不爲扼腕者也。今特再申請注意巴黎公約中所載國際爭端，不得舍去和平方法，以求解决之莊嚴担任。至於中國，於其領土內發生爭端之始，即將全案交由國聯辦理，並允接受和平解决之建議，此同人不得不加以承認者也。行政院十二理事今再引述會章第十條條文，查該條文規定國聯會員國担任尊重與維護其他會員國之土地完整與現有之政治獨立，同人實有申請注意該條文之友誼的權利。在同人之意，尤其應守者，爲凡不顧本條文，而侵犯任何會員國之土地完整與變更其政治獨立者，其餘會員國皆不得認爲正當與有效一節。日本在世界輿論前，負有公正與克己之態度，與中國訂交之無量責任。日本爲九國公約簽字國之一，該約載明凡訂約國，明白許諾尊重中國之主權，獨立，及土地上與行政上之完整，日本早在最莊嚴之條文中承認此項責任矣。

行政院十二理事謹請日本以榮譽的高尚意思，承認其特別地位所負之義務，及列國對其爲維持和平國團體中合作者所具之信任。

▲國聯議長建議調停滬案之提案

二月二十九日國聯行政院會議，代理議長彭古爾宣稱：

上海和會將以下列各條爲根據：(一)日本無政治上及領土之野心，(二)日本無在上海設日本租界或增進日本之專利權，(三)中國承認上海公共租界及法租界之安全與完整，必須尊重，(四)會議之召集，須視當地謀停戰之努力進行如何，行政院信停戰之努力，正在迅速進行中，並由各國之代表，在滬予以援助。(五)上海之停戰，並不影響國聯會，或任何國家對中日事件之態度。其後彭古爾卽請各國一致合作，英外長西門爵士稱：英政府完全贊同彭古爾之主張，英政府卽將訓令在滬英代表與各國代表一致合作，促進停戰。西門爵士同時又稱，美政府已託其代爲表示，美政府對于彭古爾所稱之各點，亦完全予以贊助與實行。西門又謂：上海之中日當局對於同時撤兵事，均已表示贊同，現已分別向本國政府請示。此事聲明後，全場空氣大變，中日兩代表皆面露喜容云。

聞中國代表團已表示接受彭古爾此項停戰提案，日本代表團亦表示日本決定接受此項提案，設法促成停戰云。

▲國聯大會決議停戰辦法三條

三月三日國際聯盟大會開幕，彭古爾演說，首先將遠東形勢加以述明，繼謂討論中日糾紛，引用國聯盟約第十一條及第十五條之法律問題，行政院對中國之要求，已予以慎密之考慮。繼稱，目前之中日糾紛，以及其他將來之國際糾紛，皆應根據盟約第十條處理。

關於上海休戰事，彭謂中日雙方現均接受前所不肯接受條件。彭繼向大會報告休戰之計劃，並稱余今晨即接到日軍已停止進攻之消息，雙方既已接受休戰條件，則目前之形勢，已較召集大會時有望，行政院認世界上最重要之事為信用云云。

彭演說畢，大會主席西姆士即繼起演說，西謂一九二〇年國聯大會第一次會議，係彼為主席，今將實施國聯之機能彼又任主席，而現時之責任又非常重大，若戰事停止，則大會可在和平之空氣中，討論一切，並將此長期間之糾紛，謀一徹底解決云云。

中國首席代表顏惠慶，已根據盟約第十五條，向國聯行政院提出照會，其原文已於今日交各報發表。大意謂：「現吾等已至此路，非戰爭即和平，無折衷辦法之理；若日本理直，則日本軍人及殘暴之武力，卽可處置一切國事，否則現應卽速制止之。日本之採用武力，係與文明國家所信賴之條約不能融洽，中國信賴經一千萬人之死亡，三千萬人之傷害所促成，並經五十五國所擁護之國聯盟約，當然不能認爲錯誤」云云。

三月四日國際聯盟大會一致通過停止上海戰事辦法三條，其文如下：

『大會根據行政院二月二十八日之議決案，及其他已經考慮之辦法，爲下列之決定：（一）中日兩國政府，立卽採必要步驟，令軍事當局頒布之停戰令，立卽爲有效的執行。（二）各關係國及中日政府，應將實行第一條規定之條件通知大會。（三）建議中日雙方代表，由各關係國家之海陸軍代表，開始確定停戰，及日軍撤退辦法之談判。大會請各關係國家將談判之進行向大會報告』云云。

▲國聯大會鄭重莊嚴之再度決議

三月四日，國聯大會通過停戰辦法三條後，五日大會中，辯論異常激烈，各小國代表，爲瑞典芬蘭，荷蘭，墨西哥，丹麥，瑞士，愛多利亞，捷克，波斯，烏拉圭，紛起演說，對日本之武力侵略會員國，深致不滿，竭力抨擊。七日下午，續開大會，英外長西姆士，曾有重要演說，主張以調和爲解決中日糾紛之方法，並請中日代表嚴守國聯根本原則。八日大會辯論，告一段落，各種決議，交起草委員會，旋由中國代表顏惠慶，日本代表佐藤，相繼發言，佐藤措詞失態，有謂「日本之行動，實代各國爲之，將來如環境不變，仍將繼續爲之。中國與他國不同，歐美皆無如中國之國家，世界果有如中國以排外思想爲外交政策之基本之國家乎」等語。九日起草委員會開會，十日下午，決議案起草完竣，分電中日兩國徵求同意，十一日復開大會，除日代表聲明對國聯會章適用方面抱有疑義，中代表聲明未接到政府覆訓，放棄投票權外，餘四十五國全無異議，一致通過如左之決議案：

（一）大會鑒於盟約所載各項規定，對於此次爭端完全適用，尤以關於（一）嚴格尊重條約原則，（二）聯合會會員担任尊重並保持所有聯合會各會員領土之完整，及現有政治上之獨立，以防禦外來侵略之約言，（三）將彼此間所有一切爭執，以和平手續解決之義務，採用一九三一年十二月十日行政院主席白里安宣言中所奠立之原則。回溯行政院十二委員於一九三二年二月十六日致日本政府聲請書中，尊重申述此項原則。宣言凡侵犯盟約第十條之規定，蹂躪聯合會會員領土之完整及變更其政治之獨立之舉動，聯合會各會員均不能認爲有效。鑒有上述規定，聯合會會員國際關係及和年解決一切爭執之原則，與巴黎公約完全相符，而該公約實爲世界和平機關之砥柱。其第二條規定『締約各國互允各國間設有爭端不問如何性質，因何發端，只可用和平方法解決之，』在本會尚未採取最後步驟以解決受理之爭執時，特宣告上述之原則及規定，負有一種必須遵守之性質，並聲明凡用違反聯合會盟約及巴黎公約之方約所取得之地位條約或協定，聯合會會員均不能承認之。

(二)大會鄭重聲述：如有任何一方用武力壓迫以覓取中日爭執之解決，實與盟約之精神違背。回溯一九三一年九月三十日及十二月十日，經當事雙方同意之行政院所通過之決議，並回溯一九三二年三月四日經當事雙方同意之關於切實停戰及日軍撤退事項大會本身所通過之決議，知悉聯合會會員在上海租界有特殊利益之國家，對此項努力，準備予以協助。並請求各該國於必要時，通力合作，以維持撤退區域之治安。

（三）緣一月二十九日中國政府之請求，將聯合會盟約第十五條之手續適用於此次之爭執。緣二月十二日中國政府之請求，將此次之爭執依照盟約第十五條第九節之規定，提交大會。並緣二月十九日行政院決定鑒於本會接受處理中國政府請求中所指示爭執之全部，應負有適用盟約第十五條第三節所規定，『調解』手續之義務，並於必要時，應負有適用同條第四節所規定『說明建議』手續之義務，爰決定組織一十九會員之委員會，並以大會主席為該委員會之主席，連同當事國以外之行政院會員，及祕密投票選出之其他會員國代表組織之。該委員會代表大會執行職務，並受大會之監督。（一）應從速報告關於依照一九三二年三月四日大會之決議，停止戰爭及締結協定，使上述戰事切實停止，並規定日軍撤退各事項。（二）注意一九三一年九月三十日及十月十日行政院通過決議之實行。（三）經當事雙方之同意，並依照盟約第十五條第三節之規定，從事預備解決爭執之辦法，並擬具聲明提交大會。（四）於必要時得向大會提議，向國際審判法院提出請其發抒意見之聲請。（五）於必要時從事預備第十五條第四節所規定之報告書草案。（六）建議一切似屬必要之緊急辦法。（六）於最少時期內，向大會提出第一次報告書，最遲不得過一九三二年五月一日。

大會請求行政院，將一切視爲應行轉送大會之文件或附帶意見，轉致委員會。大會並不閉會，主席視爲必要時，得召集之。

國聯特別委員會努力調解

國聯特別大會自三月十一日休會後，依其決議，並未閉會，而由大會組織之十九人委員會負責工作，十九日，舉行特別委員會首次會議，中日代表，各報告上海方面各種消息，是晚復開祕密會，討論中國提出之備忘錄，無具體之結果。嗣上海停戰會議開會多時，因日倔強，陷於僵局，四月十六日，十九日，特委會先後舉行非公開會議，最後始通過對於上海之中日問題決議案，其內容分析如下：

特別委員會，（一）因三月四日及三月十一日兩次決議案委託在上海有特別利益之列強，從中參加援助，妥協之成立，以便使敵對行爲在事實上業已停頓者得以確定停止，並規定日軍之撤退。（二）因三月四日及三月十一日決議案中所言之協定，特別委員會對於其訂立一層，不能代替交涉者，此項協定，祗能就地訂立，但於談判時，或於執行前述之協定時，如發生困難，則所有參預談判之列強，有權報告於特別委員會，此項特別委員會，以國聯大會名義並在其監督之下，行使職權。（三）因談判應遵照國聯大會以前所採取之决議案而進行，任何一方不得強提與前述各種决議案相反之各件。（四）特別委員會已將交到之停戰條款草案，業經雙方承認者，加以審閱，承認此項條款與前之所述决議案精神相符，尤以為停戰草案之第二條，係日本允許將其軍隊撤至公共租界，及公共租界外虹口地方越界築路之區域以內，而回復其一月二十八日以前之原來地位。（五）特別委員會宣言，按照三月四日及三月十一日兩次决議案精神，日軍此種撤退，應於最短期內行之。（六）特別委員會宣言三月四日之决議案，必須日軍完全撤退始能認為完全執行。（七）上海所定之停戰草案，擬設一種混合委員會，以委員十二人組織之，担任證明雙方相互撤兵，並幫同將日軍退出之地方，交還中國警察，日軍一經撤退，則前述地方，立即由中國警察前往接管，關於此層，特別委員會準予備案。（八）此項混合委員會之任務，在其所認為適當之地方，並遵照特別委員會訓令，以確保停戰草案各款之執行，俾日本軍隊，照此條款，完全退至一月二十八日事變發生以前之原來地位，特別委員會對此層，認爲滿意，予以備案。（九）特別委員會以爲担任監視停戰草約實行之混合委員會，照停戰草約附件所定之職權，如遇一方要求時，有權宣言日軍合理完全撤退之時機已至。（十）特別委員會希望混合委員會有所决定時，以全體一致之同意通過之，但按照附件所定，即以大多數通過者，亦能有效，蓋委員會主席有裁决權也。（十一）特別委員會敦勸雙方當事國：將現在停頓之談判，重行開始，以期迅速成立協定，並請在上海租界有特別利益之國家，關於此事，繼續予以援助。（十二）十九委員會特別聲明，如三月四日及三月十一日兩次决議案，所言之協定，不能成立，則此項問題，必須仍交國聯大會處理，並請在上海有特別利益之列強，政府凡遇有益之消息，即通知該國參加混合委員會之代表。

▲國聯大會對滬案之最後决議

國聯對滬案之决議案，自經特別委員會通過徵求中日兩國之同意後，中國表示接受，日則堅持欲以共同委員會大多數之表决决定日軍撤退期限，會議因此陷於停頓，小國

多致不滿，旋主席接得駐華英使藍浦森之折衷案，日本亦不再爭持，因於四月三十日，召集全體大會，一致通過如下之決議案·

（一）查國聯議會三月四日及十一日之決議案，建議中日代表從事談判，由上海租界享有特殊利益之各國文武海陸當局協助，以期議定確實停戰及規定日軍撤退之辦法。(二)查三月四日及十一日議會決議案，所涉及之停戰撤兵辦法，雖僅能於當地議定之，因而特別委員不能取談判者而自代，但出席停戰談判之各參加國，在進行談判時，或實行上述停戰撤兵辦法時，如遇有重大困難，應通知特別委員會，由特別委員會代表議會，并受議會之監督解決之。(三)查停戰撤兵談判，應依據上述之議會決議而進行。當事國之任何一方，不得堅持與上述決議相抵觸之條件。（四）又查悉送交本委員會之停戰協定草案之條款，已業經雙方接收。（五）認爲此項條款，均與上述決議之精神相符。（六）特別查悉依照第三條日政府担任履行。將其軍隊撤回公共租界及虹口越界築路地帶，一如一九三二年一月二十八日事件以前之原狀。（七）聲言國聯議會三月四日及十一日決議案之精神，係日軍之撤退，應於近在之將來履行。（八）聲言三月四日之決議案，須俟日軍完全撤退後，始爲遵行。（九）察悉協定草案規定設立共同委員會，由中立國會員參加，以查明雙方軍隊之撤退，並對於日軍撤退之區域，協助辦理其組織及移交與中國警察，俾日軍一經撤退，中國警察卽行負責。（十）察悉該委員會依照其決定，用其認爲最善之方法，監視第一第二第三各條之實行，而第三條規定日軍完全撤回，一如一月二十八日事件以前原狀，甚爲滿意，（十一）察悉協定草案附件第三號所規定該委員會之權限，爲監視該協定第一第二第三條之實行，並包括對於實行上述各條規定之任何疏懈，有依照上述附件規定之行爲，決議促使注意之權。（十二）懇切建議於當事者雙方，恢復現在停頓中之談判，俾得早日結束，並謂在上海租界有特殊利益之各國政府，爲達此目的，繼續斡旋。（十三）明白指明，倘不能按照三月四日及十一日決議案獲得結束，則本問題必須再提出於議會。（十四）請求在上海租界有特殊利益之各國政府，將其由參加共同委員會代表所得之報告，轉告國聯。大會決議後數日，上海停戰協定，亦經簽字，國聯對此，釋一重負，惟東北風雲，又趨嚴重，不知國聯又將何以處之也

附、上海領事調查團向國聯報告滬案書原文

▲第一次報告書（二月六日發）

上海調查團，係由英法德西班牙挪威各國，總領事組織而成，以意大利代辦齊亞諾爲主席，國聯會運輸暨交通股主任哈斯爲秘書長，至美國總領事克銀漢，曾參加調查團最後一次會議，并閱悉調查團第一次報告書。此項報告書，係本月六日用電報遞送國聯會。其原文如次：

本團受國聯會祕書長之委任，對於上海及其附近所發生之事變，提出報告書。茲以自行搜集之消息爲根據，作成第一次報告書，其中所言各節，勢須加以引伸，或就細目加以修正，即此後所生事變，亦須另行報告。美國總領事克銀漢對於本團工作，曾加以襄助。本團任務，係將上海及其附近所生事變之原因事實及進展情形，提出報告書。

抵制日本貨物之事，始於一千九百三十一年七月，係由朝鮮事件而起。厥後滿洲被佔，而抵制日貨之事因之加甚，并嚴切執行，日本商務因而感受極大損害。

抵貨運動，係由抗日抵貨會予以鼓勵，而中國各種商業團體參加其組織。分爲糾察

商店，扣留日貨，罰款，拘禁（此層對於購用或販賣日本貨物之華人而設）及其他非法行為，受之者雖欲求直于法院而不可得，此日本人敵視華人之苦惱思想所由生。厥後中國學生舉行示威，并要求向日宣戰，致使中國人心對於日本愈益不滿，而若干暴烈行為，即在此極度緊張之情狀下，而時有發生。此外中國人對於日本天皇，亦有失敬之處，日本人大為憤怒，乃愈益要求該國政府採取直接行動：俾彼等所處不堪容忍之地位得以平息。

一月十八日有日本人五名，中有僧人在內，在三友實業社製造廠經過，為中國人所狙擊。中國人中有數人，大約係最近組織之抗日義勇隊隊員。中國警察到時甚晚，行兇者未及逮捕，被狙擊之日本人有兩名重傷，僧人一名旋即因傷殞命。

一月二十日有日本人約五十名，均為「青年保護團」團員，手持匕首及棍棒，前往三友實業社製造廠縱火燒廠舍。伊等臨去時，曾與公共租界工部局警察發生衝突。中國警察三人受傷，其中一人因傷致死，日本人三名為中國警察槍彈所傷，其中一人旋即殞命。同日日本人在日本俱樂部開居留民大會，對於日本僧人被狙擊，以及報紙對日皇失敬事提出抗議，當卽通過決議案，要求日本政府遣派軍艦及軍隊，以便完全消滅抗日運動。日本人示威者半數往見日本總領事，隨至日本海軍司令部呈遞前項決議案。日本總領事請示威者將此事交由渠辦理。此時示威者羣赴日海軍司令部，中途與租界警察發生衝突，巡長受傷一人。日本官吏曾向租界當局道歉，有日本人七名自行向日本當局投到，經押送長崎審訊，以便按照日本法律懲治。同日下午日本總領事因一月十九日事件，向上海市政府祕書長提出下列各項要求：(一)市長正式道歉，(二)立卽逮捕兇犯，(三)損害賠償及醫藥費，(四)抗日運動應以適當手段取締之，(五)所有鼓勵敵視日本，鼓勵暴動，及鼓勵排日各項團體，應予解散。

一月念一日上午，上海市長答復日本總領事，謂前三項要求，準備加以考慮，至其他各項因有困難，未能予以滿意。日本海軍司令官旋卽以公佈一件交報館發表，謂上海市長對於日本人若非予以滿意答復，並將要求各項立卽實行，則海軍司令官決採相當手段，以保護日本帝國之權利利益。此項公佈並抄送公共租界當局及上海市公安局。

一月念四日，日本海軍援兵開抵吳淞口外，同時風傳閘北中國軍隊亦已增援。是日日本總領事通知上海市長，謂渠若不於相當時期內接到答復，或答復不能滿意，則日本政府保留依照情形採取必要行動之權。爾時上海市長業向中立各國代表聲明，準備作最大讓步，藉以避免衝突，並努力勸告當地各界領袖，俾其取銷抗日抵貨會。又以「抗日」二字被日人認為侮辱日本國家，即對於其他團體名稱，有用「抗日」字樣者亦擬予以刪去。結果抗日抵貨會被封，其辦事處皆於一月二十七至二十八日夜間由中國警察一一封鎖。

一月念五日日本總領事知會上海市長，謂彼雖不限定時間，但欲於二十八日接獲答覆案之概要。

一月念七日日本總領事通知上海市長，謂次日下午六時，彼之要求當得一滿意之答覆，否則日本人將採取其所認為必要之手段，以實現其要求。

一月二十八日上午七點半，日本海軍司令照會他國防守司令，謂中國方面如無滿意答復，伊欲次晨有所舉動。工部局隨於上午開會議，決定從下午四時起，宣布租界入於緊急狀態。此舉係工部局所自為，不曾知照各國將領，欲使預備各自防守其地段。同日下午尚早之時，上海市長答復日總領事，完全承認其要求。下午四時，日總領事告領事團，謂已接到復文，並稱該復文全完滿意。又稱，須看上海市長能否實行其所承認之事，但又謂所要求之事，大都已予實行，暫時不再取何舉動。乃外交局面雖有此變動衆人之心，則以爲日本海軍當局决定無論如何，欲有舉動。日本報界聯合會所發煽動人心之新聞，謂中國無意實行其約言，並謂中國人士，預備攻擊日人，又逆料中國方面因反對市長之承認要求，或起叛亂。爲以上種種之故，在各國防軍委員會之心目中，以爲緊急布告，宜實行爲善，因此於下午四時實行戒嚴。有當指出者，公共租界之防軍委員會乃各國防守將領所組成外加工部局之總董，巡捕房之總巡，商團之司令，以防守司令中最尊者爲主席，此人於各國防軍各防地段，如如何詳細辦理，並無以爲有指示之權，僅分派地段，聯絡辦理佈置防守之大計而已。英美兩軍於宣布戒嚴之後，即各開往所駐地點；意大利軍隊於二十九日開到防地。日軍之一段，爲租界東北全境，西以北河南路爲界，從防守委員會之眼光觀之，亦包括租界以外一段地方，西以北江西路及吳淞鐵路爲界，北以虹口公園之北面爲界，其東則連成一線，大部分爲虹口公園之東北角，連至哈爾濱巡捕房。日人住在虹口公園一帶者不少，該園與北四川路狄思威路雖在租界之外，却是租界之產業，平時由工部局派捕巡守。中國當局於夜間十一點發生事件以前，似乎於界外日軍一段之事，未接電關照，初行戒嚴之時，日軍亦未駐防至界外之一段，然須知日本水兵往時常在工部局路上以上地段駐兵防守，以保護其僑民，而其海軍司令部亦設於該段之盡端。是晚十一時，日本海軍司令發布告兩道，並將副本送致上海市長。市長謂於十一點二十五分方接得之。布告之一，提及戒嚴，並謂日本海軍對於閘北情形，極覺憂慮，該處日僑衆多，已決定派兵到該段，以行其法律與秩序，因此，望中國當局從速將駐在閘北之兵，退往鐵路以西，撤除該地之佈防。其別一布告，謂派與日兵保護租界秩序之一段，凡須實行戒嚴上之事務者，將皆履行之等語。日本水兵以及武裝平民，先已在海軍陸戰隊司令部召集者，沿北四川路而進，西趨靶子路，直到北河南路，沿途在弄口分派隊伍。至中夜，信號一發，所派隊伍，即向西北趨進，鐵路方面最後一隊，約有水兵一百，開一裝甲汽車，欲在北河南路之底分界處，越過大門，爲上海商團所阻。因門在該團所守之處，此門可通鐵路。中國軍隊初未從日海軍司令退兵之要求，且即令決定自退，亦不能於其短時時期內，將該段中國軍隊實行撤退，以前數日所釀成之時局，亦須顧及，蓋將使中國當局，目日本海軍當局所行之辦法，爲其較大之軍事舉動之一條分。日本水兵，嗣遇中國正式軍隊之抵抗，日本軍隊開至鐵路線南之寶山路，但未能更至該處之南。

其路線在鐵路之東，迤北河南路北四川路之邊界，日軍爲中國裝貨火車所創，該火車乃以車站出發，巡行於淞鐵路上，後避於東棧內。該路爲中國軍隊防守堅固，因此日軍於一月二十九日，在車站放炸彈，用飛機毀壞火車路，寶山路其他房屋，亦被放火，用發火之炸彈燒之，大概信爲故意爲之，以滅去窺得日軍陣線之要地，死傷雖不可知，但生命損失，當頗不少。上海市長因日軍之舉動，向領事團提抗議。日本則謂此次舉動與所提要求之事無關。要求先已承認，所以如此，乃爲保護所欲佔據之地之一段內之日人。日本當局又稱，所取舉動，即遇中國武力抵抗，且爲日本當局自負完全責任者，乃在其所派界限之內，如屬必要之時，爲租界防務計劃之所許行。二十九日之大軍戰爭進而不息。二十九日下午，因上海市長之請，英美兩總領事設法致成暫和局面，以夜間九時爲始，此暫和之策，僅彼此同意，勿再發放槍砲而已。

一月三十一日，日總領事日本海軍司令官上海市長中國當地司令官，在英美兩總領事房間，會晤一次，商定應由日總領事向其本國政府提出一法，使日軍退出該處陣線，倘日府答復不應，則中國方面亦當呈報中國政府，在未接最後答復之前，雙方商允非對方先開火，則不得自行開火云，會長薛亞諾伯哥署名。（意總領事）

▲第二次報告書　（二月十六日發）

上海領事調查團致國聯行政院第二次報告，已於昨十六日晨發表，內容專注意於二月二日破壞休戰之事，其大意如下：二月二日日軍司令借口華軍破壞休戰立卽出飛機赴閘北偵察。該機等抵閘北上空時，卽遭中國軍隊槍擊，而日機卽投下炸彈，在短時期內雙方戰事遂復起。自二月三日起，雙方完全陷於戰爭狀態。所謂休戰者，亦完全放棄。閘北及吳淞方面槍聲時起時息。雙方時用砲攻，而日軍更以飛機投彈，日軍完全取攻勢。關於一月二十八日日軍開始軍事行動後，中國方面時時有人向日軍遙擊。自該時起，日陸戰隊及在鄉軍人一遇有遙擊情事，卽以機槍掃射，並按屋搜索，故房屋頗多損失。而日軍並有縱火焚屋以驅逐此項遙擊人等之事。在租界內之虹口地界，現完全在日海陸當局統治之下。該區域內日軍竟任意行動，阻塞交通要道，解除巡捕武裝，禁止市政當局之工作，不准救火隊執行救火，禁止巡捕與捕房通消息，強迫工部局人員遷出學校醫院等等行動，不一而足，此外日軍並有過激之行爲，若槍决華人等事，皆屬日陸戰隊日在鄉軍人及浪人之所爲。關於前此報告所述，在虹口失業之華人，現信俱爲日軍捕獲而遇害，現經工部局方面查明遇害者，已達三百人云云。

又哈瓦斯社日內瓦十四日電：上海領事調查團第二次報告書，係十二日自上海發出，將一月二十九日以來，經過事變，加以敍述，內稱：戰事狀態，自二月三日以來，即公然存在，從未有完全而眞實之休戰，至破壞休戰之責，應由何方担負，殊難斷定。因火線上並無外國觀察員故也。又稱：日本海軍在鄉軍人及義勇隊，多有過分之擧，此在日本當局，亦甚不以爲然，業將許多不逞之徒解回本國。此後調查團除獲有新消息，須將以前報告各節，加以改正，，或將第一第二兩項報告書，其特殊之點，加以申引，或加以補充之外，目下並無重新提出報告之意。至戰事上採取攻勢，完全係日本人所爲云云。

又哈瓦斯社日內瓦十四日電：上海總領事調查團，係由意大利代辦及法國挪威英國德國西斑牙各領事，組織成之，并與美國總領事合作，其第二項報告書，又於本月十二日發出，其文如下：正月二十九日午後八時許，卽休戰業已開始之後，槍砲之聲，爲之靜寂。翌日日本海軍司令乃向英美二國總領事提出抗議，謂停在北站之鐵甲車，重行開火，此層經華人否認，并謂日本人有射擊情事。正月三十一晨間，日本飛機十七架在上海并在華軍防地飛行，但未轟擊。日本海軍當局謂因華人近頃破壞休戰條件，及此項示威運動出之，但破壞休戰條件一層，經華人鄭重否認。是日各方會商設立區域，并決定繼續休戰，以待雙方答覆。此種談判，本團業於第一次報告書末段提及之。二月一日休戰之事，殆已實行，但若干槍聲，時作時輟。二月二日日軍司令部又謂：華人昨日重行破壞休戰條件，并謂華人顯集合軍隊，預備包圍日軍，渠當遣派飛機前往偵查。是日正午十二點左右，有日本飛機數架，飛翔上海及中國軍隊防地，日本飛機在閘北擲彈數枚，頃刻之間，雙方戰線上槍聲大作。至下午三時卽戰事重開。以後日本總領事通報各國領事，謂前此提議之中立區域，日本政府，已經拒絕，同日上海市長照會各國領事，提及一月三十一日開會時所訂之休戰協定：謂日本人屢次破壞此項協定，并攻擊中國軍隊，又復以飛機轟擊，其情形卽如上節所述。此項照會，各國領事係於二月三日收到。二月三日日本海軍當局宣稱：中國當局對於履行諾言，繼續表示無誠意，故中國軍隊，應令退出閘北以外至相當距離地點。日本方面因欲執行此項計劃，其飛機或有轟炸中國陣線之事，厥後日本總領事通知各國領事，謂有驅逐艦三艘，因受吳淞砲台之砲擊，故日本人決定佔領該砲台。但吳淞砲台發砲之事，又爲中國方面所否認。自二月三日以後，戰爭狀態，公然存在，卽與休戰相似之情況，亦完全消滅。閘北吳淞方面，繼續開砲，時作時輟，而日本方面，又以飛機轟炸。日本人自謂其目的奪取吳淞砲台，幷驅逐中國軍隊於距離上海甚遠之處，故採取攻勢，完全係日本人所爲。關於破壞休戰條件一層，所應注意者，卽實際上完全休戰狀態，迄未成立，而火線上並無外國觀察員在場，究竟破壞之責，應由何方負擔，實無法加以判斷，或者雙方孤立隊伍，或滋事份子，均應負責，亦未可知。除戰線上正式軍隊重行開火之問題以外，在此時期以內，公共租界日本所管地段，曾發生若干事件，有關公共租界之制度，而在國際上有重要關係，必須簡單加以敘述。自一月二十八日夜間日本人採取行動之始，卽有多着便衣之中國士兵，侵入日本地段，或藏匿民房，或攀登屋頂，而以手槍向街上日本步哨射擊，是日本人但無充分正式軍隊，以防守其佔地段，乃召集所謂在鄉軍人，畀以槍械，此項軍人亦着便服，但帶有臂章。日本水兵及在鄉軍人以機關槍抵抗中國便衣隊，幷挨戶搜查。搜查之時發生極大損害，蓋以此輩因欲驅逐便衣隊，不惜縱火焚燒民房故也。是虹口地段，完全在日本海軍當局管轄之下，該處若干街道，既已設置障礙物，而巡捕武裝亦被解除，公共租界市政職務，併消防事務在內：爲之停頓，虹口各處巡捕房，與總巡捕房之間，交通亦完全斷絕，工部局乃不得不將學校病院遷出。日本水兵及在鄉軍人暨其他暴虐之徒，多有過分之舉，甚至以簡單手續，執行槍決。日本暴虐之徒，並無正式職務，其行動大約因中國人前此作有反日活動，乃以報復手段出之，結果發生恐怖現象，凡日本人以外之居民，幾皆逃避一空，有極多中國人，查無下落，疑爲日本人所捕殺。二月五日公共租界工部局請領事團轉商日本當局，對於此事，加以調查，經日本總領事承認，在混亂之際，日本人感情熱烈，誠有過分舉動，但情形業已大加改善，應允公共和界以內凡因嫌疑而被日本海軍當局逮捕之人，移至工部局巡捕房，此層業已實行，然失蹤華人，爲數仍甚多。據工部局巡捕房詳細調查，失蹤之案尚有三百起之譜，便衣隊之行動，頃已大爲減少，而日本監察，則仍森嚴。工部局巡捕及其他市政職務，僅能徐徐恢復。日本當局因日本人過分行爲，甚爲感動，已將若干不良份子遣送囘國。本團暫時不擬多提報告書，但如覓得新消息，須將上次報告書加以改正或將第一第二次報告書所較特殊之點，加以伸引，或加以補充，則當別論。

▲第三次報告 （二月二十日發）

中日雙方經中立國外交代表居中調處，均允召集軍事長官開會，而以雙方退兵爲基礎，從事討論。此項會議，係於二月十八日午前舉行，中日雙方司令官各派參謀長代表出席，當由本代表提出條件，中國代表認爲不能接受，討論亘兩小時之久，毫無結果。日本代表謂日方所提條件將於下午九時以前由書面通知，並云希望中國速卽答復，討論之舉，卽此破裂。下午九時左右，日方將所提條件分別送達上海市長及十九軍軍長，此項條件其詞語各有不同，其內容如下：(一)中國軍隊應停止敵對行動，並於二月二十日午前七時完全退出第一道防線，並於是日午後五時完全退出第二道防線至北面念公里地點(二十基羅米突包括獅子林砲台在內)，卽自公共租界暨蘇州河北端至蒲淞鎭，又自黃浦江東岸爛泥渡至張家橋（即自蘇州河向東延長之線），所有撤退區域內之砲台及軍事設施，均須撤除之，並不得從新設立。(二)日本軍隊對於中國軍隊不加攻擊，並不追逐，但得遣派飛機從事偵查，中國軍隊撤退之後，日本軍隊僅保持虹口附近工部局築有道路之地域，並虹口公園包含在內。(三)中國軍隊由第一道防線撤退之後，日本軍得派調查員攜帶衛兵及旗幟前往撤退區域。(四)撤退區域以外，凡日僑生命財產，應由中國負責保其安全，遇必要時，日本當自行採取必要手段，所有便依隊均應切實撤銷，(五)上海附近及撤退區域內外，保護問題，將來再議。(六)關於抗日運動，一月十八日上海市長所應允各節，應嚴切實行。此事當由日本外務省與上海中國行政官以外交談判處理之，以上各款若不接受，則日本軍隊不得不自由行動。

次日即二月十九日，中國方面之復文，一方由上海市長送達日本總領事，一方由中國軍隊司令官送達日本軍司令官。上海市長於其復文中聲明，上海現在嚴重時局，全由日軍違反一切條約及國際法，侵略中國領土，並慘殺中國人民所致。日本總領事要求各節，直接與中日國交有關，應由兩國外交當局處理，業將日本總領事之函轉呈中國政府，請其考慮，並經由中國外交部答復日本公使，上海市長又謂日本軍隊挑撥行爲，繼續不已，致使中國人心日益憤激，所謂抗日運動未能停止，乃係自然之理。中國軍隊司令官之復文，謂所屬軍隊係國家軍隊之一部份，受國民政府之指揮，因此日本軍隊司令官來函業已轉呈國民政府，至於中國政府如何答復，現尚不知，（並不知曾否答復）。

二月十九日至二十日之夜，日本軍隊即自公共租界根據地向前線增加援兵，並遣派飛機預行偵察，知中國軍隊未按照日本要求退出防線，當於二月二十日午前七時，在江灣吳淞兩處開始攻擊，竟日不停。調查團主席齊亞諾署名。

▲第四次報告書（三月四日發）

自二月二十日開始之中日敵對行動，直至三月一日，未嘗間斷，由閘北至吳淞全部戰線上戰鬥甚爲嚴重，許多房屋，均被焚毀。二月二十三日日本飛機炸毀虹橋飛機場，二十六日又炸毀杭州飛機場。

二月二十九日日本總領事照會上海市長，謂中國如繼續調集援軍，則日本飛機自三月二日起，勢必將嘉興至上海及蘇州至上海之兩條鐵路上之軍用列車，予以炸毀，以上所開日期，所以使居民便於遷避者，市長答稱：自一月二十八日晚間以來，日軍侵略中國領土，並殘殺中國人民，繼續不已，違背國際公法及條約，而施行殘忍行為，並違反人道，中國軍隊，僅防禦日本之侵入，所有一切責任，應由日本担負等語。

二月二十八日及二十九兩日日本第一師團開到中國領水，其一份在吳淞，尤其在揚子江瀏河附近登岸，於登岸之前，先向獅子林砲台及其附近發砲轟擊，二十九日及以前數日有若干隊伍，在公共租界上岸，但日本人堅稱此項軍隊，係為代替第九師團，及二十四混成旅之用者，三月一日黃浦江中距日本提督旗艦及另一巡洋艦不遠之處，有兩次爆發，三月二日午前日本飛機依照其二月二十九日之通告，在崑山附近炸毀滬甯路一段，三月一日下午閘北大火，損失奇重，不知責任之誰屬，第十一師團在瀏河上陸，使中國軍隊左翼受威脅，而同時日軍在江灣方面又大舉攻擊，三月一日下午四時，中國軍事當局，遂下令上海區域，舉行總退却，南頭龍華一帶之軍隊，亦包括在內，日本軍隊，追蹤于中國軍隊之後，至三月三日午間，遂將上海以西嘉定至南翔一帶占領，吳淞駐軍先未撤退，直至三月三日晨間，仍受日軍之攻擊，旋被占領，三月三日午後，日軍總司令宣稱：中國軍隊已撤退至二月十八，日本要求中所指定之區域以外中國對於日僑及公共租界之威脅，業已除去，故令日軍暫時停在達到之地點，並停止戰鬥，但以中國無敵對行動爲條件，日本海軍司令亦發同一宣言，至晚間中國軍隊司令宣稱：業已命令軍隊，如日本不施攻擊，卽停止敵對行動，報告稱應鄭重聲明者，卽希圖停戰之一切交涉，截至現在止，均歸失敗，日本現已停止前進，但夜間在距離上海遙遠之區域內，仍有地方的戰鬥，日本干涉警察及工部局其他行政事務，前於第二電中業已陳明，此種干涉，在以上所述時期以內，迄未停止，經迭向日本當局提出抗議。

十、上海停戰會議情形及協定簽訂經過

▲停戰會議之緣起與開端

自十九路軍以戰略關係暫行撤退第二防線後，日本軍隊進佔上海閘北江灣吳淞等處，前線且過嘉定。斯時我軍英勇抗敵之經過，已獲得全世界之讚美與同情；三月四日，國際聯盟遂通過一議案，勸告中日雙方停戰。我方爲尊重國際意見，由軍事當局下令前線各軍暫持守勢，而中立國嗣亦派代表往前方視察。暴日逼於世界輿論，乃表示願開停

戰會議。我方因提出對日聲明，須日軍無條件完全撤退；所謂完全撤退者，日必須由現在被佔領及管理之中國領土區域內全部撤至一月二十八日以前之原防。日方對此認爲不在國聯決議原則中，日政府覆訓竟反提出三條件：（一）撤兵區域內，中國軍隊不得進駐，（二）規定監視中國軍隊行動期間，（三），撤兵區域內之警備問題。在此期間，適國聯調查團來滬，對滬戰慘狀極表感痛，極力欲促成停戰會議之解決。日亦鑒於國際空氣惡劣，乃在積極威脅之下，允開正式會議以討論停戰問題，但重光仍聲明和平協定後，必再開圓桌會議，關於抵制日貨及日僑安全等有圓滿辦法後，日兵始可完全撤退。於是在正式會議未開始以前，我方與日方在中立國參加之下，曾開數次非正式會議於英國領事署，以交換意見。出席者英美法三使，意代辦及我國外次郭泰祺日使重光等六人，軍事代表未參加。我方首席代表原定顧維鈞氏，嗣顧以招待國聯調查團事冗辭未就遂改郭泰祺。三月二十一日各代表在英領署會商決定三個原則：（一）中國軍隊暫駐現防。（二）日本軍隊按照一定之程序，撤退至一月二十八日以前之原防。此項程序，將由正式會議決定。（三）由參加各友邦代表在內之合組委員會，證明第一第二兩項之實行。雙方同意在此三原則之下，正式開會討論。日軍事代表初定白川，我亦決定蔣光鼐，嗣白川不出席，改以植田，我方遂亦改為戴戟。

▲停戰會議初幕之扞格

三月四日上午，中日雙方在英領署開始舉行第一次正式停戰會議。我方出席代表為外次郭泰祺，祕書鄧中𤦹，郭德華，殷汝耕，軍事代表為戴戟黃強二氏，祕書長張一東共七人。日方代表為重光葵，祕書林出，岡崎，軍事代表第九師團長植田，參謀長田代，海軍參謀長島田，隨員參謀吉夢阿部及副官水野共九人。其他則為英使藍浦森，美使詹森，及意代辦齊亞諾。此後連日開會，法使威禮敦亦參加列席。迭次集會之中，均依據預備會議之三項原則，進行討論；但議及『日軍按照一定程序撤退至一月二十八日原防線』一點，日方屢施刁難，非於地域上堅持眞茹大場楊行吳淞之大範圍，即於時間上為空洞含混之延宕；不得已另行組織軍事小組會議，以討論軍事問題，免妨及大會之進行；然會議數次，日方始終未克就範，停戰協定草案五條，附件四件，雖經通過，而日方於第三條撤兵日期一節，仍多方推諉，同時軍事小組會議議及日軍暫駐區域，日方俄而爭吳淞，爭張華浜，俄而提出閘北江灣引翔港張華浜至蘊藻浜四處，俄而要求叉袋角，俄而問及浦東蘇州河南之我軍駐軍情形，節外生枝，一意狡賴，而於撤兵日期更不願爲明確之規定。至四月七日，英使藍浦森從中調停，提出所謂折衷辦法三條，經多方商榷，雖文字上幾度修改，而始終未能與國聯三月四日十一日決議案及預備會議基本原則相符合，我方自決難遷就。延至四月十一日開會十四次，耗時十餘天之停戰撤兵會議，卒以停頓矣。溯自一月二十八日日軍突襲我閘北防地，造成空前未有之上海事變；我軍因自衞而戰，迭獲勝利，但自三月一日晚退守第二道防線後，我方以恪守三月四日及十一日國聯決議案之故，迄未嘗不在停戰之中，雖日方屢增重兵，派遣飛機，擾我內地，而我方除制止外終未與接戰，今日方於停戰談判，又復蠻不講理，致陷於僵局，其責任固應由日方完全担負；故我國政府當卽訓令日內瓦顏惠慶代表，令將停戰談判之經過情形，向國聯提出，且要求國聯明白解釋三月四日之停戰決議，同時對該決議案第三項『從速佈置日軍之撤退程序』一條，要求得一明確之日期，庶日方不致因辭意含糊而有所留難，並請其立卽召集國聯大會所組織之「密切觀察遠東發展」之十九委員會議，而我國惟有靜候國聯之答覆而已。

▲中日雙方對國聯特委會議案之態度

國聯以吾國代表之請求，於四月十六日十八日先後舉行十九國特委會之非公開會議。

四月十九日午後，將草就之決議草案全文作最後之審查，當經全體一致通過，內容共分十四條決議草案全文，立即送達中日政府，以待答覆，如雙方表示同意，則將舉行公開會議以處置此事。國聯十九委員會通過之決議案，我國政府於二十日訓令顏惠慶代表，表示接受。日本外務省接到長岡代表請訓後，即時開會協議之結果，以為十九國委員會之決議案，不能以修正或提案籌簡單方法，足使日本滿足；日本依照最初主張不承認十九國委員會之決議能合法拘束日本，故將其決議置之不理。日本非但反對決議案四項規定，並認為該案全文專考慮中國方面之主張，尊重各小國之意見；并表示如國聯仍不改變態度，則日本將對國聯表示重大態度。日本此時蓋大有退出國聯在所不惜之概。

日外務省對日內瓦長岡首席代表發出回訓謂：十九國委員會之決議案第七、第八、第十一、第十二、第十三等條，尤其第八及第十一條，全出誤謬，日政府不能同意，且有礙上海停戰會議之進行，並指摘有誘致決裂之危機，其中最重要之一點，厥爲國聯授權混合委員會，決定日軍可撤之日期，不問日本同意與否，此舉乃主要障礙，日政府依據固有習慣，對於軍旅大事，如撤兵等，不能擅下命令或輕予許諾，因此種特權屬於日皇，若第十一條關於混合委員會職權之規定，決議日軍在何時必須撤退，而與日皇代表之意見相左，是爲侵及日皇統帥權，違反彼邦憲法，而使日皇處於不可思議之卑辱地位云。

▲英藍使提出折衷案打開僵局

自日本堅決反對議案後，十九國委員會與日本代表團彼此對峙，交涉完全停頓，雖各小國代表主持正義，策動甚烈；但國聯大會主席希孟仍以極力遷就日人爲務，表示國聯早已諒解日本立場，決無抵觸日本憲法之事，十九國委員會已自陷於虛弱之地位，故日本之反對更成爲有力之表示。駐華英公使藍浦森爲謀滬案續開談判，認定中日問題之僵局，繫於十九國特委會草案第十一項授權上海混合委員會決定日軍當撤退之時期一點，特再提出一折衷方案，一度由滬至南京與我國政府諸領袖會商，經數次考慮後，國府表示在原則上可以接受。該折衷辦法之內容，即將前日內瓦十九國特委會所秘密通過之決議草案內容第十一項『委員會確認混合委員會有應當事國中一國之要求，決定日本撤兵之適當時期之權限，該混合委員會之一切決議，希望能全體一致通過，倘不能全體通過時，應依照協定附錄第四，採用多數票決方法，票決後一切決議均生效力』一條，改爲『一待時機成熟，共同混合委員會須監視日本撤兵，如任何一方有破壞此協定時，混合委員會得電告國聯，在日軍一日未撤至一月二十八日以前之原防，則國聯任務始終認爲尚未終了』。對於日方須俟地方情形恢復至『平常狀態』一點，因中國認爲涉及政治問題而反對，故未提及；對於日本須『明確規定撤兵時間』一點，因由混合委員會監視，故亦未提及。我政府對於此點雖屬不滿，但以其尚未涉及政治範圍，一方爲尊重中立國善意調停起見，故終於勉強接受。日方對此妥協案當無不可承認，駐華日公使重光於四月二十六晚接到日外務省回訓，表示中國方面若誠意同意於此案，則以該案爲基礎不妨繼續會議。英使折衷辦法既爲中日雙方表示接受，即於四月二十七日，中英日三方代表在英領署舉行整理草案條文委員會，爲續開大會之先聲；同時日內瓦方面，十九國委員會亦舉行非公開會議，予以通過。二十八日午後英美法意四使及我方首席代表郭泰祺與日使重光葵，又在英領署作一非正式會議，將中日政府所已經接受之藍氏折衷辦法，予以形式上之通過，並加入停戰協定附件第四項。至是停戰會議僵持之局，業已打開矣。

▲停戰會議重開前之波折

滬會有重開之望，各方均抱樂觀；但即於此時，上海虹口公園炸案突然發生，韓人一彈，世界震驚，此即四月二十九日日本軍政界要人齊集虹口公園舉行慶祝日皇天長節閱兵典禮時，突遭轟炸，白川野村等及滬會日方代表重光植田均被炸傷。此事發生後，立時引起各方面之痛感，國聯方面尤現憂慮之色，說者幾疑滬會或將因此停頓；但據日本芳澤外相召集會議討論之結果，認爲停戰會議與此次不幸事件完全別一問題，故仍當使會議繼續進行，並即訓令重光：滬會不得以炸彈案而停頓。四月三十日國聯大會開會，除日本棄權外，全場一致通過十九國委員會提交幷附藍浦森折衷方式之決議案。於是休會半月之停戰會議，乃有急轉直下之勢。大會重開之關鍵，現只有小組會餘剩之蘇州河南及浦東兩地我軍駐防問題，蓋以前小組會議舉行時，日本代表堅持我方須述明在蘇州河南及浦東之駐軍情形，我方代表因該項問題，越出範圍，有損我國主權，嚴厲拒絕，並聲明以後如再有此類妨礙我國主權之提議致使會議不能進行，我方不負其責，此爲以前會議停頓之主因。現在中立國方面四國參贊爲拉攏雙方起見，又提出一種新方案，對於浦東蘇州河南駐軍問題，因日人要求我方三點：（一）蘇州河南浦東有駐軍若干，（二）我方軍隊駐紮在何處，（三）限制以上兩處我方軍隊不得駐紮，須完全退去。於是卽根此數點，產生一新方案；該方案內容，謂中國在浦東本無軍隊，故不發生問題，至在蘇州河以南之中國軍隊，祇能按原有數目佈置，以後不能增加，並不能有軍事行動。該項辦法，經五月二日我方代表郭德華黃強日方岡崎及英美法意四國參贊，在英領署兩度接洽，對新方案均表示滿意，於是此浦東及蘇州河南岸之駐軍問題，亦告解決。五月二日下午六時軍事小組委員會議正式舉行於英領署，出席者除我方郭黃兩氏外，日方爲田代，堯多，阿部，西村、尾原等五人及英美法意四國參贊，討論內容，僅將以前小組會中所討論未畢之事件，如確定日軍之撤退駐紮區及中國軍隊駐留現在地點等；至其他一切問題，均交正式會議討論。小組會卽宣告結束。在此時又有一不幸事件發生，卽我國首席代表郭泰祺氏於三日晨接見滬團體代表之際，突遭兇擊郭氏頭部被銅元磁片，擊破兩處，鮮血淋漓，昏倒於沙發之上。滬團體代表係質問爲何答允日方蘇州河南及浦東不准華軍駐紮，並須郭氏將停戰協定草案內容公布；郭氏答謂：（一）蘇州河南及浦東不准駐紮，華軍一節，我方並未答允，（二）停戰協定不日自當公佈；言猶未畢，卽遭狙擊，是亦非常不幸之事也！中日停戰會議原定於五月三日續開，嗣因日方於蘇州河南以及浦東我軍防地問題之決定，尙未接到日軍部之訓令，要求延會，遂決定改爲五月五日上午十時舉行。

▲中日停戰協定正式簽訂

中日停戰協定，五月五日晨已將英文本（計六份中日英美法意各執一份）正式簽字。晨九時我方代表戴戟黃強等，日方代表田代（代表植田）守屋（代表重光）等及英法美意四國公使參贊，先後齊集英領署；九時半先舉行軍事小組委員會，出席者我方爲黃強，張似旭，日方爲田代，岡崎，對已擬定日軍撤退暫駐地點之條文及地圖，加以最後整理，卽由各代表於地圖上逐張簽字，十時半散會；卽將條文與地圖呈報大會；旋卽接開大會，由主席英使藍浦森將已由雙方同意之協定草案英文本（正文五條附件四項）逐條朗讀，並將小組會呈報各點，加以審查，雙方俱無異議，一致通過，卽將協定英文本送重光郭泰祺處簽字，繼由英美法意四使及我方代表戴戟簽就，再送由植田簽字畢，停戰協定乃告成立。

大會中宣讀至協定條文第二條第三條時，我方外部情報司長張似旭，曾起立代表郭泰祺氏，根據該二項作下列之聲明：關於第二條『雙方了解本協定內，對於中國軍隊在其領土內之調動，幷不含有任何限制』該項聲明，曾於前次會議時，業經雙方同意，並已接受，應無異議。其第三條聲明如下：『雙方了解按照第三條日軍暫駐區域內之市行政權，包括警權在內，仍由中國當局行使之，日軍之暫用該項地點，於上海市政府之工作，不得有任何之妨害』。

外部五日晚正式公佈協定全文如次：

▲停戰協定全文

第一條　中國及日本當局，旣經下令停戰，茲雙方協定，自中華民國二十一年五月五日起，確定停戰，雙方軍隊，盡其力之所及，在上海週圍，停止一切及各種戰鬥行爲。關於停戰情形，遇有疑問發生時，由與會友邦代表查明之。

第二條　中國軍隊，在本協定所涉及區域內之常態，恢復未經決定辦法以前，留駐其現在地位，此項地位，在本協定附件第一號內列明之。

第三條　日本軍隊應撤退至公共租界暨虹口方面之越界築路，一如中華民國二十一年一月二十八日事變以前之原狀，但鑒於須待容納之日本軍隊人數，有若干部隊，可暫時駐紮於上述區域之毗連地點，此項地點，在本協定附件第二號內列明之。

第四條　爲證明雙方之撤退起見，設立共同委員會，列入與會友邦代表爲委員，該委員會並協助佈置撤退之日本軍隊，與接管之中國警察間移交事宜，以便日本軍隊撤退時，中國警察立卽接管。該委員會之組織及其辦事節序，在本協定附件第三號內訂明之。

第五條　本協定自簽字之日起，發生效力，本協定用中，日，英，三國文字繕成，如意義上發生疑義時，或中，日，英，三文間，發生有不同意義時，應以英文本爲準。

中華民國二十一年五月五日訂於上海。

中代表〇〇〇簽署

日代表〇〇〇簽署

見證人（依據國際聯合會大會中華民國二十一年三月四日決議案協助談判之友邦代表）簽署

▲中日停戰協定附件

附件第一號

本協定第二條所規定之中國軍隊地位如下：

查照附連上海之郵政地圖，（比例尺十五萬分之一）由安亭鎮正南，蘇州河北岸之一點起，向北沿安亭鎮東最近小濱之西岸至望仙橋，由此北過小濱至沙頭東四基羅米突之一點，再由此西北上至揚子江邊之滸浦口，幷包括滸浦口在內。

關於此項地位遇有疑問發生時，經共同委員會之請求，由該會委員之與會友邦代表查明之。

附件第二號

本協定第三條所規定之地點如下：

此項地點，在附黏四地圖各別標誌ABCD并稱爲一，二，三，四各地點。

地點（一）見A圖，雙方訂明，（甲）吳淞鎮不在此地點內，（乙）日方不干涉淞滬鐵路暨該路工廠之運用。

地點（二）見B圖，雙方訂明，萬國體育場東北約一英里許之上海公墓，不在日軍暫用地點之內。

地點（三）見C圖雙方訂明，曹家桊及三友織布廠不在此地點之內。

地點（四）見D圖，雙方訂明，暫用地點，包括日人公墓及墓東入口之路在內。關於此項地點，遇有疑問發生時，經共同委員會之請求，由該會委員之與會友邦代表查明之。

附件第三號

共同委員會以委員十二人組成之，中日兩政府，暨依據國際聯合會大會三月四日決議案協助談判之與會友邦代表，卽英，美，法，意，各駐華外交代表，各派文武官吏代表各一人爲委員。該會委員，依照委員會之決定，得隨時任用認爲必要數之助理員，所有關於程序事宜，由委員會斟酌辦理。該委員會之決定，以過半數行之，主席有投票取決權，主席由委員會內與會友邦代表委員中選舉之。

委員會依照其決定，以其認爲最善之方法，監視本協定第一，第二，第三，各條之履行，並對於履行上述各條之規定，有任何疏懈時有促使注意之權。

日本軍隊，向上列地點之撤退，於本協定之生效後一星期內開始，並於開始撤退起，四星期內撤完。

依照第四條所設之共同委員會對於撤退時，不能移去之殘疾病人或受傷牲畜，採取必要辦法，以資照料，並辦理其日後之撤退事宜，此項人畜，連同必需之醫藥人員，得遺留原地，由中國當局，給予保護。

五月五日停戰會議，僅將英文本協定簽字，其餘中日文本，因字義上尚有斟酌之處，故須留待他日補簽，補簽時無須中立國參加署名，因將來如發生誤會時，則須以英文本爲標準。至中日文修改問題，日方於五月十六日始接到東京訓令，當由日公使館祕書岡崎會晤我方外交部情報司長張似旭討論，日方初猶堅持不肯修改，繼由我方一再詳細駁覆其對原本英文字意之誤解，並力辯日文「當分四間」與「暫時」之區別，及「附近」與「鄰接」兩字之絕對不同後，雙方互商約二小時之久，直至下午四時十五分始行決定。結果日方完全接受我方兩字句之修改。當時並商定卽行舉行簽字，於是由張旭似岡崎有野三人攜中日文副本分送我方首席代表郭泰祺及日軍事代表植田參謀長田代簽字，至是停戰副本字意，經十餘日討論，始告解決。雙方文字中，經修改者，頗爲平均，計中文本兩點。日文本兩點。中文本兩點爲『戰鬥行爲』改爲『敵對行爲』。『地點』改爲『地方』；日文本兩點爲『當分四間』改爲『暫時』。『附近』改爲『鄰接』。僅將第一條及第三條文字略加改修，成爲：

第一條　中國及日本當局，旣經下令停戰，玆雙方協定，自中華民國二十一年五月五日起，確定停戰，雙方軍隊，盡其力之所及，在上海週圍停止一切及各種敵對行爲，關於停戰情形，遇有疑問發生時，由與會友邦代表查明之。

第三條　日本軍隊應撤退至公共租界暨虹口方面之越界築路，一如中華民國二十一年一月二十八日事變以前之原狀，但鑒於須待容納之日本軍隊人有若干部隊。可暫時駐紮於上述區域之毗連地方，此項地方，在本協定附件第二號內列明之。

▲協定簽字後我外交當局之表示

上海停戰協定，既經簽字，我國人士，每有不明眞相，懷疑攻擊者，外交部長羅文幹，因於六日發表重要宣言如次：

自本年三月四日，國聯大會通過決議案建議，由中日兩國商訂辦法，以確定雙方之停戰，並規定日本軍隊之撤退，中國政府根據此項決議，當卽在參與各友邦代表之前，與日本代表商訂停戰協定已於本月五日簽字成立。

此項協定規定中日軍隊，在上海周圍，應卽停止一切戰鬥行爲，日本軍隊應卽撤退至上海租界及虹口區域內之越界築路，一如本年一月二十八日以前狀態，並組織共同委員會，包括參與各友邦之代表在內，以監視上述各規定之履行。

最近國聯大會，將中日兩國之協定草案，詳加審議，並於四月三十日一致通過決議案，聲言依照該大會三月四日及十一日決議案之精神，日本軍隊之撤退，應於最近之將來實現，又宣言非俟日本軍隊完全撤退，三月四日之決議案不得視爲完全遵行。中國政府深信國聯大會關於上海時局之各項決議案，及本月五日簽訂之協定各規定，必能極早完全見諸實行。而本協定及四月三十日國聯大會決議案第十一節所稱協定中各項規定，其履行如有疏懈時，共同委員會應促使注意。至促使注意之手續，並由國聯大會主席加以明白之解釋，故日軍完全撤退至本年一月二十八日以前狀態一節，深信必能完全履行，無需共同委員會行使上項職權也。

當晚十時，復接見新聞記者，報告協定簽訂經過，略云：上海停戰協定，全文業經發表，諸君當已閱及，毋須說明。外間頗有非議此次協定者，第回想自開議以來，日方主張召集圓桌會議，商訂上海安全及撤廢軍事設施等事項，並宣傳所謂：一，創設自由港，二，擴充租界，三，設立緩衝區等問題，此外如所指抵制日貨使用仇日教科書共禍等事項，均經我方節節打破，認定停戰會議，只商撤兵，不涉政治。而日方又提出停止便衣隊活動及雙方用飛機偵察，並以保護日僑生命財產及營業爲其撤退條件諸端，均經我方力予爭辯，日方始放棄其主張。日方最初要求駐兵範圍，甚爲廣闊，迭經我方磋議，乃縮小暫駐之地點。日方又提出浦東及蘇州河以南中國駐軍問題，迭經我方拒絕說明，彼亦不提。此次停戰協定，雖不能如願，令其立卽撤退，然在目下國際情形，國內狀況觀之，則交涉經過，實已智窮力竭，滬案旣告一段落，本部卽可用全副精神應付東案，蓋東案乃中日糾紛之根本問題也。

此外尙有人置疑於三附件之外，別有第四附件，亦經羅氏負責聲明，絕對不確矣。

十一、侵滬日軍之撤退與我方之接管

▲日軍暫駐地點與撤兵期限

日軍攻滬，最多時超過九萬人，在停戰會議開會之初，尙有六七萬人，故在預備會議之時，日方代表謂其軍隊人數衆多，決不能立卽全部撤入租界；租界及越界築路內亦無如許房屋可以收容，故不得不於毗連地點求與以暫駐之地段。當時友邦代表以其言尙近理，故與我方代表協議，允其所請，此暫駐地點之由來也。迨正式會議開後，日方根據此條，最初要求眞茹，大場，楊行獅子林連結之線以東租界以北全部區域允其暫駐，經我方以其超過必要與原議懸殊，據理力爭，小組會議亦經無數波折，始商定爲A、B、C、D、四點。（參看附圖）唯關於此地段有可注意之點三，即：1.日軍駐此地段係暫時的。2.只能在此地點內暫時駐兵，不能干涉警權行政權之行使（見聲明及小組會議議事錄）3.以其軍隊人數衆多，租界及越界築路不能收容爲惟一理由，此外毫無政治的理由；易言之，如人數減少租界及越界築路足以收容，則彼卽不得再駐該地段也。至於撤兵期限可分爲二節言之：

日軍分區撤退圖

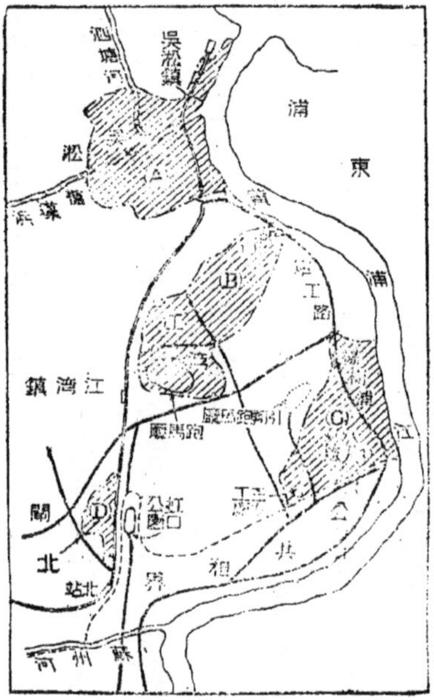

甲、自前線撤至四暫駐地段之期限。協定簽字後一星期內開始，四星期完畢，逾期卽屬違背協定。易言之，卽自五月六日開始，六月二日以前日軍須全部撤入租界及越界築路及四暫駐地段內也。

乙、自四暫駐地段撤入公共租界及虹口方面越界築路，此項期限日方始終不肯規定，揆其用意，不外（一）欲藉以要挾他項政治條件，（二）維持顏面表明撤兵係自動，非受他方強迫而已。故雖經種種波折甚至屢訴聯盟終無結果。協定自五月五日簽字，日方代表在簽字場上，當時聲明自翌日五月六日開始撤退，故依據規定應截至六月二日止，日軍除公共租界及虹口方面越界築路及四暫駐地點外，不得再留駐也。

▲共同接管兩委員會之組織

共同委員會之組織大綱見協定第四條及附件第三號，自協定簽字後，旋於五月六日成立。其人員如下：中國：俞鴻鈞，溫應星。（初中國武官代表原委黃強，因黃辭未就，旋於開會前改委溫應星。）日本：岡崎勝男，原田熊吉，英國：璧約翰，桑海爾；美國：克甯瀚，屈蘭達；法國：梅禮靄，龐乃維泰；意大利：羅斯，法蘭梯尼。共同委員會於六月七日開會，公推美委員克寗瀚爲主席，美領署朗格爲秘書，其後委員之更動如下：五月十三日，法委員龐乃維泰赴平，法使函知以白佩羅代，五月二十四日，英委員桑海爾離滬，英使改委白蘭德充任。六月八日，日委員原田改委鮫島，因原田係陸軍武官，其時日方陸軍業已撤盡，僅餘海軍陸戰隊，故易以陸戰隊鮫島參謀長。

至滬日軍撤退後，我方卽由接管委員會前往接收。該會人選，係滬市府方面二人，爲殷汝耕，溫應星，外交部方面一人，係郭德華，蘇省府方面二人，係韓德勤，朱錫伯，共五人，由殷汝耕爲主任。十日行政院第二十九次會議正式派定以上五人爲上海撤兵區域接管委員。至於蘇省府所屬之戰區各縣屬，則由蘇省府委員李明揚主持接收。李氏幷命嘉定縣長潘忠甲接收嘉定縣，嘉定縣公安局長沈子雲接收南翔，太倉縣第二區區長（卽瀏河區長）錢謹磐接收瀏河，寶山縣長孫熙文接收羅店云。

▲日本陸軍開始撤退

日本自滬戰起後，國內政治經濟之局勢以及一切社會事態，俱久陷於杌隉不安狀況之中，白川等復遭狙擊，陣地軍心，益呈搖動，內閣知非如約撤兵，已身將無法支拄；加以東北方面，我義勇軍聲勢日益浩大，更思抽調侵滬勁旅，前往助禦，職此之故。淞滬嘉瀏各戰線之日陸軍各於停戰協定成立後，果能開始迅速撤退，其軍司令部六日對共同委員會發出左列之通告：根據停戰協定，日軍第一次撤退之大要如下：主力部隊六日退至獅子林楊行大場眞茹綫以東地點。但爲維持治安起見，留在瀏河嘉定各地步兵一大隊，南翔留有步兵一隊及聯隊本部，羅店留有殘兵一大隊及山砲一中隊。大約在三日內待華警接收，卽可撤退。關於第二次以後之撤退程序，預定如下：第二次撤瀏河嘉定南翔之兵，第三次撤羅店之兵，第四次撤獅子林楊行大場眞茹之兵。

旋卽如約辦理，南翔瀏河嘉定三處，經於九日下午一時前，完全撤退，羅店駐軍，亦於十日正午十二時半前撤退。故迄十日下午一時後，獅子林，楊行，大場，眞茹線迤西，已無日軍。

▲我方接管閘北四區

閘北全區之一部份卽自蘇州河以北，京滬線以南，廣肇山莊以東，北浙江路以西之一段地點，於五月六日晨接收完竣，玆將接收前後情形略誌如左：

（一）商定接收辦法——十五日晨接管委員會特派公安公用兩組人員，依照會議決定，會同前往海甯路豐陽館，與日海軍武官北岡大佐接洽，派員陪往四區管轄區域，視察公有機關，及應行接收區域情形後，復於下午二時，仍由兩組人員同赴北四川路日海軍陸戰隊司令部，晤植松少將，杉板大佐，協商十六日接收手續。當時由公安局雙督察長議定各項如左：

一、日方指定勝田大隊長，爲負責交代人員。

二、我方指定公安局大隊長黃明，爲負責接收人員。

三、日方移交，我方接收時，均以蓋用印章爲憑。

四、日方移交，我方接收時，軍警互相行禮。

五、十六日晨七時半，由公安局隊長黃明，帶警二百五十名由恆豐路橋，經由恆豐路，至共和路原四區總署舊址，卽公安局教練所前集合，先將重要崗位接收。俟八時後，日軍完全撤退，再行佈置其他崗位。

六、雙方交接人員，均於十六日午前九時齊集新民路日軍第五大隊樓下，由日方備齊清册文件，由華方蓋章驗收。日方由植松少將臨席，我方由油委員臨席，此外並派中日停戰撤兵協定第四條，由共同委員會派英美法意四國武官臨場監視。

（二）實行接收情形——十六日晨七時大隊長黃明總隊長盧鑠率平警二百五十人，

分乘卡車十輛，導以巡車五輛，由布公安局出發，經法租界公共租界，七時三十五分抵恆豐橋入閘北，接收四區轄境。七時三刻至共和路警察教練所下車，八時接崗，共派二十五崗位。黃明旋即赴新民路四區總署，辦理接收手續。八時十分，公安局長溫應星偕英武官桑海爾，及美武官特萊斯達，亦至四區總署，監視接收。八時一刻，溫桑特三人由四區總署乘車出發，巡視接收區域。先至北站旱橋，復折回至烏鎮路橋，再沿蘇河路西行，經恆豐路通濟路光復路折北，經廣肇路長安路金陵路梅園路大統路，再北至麥根路止，即折回四區總署。四區轄境內日軍於八時開始撤退，九時撤完，我方即於教練所內設公安局滬北辦事處，開始辦公。至接收手續，則於四區總署辦理。先由日方備就移交清單兩份，交與我方點驗接收，九時雙方在清單上簽字蓋章，並互致敬禮，日方簽字蓋章者爲勝野實，我方爲黃明，當由雙方各執一份。英美兩武官及溫應星，均在場監視，席間杉板大佐，曾起至辭，略謂中日兩國，不幸發生戰事，今已停止，日軍今日撤退，故即移交，希望此後兩國益敦睦誼云。接管委員會主席殷汝耕，委員郭德華韓德勤朱錫伯等亦於十六日下午三時前往閘北已接管之四區轄境視察，並查詢接管後防務情形。

當由公安局滬北辦事處主任黃明詳細陳述，並引導巡視一週，現該管警察力已足維持治安，故午後居民遷回者絡繹於途。查閘北四區轄境，並未經過戰事，房屋均甚完好，故善後殊易辦理云。

▲我方接管大場鎮

大場方面日本駐軍已於五月十七日下午一時前，完全撤退。先是我接管委員會曾於十六日，派接收專員陶孝潔陸鳳溥兩人，前往辦理接管事宜。遂於昨日下午一時許，完全接管完竣。惟該處刦後情況，滿目凄涼。善後事宜，亟待舉辦，故該處人士，業已組織寶山兵災救濟會，專事進行復興工作。茲將接管情形，略誌於次：

（一）接收委員出發——日方決將該處駐軍，於十七日下午一時完全撤退之後，吾接管委員會方面，為事前接洽妥善起見，特於十六日上午，派特派員陶孝潔，寶山縣第二區長陸鳳溥等，前往大場，商洽接收手續。陶等於十六日上午十一時許，乘車至大場寶華寺，携帶日方原田武官通知函，與佔駐該寺之日軍杏賢一隊長面洽，商定關於日軍撤退與我方接收之手續。當晚陶等並往羅店，通知吾方警隊，務須於十七日上午十時前，完全開抵大場，俾於日軍撤退後，立卽前往接防。陶等住宿羅店一宵，十七晨九時許，卽率同負責接防之首都保安隊向大場出發。

（二）我方警隊抵場——此次負責接防大場者，爲首都警察廳保安第一總隊第四中隊，共計一百五十名。由中隊長朱煌（素化）率領，於十七晨六時許，由南翔出發，至八時許抵顧家宅。由接收委員陸鳳溥，偕上海撤兵區域接管委員會特派員陶孝潔，陪同率領前進。至十時許，抵大場鎮北市河汽車路橋暫行屯駐。先由接管委員陶陸兩君，往日司令部接洽通知吾方警隊，業已開到，磋商接防手續。當由守備隊長杏賢一決定於下午一時前，將日本軍隊完全撤退，一時後，由吾方警隊負維持治安之責。並決定將大場鎮之龍鱗塔廟，爲吾方警隊駐屯地點。磋商完竣後，日守備隊長，杏賢一親自率領憲兵兩名，繙譯員一人，在該鎮之市河橋畔站立迎接，並行敬禮。我方接收委員及警察等，當卽入鎮，暫駐預定之龍鱗塔寺內。

（三）日軍分批撤退——大場日軍，人數殊衆。十七日晨黎明時，卽將四周各交通處所，臨時加派武裝哨兵梭巡。遇有車輛行人，概須嚴厲盤查，同時將行李槍械防禦物材料等，分別收拾，用卡車分批向閘北方面運去。至七時半許，所有步哨，完全撤去。至九時起卽分批撤退，所有馬炮各隊，均於十一時前，開拔完竣。步兵大隊，亦分批撤退。在中午十二時前所有大場三千餘日軍，撤退完竣者，已達二千六百餘名。其駐軍地點，如潛溪小學，蘇姓住宅，孫景西住宅，普善山莊等處，均經撤退完竣。祇寶華寺守備隊，仍留步兵四百餘名，留駐該處，作最後之撤退。日方軍官，參謀西村敏雄大尉，第一大隊長杏賢一，少佐隊附北村正榮，中尉憲兵軍曹藤田貫逸等，分乘汽車兩輛後行，車上有武裝憲兵保護，疾馳而去。

（四）共同委員監視——關於日軍撤退事宜，依照協定，須受中日兩國暨中立國所組之共同委員會監視，故是日大場日軍撤退，共同委員會各國武官暨日委原田等，於中午十二時一刻，卽已到達大場寶華寺日軍守備本部。吾方委員温應星氏，則於十二時半，到達大場。先在該鎮四周，詳加視察，繼乃赴寶華寺大殿左側樓房，與日武官暨各國武官接洽，執行交代手續。當由日守備隊長杏賢一招待，將日方預擬之接管文書三份，由吾方接管大場委員陸鳳溥，與日本守備隊隊長杏賢一雙方調印，手續完後，共飲香檳酒，攝影紀念。時巳下午一時半，日方最後留守之步隊四百名，亦巳全部撤退。日武官原田乃偕中立國武官先行辭別。日守備隊長杏賢一，中尉副官北村正榮等，乃亦與吾方各委，握手道別。大場日軍，至此乃完全撤竣。

▲我方接管江灣彭浦廟行

閘北鐵路南區域與大場鎮既於五月十六十七兩日先後接管，十九日原定接管四區三分所轄境卽眞茹區域。因臨時得日方通知，先撤江灣部隊，是以我方遂於十八日派五區五分所長戴鴻恩爲接管員，梁扶初李盛宗爲襄助員，先赴大場準備。警方則由羅店撥保安一中隊，前往維持秩序。至十九日上午十一時另五分，日軍遵約完全撤退，我方警隊，業經接管防務，恢復警權。同時彭浦鎮廟行方面，日軍自動撤退，吾方事前未接通知，致該處治安，無人負責，經由接管委員會於十九日派員前往接管兩鎮治安，乃於十九日完全收復。玆將接收情形分誌如後：

（一）接收人員出發——十九日出發接收江灣之人員，爲數甚多，均由接管委員會分別向日領事館，領取通行證。是晨上午九時，各員均集中於西愛咸斯路該會會所，共同出發。十時許絡繹駛抵江灣，吾方負責接管江灣防務者，爲市公安局第五區第五所長戴鴻恩，暨接管會特派員梁扶初，李盛鈞，以及該處各有關係局所人員二十餘人，各報社記者，亦均隨同出發。

（二）共委監視交替——共同委員會負有監視日軍撤退暨吾方接管之一切情形，故各區日軍隊續撤退時，該會委員吾方溫應星，日方原田雄吉，及中立國委員英參贊桑海爾等，均須到場監視。十九日淸晨，英委桑海爾，美委蘇樂中尉，法委巴拉尼達，意委佛來體尼等，另隨下級軍官各一員，均於上午十時三十五分先至江灣文治學校，由日方原田代表招待，未幾我方委員溫應星趕至，遂在該院大堂，會談接收事宜，約一小時始畢。

（三）簽字接收手續——十九日晨十時戴李梁三人先行到場與日方討論接防手續，及簽署引繼書等事宜。其時共同委員會各委員尙未到場，當由日守備隊長赤澤六三，招待至文治學院內，妥商一切，並將引繼書全文，徵求吾方同意。至十時三十五分，共同委員會各委到場，乃與日方一度討論後，卽在文治學院前之廣場上，擺一方案。日守備隊長赤澤六三與戴鴻恩互相簽押於引繼書上。引繼書計共三份，中日兩方，暨共同委員會各執一紙。當於十一時零五分簽署完竣。中日各委暨中立國武官，乃舉杯握手如禮。旋由賀日守備隊長，督同大隊日軍，退駐江灣鎮淞滬路東之跑馬場內。

（四）彭浦接管完竣——彭浦日軍，突於十八日前撤退。日軍當局，事先未經通知吾方，致日軍撤退後，該處奸人，大肆騷擾。吾方得悉，乃於十九日晨，由接管委員會派令該區市政委員周念祖，林子彬兩人，負責前往接管。周林兩人，當於是晨九時由接管會出發負責接管該區事宜。該處警隊，即由是日開往江灣方面之平警，抽出一小隊，前往駐防，以資維持，故接管時並無任何儀式，其地面積殊廣，房屋被燬者在十之七以上，居民寥落，境象淒慘。吾方接管後，地方情形業經安定，遂即進行清查戶口，並設法籌備復興事宜云。

（五）接管廟行情形——駐防廟行之日軍十九日亦突然撤退。事前既未通知吾方，致該處治安，陷於非常危險之境，幸旋經吾方得悉，乃由撤退區域接管委員會令派寶山縣公安局第二分局長劉桂庭，首都保安隊第三中隊長朱煌，寶山第二區長陸鳳濤，立刻前往接管，業於是日下午到達該處云。

▲我方接管眞茹鎮

（a）視察情形：接管委員會於五月二十一日午後四時，在聯社召集有關各方開接管眞茹預備會議，主席殷汝耕。議決派梁扶初等二十一人，於二十二日晨八時半前往眞茹接洽佈置。至念二日晨各接管委員曁各局關係人，查南強，殷體新，梁扶初，石錦章，洪蘭祥等念餘人，八時許由聯社出發。經中山路滬太汽車路，直達曁南大學，由日兵領導到新木橋晤九師團九聯隊第一大隊長井上三一，談接管辦法。然後由井上陪同視察曁南大學房屋校具書籍，損失約八十餘萬。過鐵路至眞茹鎮，全鎮精華被毀殆盡。香花橋救火會機器，亦全毀。眞茹小學房屋較完整，公安局即將在該處辦公。十一時許至眞茹車站，站屋損壞甚多，站前有鐵蓬車二輛。十二時視畢返滬。（b）接管情形：眞茹接管員石錦章等，於二十三日晨八時半由聯社出發，九時抵眞茹。當即往訪日軍事當局，接洽辦理接管手續。至十時一刻，雙方代表齊集於廣生行經理林渭南家內。由日方代表原田一二，將移交清單與我方代表石錦章驗收，幷由原田一二及石錦章，在淸單上各簽字蓋章爲憑。時英美意三國武官及原田溫應星等。均在場監視。至該處日軍，則於十時起開始撤退，我方警察亦卽於是時接崗。日軍之最後部隊。則於十一時始離會南操場撤完。先是眞茹鐵路以南之日軍一聯隊，已於十九日晨十一時撤至鐵路以北，集中暨南大學，事前未向我方通知，由眞茹接收委員洪蘭祥派保衛團四十名前往，將鐵路以南眞茹全鎮非正式接管，洪於二十一日晨特赴滬向接管委員會報告。

▲我方接管閘北鐵路以北

（a）視察情形：接管委員會所派之視察閘北鐵路以北區域之公安公用兩組人員，五月二十一日晨八時半出發。先至天通庵路，日陸戰隊本部，接洽視察手續，由該隊派副官陪同視察。先由黃陸路至天通庵車站。沿江灣一帶，頹垣斷壁，滿目荒涼。復折回租界，由東寶興路往閘北中興路日軍第一大隊本部，與大隊長森可久接洽二十三日正式接管事宜。歷一小時，至十時半，由森可久陪往育嬰堂路平江育嬰堂與日軍第一第三兩小隊接洽，指定該處日軍撤退後，暫住五區二所所址，二十三日午我方接防警隊卽由虬江路寶興路往該處集合。旋至中央路安徽中學日軍第三大隊本部晤中隊長平沼，由平沼派副官一人陪往中山路潭子灣一帶視察，至十一時五十分兩組人員始返云。（b）接管情形：閘北鐵路以北區域接收委員黃明，率平警兩大隊，共二百五十名，於二十三日午十二時半，由共和路公安局滬北辦事處出發，開赴虬江路育嬰堂準備接收。共同委員會我方委員温應星，及日方委員原田，則於午後一時四十五分，偕英美義三國武官，先至中興路安徽中學日陸戰隊第三大隊隊部，以便監視接收。旋黃明亦至該處，至二時一刻，日方將移交清單兩份，堆置桌上。首由日陸戰隊第一大隊長森可久簽就一份，並加蓋圖章，交與我方保存。森黃兩人，于簽字之前，均曾作一簡短演說。至二時半，雙方簽畢，握手而散。時温應星原田及英美義武官均在場監視。温原及三國武官旋于二時四十分，乘車至譚家木橋，日本公墓一帶，日軍暫駐區域交接處視察一週而返。至閘北鐵路以北區域內之日軍，則于下午一時半，集中於安徽中學，至三時半始撤退至北四川路底日陸戰隊本部。我方警察，亦卽于是時出崗。

▲我方接管楊行獅子林

楊行原駐日軍兩大隊，一大隊於五月二十一日撤退，一大隊於二十四日撤完。移交及接收手續，則於二十四日上午十時三刻，在該處陳德正家辦理。日方負責移交者，爲步兵第三十五聯隊大隊長板津直俊少佐。我方負責接收者爲寶山第一區區長王慶濤。時共同委員會我方委員溫應星，日方委員原田雄吉，及英美意三國武官，均在場監視。我方現駐該處警備者爲首都保安隊第一總隊第一大隊第一二兩分隊，共七十人。已於是日上午十一時半出崗。至獅子林砲台，則早已無日軍駐守，業經我方派方子鑫率首都保安隊一小隊，於二十三日晨二時，會同接管員施澤，進駐接管。

▲我方接管吳淞寶山

吳淞寶山等處接管員，於五月念五日上午九時二十分，由聯社出發。十時念五分，過日軍建築之所謂白川橋而至吳淞外馬路，乃分三組，前往接收。將一組至寶山接收寶山縣城，及三官塘，火藥庫。一組至吳淞鎮華豐紗廠，接收吳淞鎮鐵路以東區域。一組至砲台灣，水產學校，接收吳淞砲台，及營房。寶山縣城，於十一時半，由日方第九師團第六聯隊長蓮華少佐，移交我方，由寶山縣長孫熙文接收。三官塘火藥庫，亦於同時由蓮花移交我方，由宋麗臣接收。吳淞鎮鐵路以東區域，則於十二時在華平紗廠，由日軍守備隊長時澤直義少佐移交我方，由公安第七區長李警接收。交替完畢後，時澤並招待李警等，在該處午餐。以上三處接收時，共同委員會，我方委員溫應星，日方委員原田，及英美義三國武官，在場監視。吳淞砲台及營房，亦於十二時在水產學校，由日方第四大隊長吉留少佐移交我方，由陳文正及曹勁柏接收。至駐留上述各該處之日軍，均於交替完畢後，分別撤完。我方亦於同時派平警進駐接崗。吳淞鎮現已成爲一片曠野，復興決非易事。吳淞砲台原有大砲二十尊，現六尊已被日軍移去，所餘之十四尊，均已等諸廢鐵，不復可用矣！

▲我方接管張華浜車廠

接管委員會爲點查張華浜車廠機件，於二十九日晨九時派秘書李慕，及特派員吳宏，查南強，會同京滬路局機務處長王繩善，鐵部幫辦孫鐵生，中美公司代表英人戴維生，工程師德斯福，副廠長孟斯非而特等，赴該廠接洽。先由駐守該廠之守衛日軍入內傳達，各查點人員，在外守候多時，日方始派人出答覆，謂未接到命令，拒絕入內。我方代表以雙方已接洽妥洽，何以謂未接命令，日守衛再入內傳達歷時一時餘，始出謂命令已到，但祇允三人入內，並不能交與各代表接收。我方代表，以接收原定三十日舉行，二十九日僅係點查，不允點查，則事後廠內一切機件之損壞與遺失，無從索償。如謂先派三人入內，則既非機師，又非鐵路專家，對於廠內一切設備，完全不熟習。經再三交涉，終無結果，各代表當卽返報接管委員會。由該會主席殷汝耕，重與日方接洽，並詳述點查未成之經過。日方始示首肯。接管委員會遂又於三十日派員同鐵部路局及中英銀行公司代表，於上午九時，由聯社出發，前往張華浜車廠點查接收。十時一刻到廠，卽與吳淞日軍守備司令，時澤直義少佐接洽。時澤卽出示引繼書兩紙，促我方代表簽收。我方當答以須先點查，交涉至再，日方始允入內點查。點查畢，時澤出示引繼書，促我方簽收。我方卽聲明今日所簽收者，僅車廠房地，惟廠內機械等所受之損失，須保留，另由政府交涉賠償。詎時澤聞之，竟謂車廠所受損失，日方不能負責，我方當拒絕簽收。時澤卽謂駐廠日軍，將於午後撤退，如不簽收，此後日方對車廠不負任何責任。我方代表當據理與爭，但無結果。嗣我方因恐如不簽收車廠，或將受更大之損失，終於午後一時四十分簽收。日方移交者爲時澤少佐，我方接收者爲兩路機務處長王繩善，副處長唐明甫，及鍾桂丹等三人。至該廠所受損失，刻尙無確數，將來我方擬提交共同委員會向日方交涉賠償。

▲日陸軍撤完海軍反增

日本侵滬陸軍，自五月六日起，開始由所佔陣地，向租界及越界築路暨四暫駐區撤退後，其大部份卽陸續乘艦返國，截至三十一日下午二時，日第九師團長植田率其司令部人員及殘餘部隊，乘利物浦丸回國，步兵第七聯隊，亦乘廣安挪威兩丸隨行，至是除少數憲兵外，侵滬之日陸軍已全數撤竣，唯海軍陸戰隊則迄未撤退至一二八以前之原防，且人數反較以前增多。共同委員會我方委員爲此已致函日方委員促其速撤，六月三日接日方覆函，對完全撤退問題並未提及，六月五日，未撤之日海軍反在老靶子路後橫浜橋口開槍挑釁，十日，復由佐世堡加調陸戰隊一大隊來滬，增厚實力云。

▲日陸戰隊經交涉後撤退

關於日海軍陸戰隊撤退日期，自我方共同委員向日方提出要求，請予答復後，日方岡崎，於六月十一日上午十時，驅車至我方委員俞鴻鈞私邸，作口頭之答復，據其表示，日兵完全撤退手續，已與日海軍陸戰隊新司令杉板大佐商洽就緒，决於日內完全撤退，惟因現下駐滬日兵人數，較戰前爲多，原有租界駐防地點，不敷容納，短期間內，尙須與租界當局洽商駐防地點，故尙未能確定撤退日期，惟日方誠意希望於最短時期，能得早日解決此項困難，俾撤退手續，不致延緩，俟有確期，當再正式通知，希望准予所請云云，旋共同委員會復於十三日召開會議，准日方於三五日內作正式答覆，否則卽由我提出共同會議，必要時根據協定，由委員會投票表决日軍全撤問題。十四日晚日方通知於十五日開始，三日內準可撤退，請我接管。惟D駐軍仍須少緩，豐田紗廠同文書院等處日軍亦將全撤云

▲我方接管日軍久佔餘地

淞滬路以東，沙涇港以西，老靶子路以北，一帶區域之餘留日軍，於六月七日晨完全撤退，我方接管委員正式接管，九時二十五分接管委員特派員査南強，靳鞏，會同公安局警察大隊長黃明，督察長龔羅揆，秘書殷體新五人，赴北四川路日海軍陸戰隊司令部與日軍第三隊長大沼富男辦理引繼書簽字事宜，共委會英美法意各友邦代表，亦同時抵日司令部，先由我方靳鞏爲翻譯，說明接管來意，大沼卽將預先書就之日文引繼書二份，請我方接管負責人先行簽字，其中共三條，第三條涉及賠償損害問題，經我方殷體新

提出反對，說明接管員所負之責任，僅限於接管手續，不能涉及賠償問題，交涉十分鐘，大沼始先用紅筆將第三條文劃一紅條，以示除去之意，繼由我方黃明與日方大沼二人，雙方簽字，友邦代表，均在場監視，至十時半完畢，同時（一）接管會特派員梁扶初，謝志道，會同五區公安局長何以鳴，率平警一百二十名，在東寶興路沿四川路施高塔路以至沙涇港一帶駐崗，（二）特派員翟寶會同五區一分所長居敬率平警二百五十名，接管四川路至狄思威路一帶轄境，以上地帶日軍事前已經撤退，故尚平順，（三）特派員李毓鈞會同五區二分所長牛精鑒，率平警八十四名，接管東寶興路南至北四川路一帶轄境，惟至廣東趙岐峯公義學校內之日海軍分隊部時，日軍官安田特務少尉，謂須稍待，日軍始能退出該處，故略待片刻，日軍退去後，警始得入內，（四）特派員劉漁門會同五區三分所長吳廷勛率平警一百二十名，接管沙涇港西至靶子路附近之施高塔路，沿狄思威路以東一帶轄境，該地日軍亦已退去，遂安然佈崗後，當地居民，即高懸青天白日之國旗，燃放鞭砲，以示慶祝。

▲D區日軍遲延不撤

停戰協定所規定之ABCD四暫駐區域，其ABC三區日軍，早已次第撤退，至東自沙涇港起沿淞滬鐵路至橫濱橋止，北自沙涇港起，沿新市路至奚家橋止，西自奚家橋起，沿水電路至八字橋止，南自八字橋起，沿日本公墓循橫浜河至橫浜橋之D區日軍，則日本方面，一再遲延不肯撤退，日方報紙，且復鼓吹，長期留駐，吾方共同委員俞鴻鈞氏，五六日間迭與日委岡崎商談，均托故延宕，謂確有不能規定撤退期限之苦衷，六日晨曾允於三日內撤兵，屆期又復爽約，共同委員會應我方之請，十四日在美領署召開會議，討論此事，岡歧始報告東京已有訓令，D區日軍准於十七日撤盡云。

▲我方接管D暫駐區

D區日軍，十七日上午十一時完全撤退，接管委員會派員會同保安隊及公安局警察，於上午九時四十五分至十時四十分接收布崗，十一時在日海軍司令部簽引繼書辦理移交，共同委員會美英意三國武官到場監視，十二時以前完全接收完竣，共同委員會接管會，以任務終了，均將辦理結束，茲分誌其詳情於次。

(一)接收人員　昨晨前往接收人員，共分兩批，一批係辦理布崗者，為梁扶初霍實，及公安局五區總署長何以鳴，保安隊第一大隊長關鞏，副隊長杜志成，督率公安局警一小隊，計廿五名，保安隊第一大隊第一中隊計一零八名，一批係辦理移交者，爲接管會主席委員殷汝耕，秘書李慕，特派員劉漁門靳鞏查南強李盛鈞謝志道陶孝潔，公安局督察長熊聖揆，秘書殷體新，滬北辦事處主任黃明，市教育局馬崇淦，工務局周贊邦，財政局梁思成，衛生局江世澄，公用局鄭葆成。

(二)接收情形　接管會特派員梁扶初翟寶於九時四十分至寶山路天吉里公安局五區總署，會同五區署長何以鳴率公安局警察一小隊，先開抵天通菴，時保安隊第一大隊隊長關鞏，及副隊長杜志成，率保安隊一中隊亦已集中該處，當即會同前往布崗，時日兵大部業已撤退，僅留少數崗，由大隊長大沼富男及一小隊長在路口守候，與我方接洽，俟我方保安隊及公安局警察到後，即由梁翟二特派員向大沼等通知，旋即開入D區，由何以鳴率公安局警察與日兵換崗，並致敬禮，同時恢復八字橋與江灣兩處分駐所，十時二十分，日崗全部撤退，十時四十分，我方亦完全布置竣事

(三)辦理移交　十時三十分接管會特派員查南強陶存潔殷體新，市公安局鄭葆成工

務局周贊邦教育局馬崇淦財政局梁思成，及衛生局江世澄等由五區總署出發乘車至江灣路日本海軍司令部與日方接洽，準備舉行簽字手續，至十時五十分殷汝耕氏偕黃明甦暨揆何以鳴關翟杜志成李慕及其他接管會特派員相繼涖止，共同委員會英美意三武官亦準時到場，決定移交程序，（一）由日方說明引繼書內容幷簽字，（二）日委敬禮致詞，（三）中委敬禮答詞，（四）交換引繼書，（五）日本海軍司令敬禮幷演說，

(四)共委監視　十一時十分，日方委員大沿富由英武官勃朗，海軍艦長，美武官蓬恩大佐，意武官蒙夫里尼監視，向我方說明引繼書內容，交我檢閱，認爲滿意，即由我方接收委員何以鳴與日方代表大沿富男，先行塡字換文，雙方致詞飲香檳，攝影而散。

(五)雙方致詞　引繼儀式完竣後，即由日方負責移交人第三大隊隊長大沿富男起立致詞，略謂停戰協定中之四個區域，至今日D區撤退畢，均已依照協定原則，交還貴國，嗣後希望貴局方面，能負責維護地方治安，使在滬日僑得良好之保障，中日兩國邦交，愈益敦睦，即其他各國僑民，當亦至盼云云，繼即由我方負責辦理接管之五區區長何以鳴答詞云，D區日軍撤退後，所有該區內之治安，中國政府方面，自有維特之責，對

於中外僑民之安全，定當負責維護，不必稍有顧慮，且嗣後關於中日人民間之隔閡情形，亦當極力設法解除，以促中日邦交之敦睦云云，一切手續完畢後，日海軍陸戰隊司令杉坂，起立以華語致詞云，現在D區日軍亦已撤退，全上海情形，已恢復至一二八以前狀態，此為中日雙方所同感欣幸之事，但是中日間尚有不能圓滿之處，亟盼能從速得有解決，以恢兩國向日之邦交，此次承共同委員及各位接管委員奔走辛勞，表示感謝，隨由接管委員會主席殷汝耕，以日語致答云，中日兩國，此次不幸而發生戰爭，幸得各方努力調停，於五月五日簽訂停戰協定，簽字迄今，凡兩月餘，各處均已次第交還中國政府接管，D區屬最後一次，在過去之時期中，雖不免稍有誤會．然大體均極順利，此皆中日雙方均有誠意所至，此次一二八事件之發生原因乃在兩國人民之一種誤解遂致輾轉而爆發戰禍，今於停戰以後，痛定思痛，實覺兩敗俱傷，皆蒙極大犧牲嗣後兩國人民倘能澈底覺悟，則中日邦交，必更益臻密切云云。

（六）引繼書文　引繼書譯文如下，（一）日本軍隊撤退地點依中日停戰協定第三條即地圖中所示之D區，（二）右列地點內交還中國方面時，並無佔有之建築物及犯罪者之贓產，右列各項雙方承認遵守無違，昭和七年七月十七日日本海軍特別陸戰隊第三隊隊長大沼富男，大中華民國二十一七月十七日接管委員市公安局第五區區長何以鳴，

▲兩紗廠少數日軍未撤

D區日軍撤退之後，日海軍三十餘人仍佔據華界內之兩處地點，（一）豐田紗廠，（二）公大紗廠，而此兩處在滬戰未發作前，并無日軍蹤跡，故除非二處日軍完全撤退，不能目爲恢復一二八以前之平常狀態，日方則謂同日D區日軍撤退之後，已恢復一二八前之平常狀態，因豐田公大兩紗廠均爲日人所有，日海軍當局，爲保護日人生命財產起見，有將海軍駐紮處之全權云。

▲共同接管兩委員會籌備結束

停戰協定自五月五日簽字後，迄已二月，日方始將軍隊大致撤完，惟尚餘豐田公大兩紗廠日軍尚未撤退，故現下尚不能謂爲已完全恢復一月二十八日以前之原狀，接管委員會及共同委員會任務將次竣事，故聞兩會即將開會辦理結束，現共委會正徵求中日兩方共同委員之同意中云。

八、上海事變後國人應有之認識與努力

自本年一月二十八日，日本軍隊開始向我駐軍挑釁，申江戰事，於焉爆發，戰區延擴，東至吳淞，西至安亭，北至瀏河，南至貫茹，胥爲倭騎所踐踏，所蹂躪，而我國之公私損失，可以數字形容者凡達一五六〇〇四九八七一元之多，文化機關，受其摧毁，精神損失，尤難數計！五月五日，雙方簽訂停戰協定，於是停戰，五月九日起，日兵開始自前線撤入公共租界暨虹口方面越界築路之毗連地點及ABCD四區。五月杪，復先後自四區撤入租界及越界築路之內，至七月十七日，而D區之日軍亦撤，恢復一二八以前之原狀。蓋自始至終，共閱一百七十日，上海事變，始告一段落，然中日問題之總解決，尚渺不可期。近熱邊風雲，又告劇變，前路茫茫，尚不知成何景象也。

吾人於痛定思痛之今日，回溯此一百七十日中所發生之事變，猶覺日寇兇殘暴虐之行爲，焚殺奸掠之慘狀驚心動魄，歷歷在目！而戰區同胞燬其室廬，喪其妻子，流離顛沛以輾轉哀號於道路間者，迄尚不知其若干萬人！損失無所取償，仇讎未能卽復，椎心

泣血，惟有子子孫孫，臥薪嘗胆，永矢弗忘日帝國主義者所加於我之恥辱苦痛而已。

際茲上海事變結束之頃，吾人有亟須認識者數點：其一爲日本之不足畏也。國人襲於日爲強國，兵堅器利，每有談虎色變之心，卽世界人士，亦同此觀感，以爲中國決非日本之敵手。故當上海日海軍司令官鹽澤發爲四小時內解決全部華軍之豪語，而歐美報紙，深信不疑，至有預排電訊以備印出者；不意十九路軍振臂相抗，情勢卽爲之大變，日軍迭遭挫敗，雖起傾國之師，亦不足以稍酬其志，四易主將，坦克，飛機，重砲，巨艦，紛至沓來，我惟徒手肉搏，無不以一當十，因以構成我民族史最燦爛光榮之一頁。蓋彼所恃者「器」，我所恃者「氣」，強弱縱不相侔，而曲直所在，卽勝敗之機之所繫也。自經此役，我民族可以立其自信之心，我國家可以示其自衞之力，而國際地位，亦藉此而增高矣。其二爲政府之應信賴也。方滬戰發生之初，國內人士，熱血噴湧，張脈僨興，頗欲破釜沉舟，與日寇作殊死戰。初則慮政府之不抵抗，繼則疑政府之不應援，朝發一論，晚布一文，政府當局，幾成怨府。然事實則何如者，十九路軍第五軍慷慨禦敵，固出政府之命令，劉河之急陳誠師星夜赴援，特以阻於共匪，處處牽掣，未克如期以至，迄近日而眞相大明。其尤可笑者，停戰協定訂立之始，上海民衆，疑慮萬端，至有認爲辱國喪權，另有秘密條件者，今則戰區已無一日方兵卒矣，國何嘗辱？權又何嘗喪乎？於以知政府愛國之心，初不亞於人民。顧以政府所負職責，繫國家民族前途之消長，審愼持重，是所應爾，決非可以孟浪出之也。吾人果眞愛國者，卽當絕對信賴政府，擁護政府，以共謀國家民族之福利，滬事卽其例也。

上海事變，雖已告一段落；東北三省，仍在日人武裝占領之下，熱河近又告警，國人於此，實未容忽於眉睫，晏然苟安。自今以往，尤當竭誠團結，萬衆一心，內以勦滅赤匪，鞏固國基自期；外以收復失地，恢復國權自矢，蓋惟以自力求生存者，乃能獲得生存，惟求助於己身者，乃能獲得人助，否則吾民族必終淪於亡滅，而爲世界所唾棄。昔美利堅獨立運動之成功，與近土耳其復興運動之迅速，罔不經歷無數險惡之挫折，與艱難困苦之鏖戰，而終取得最後之勝利。吾人今日爲轉變我民族之命運，開拓我國家之光明而奮鬭，承先啓後，集此仔肩，其爲責任，自屬至重！夫多難興邦，望國人其各思所以盡其最大之努力！